Daniel

> 326: "Souviens-toi, ce n'est pas pour nous que nous vivons." J.C. to M.
>
> 328: "Ce qu'il faut dans la conscience de chacun, c'est de l'espace." J.C. to M.
>
> p. 119 "Cultive le non-jeu, c'est-à-dire la vérité de ton coeur."

Le Testament des trois Marie

Trois femmes, trois initiations

> NOTE : Souvient toi; ce n'est pas pour nous, que nous vivons. (J.C.) to
>
> Ce qu'il faut dans la conscience de chacun; c'est de l'espace!
> (J.C. to M

Éditions Le Passe-Monde
Québec

De Daniel Meurois, aux Éditions Le Passe-Monde

IL Y A DE NOMBREUSES DEMEURES... *à la découverte des univers parallèles*
LES ANNALES AKASHIQUES ... *Portail des mémoires d'éternité*
CE QU'ILS M'ONT DIT ... *Messages cueillis et recueillis*
FRANÇOIS DES OISEAUX ... *Le secret d'Assise*
LA MÉTHODE DU MAÎTRE ... *Huit exercices pour la purification des chakras*
AINSI SOIGNAIENT-ILS ... *Des Égyptiens aux Esséniens...*
COMMENT DIEU DEVINT DIEU ... *Une biographie collective*
LA DEMEURE DU RAYONNANT ... *Mémoires égyptiennes*
VU D'EN HAUT ... *Un rendez-vous très particulier*
LES MALADIES KARMIQUES ... *Les reconnaître, les comprendre, les dépasser*
VISIONS ESSÉNIENNES ... *Dans deux fois mille ans...*
L'ÉVANGILE DE MARIE-MADELEINE ... *Selon le Livre du Temps*
LOUIS DU DÉSERT - Tome 1 ... *Le destin secret de Saint Louis*
LOUIS DU DÉSERT - Tome 2 ... *Le voyage intérieur*
LE NON DÉSIRÉ ... *Rencontre avec l'enfant qui n'a pas pu venir...*
CE CLOU QUE J'AI ENFONCÉ ... *Une exploration du sentiment de culpabilité*
LES ENSEIGNEMENTS PREMIERS DU CHRIST ... *À la recherche de Celui qui a tout changé*

De Daniel Meurois en collaboration avec Anne Givaudan, aux Éditions Le Passe-Monde

DE MÉMOIRE D'ESSÉNIEN ... *L'autre visage de Jésus*
CHEMINS DE CE TEMPS-LÀ ... *De mémoire d'Essénien tome 2*
RÉCITS D'UN VOYAGEUR DE L'ASTRAL ... *Le corps hors du corps...*
WESAK ... *L'heure de la réconciliation*
LE VOYAGE À SHAMBHALLA ... *Un pèlerinage vers Soi*
LE PEUPLE ANIMAL ... *Les animaux ont-ils une âme ?*
LES ROBES DE LUMIÈRE ... *Lecture d'aura et soins par l'Esprit*

Des mêmes auteurs, aux Éditions S.O.I.S.

TERRE D'ÉMERAUDE ... *Témoignages d'outre-corps*
PAR L'ESPRIT DU SOLEIL
LES NEUF MARCHES ... *Histoire de naître et de renaître*
CHRONIQUE D'UN DÉPART ... *Afin de guider ceux qui nous quittent*
CELUI QUI VIENT
SOIS ... *Pratiques pour être et agir*
UN PAS VERS SOI ... *Sereine Lumière*

Éditions le Passe-Monde
3440 Chemin des Quatre-Bourgeois,
C.P. 62043, Québec (Qc) G1W 4Z2 Canada
passe-monde@videotron.ca
info@meurois-givaudan.com
Sites Internet :
www.meurois-givaudan.com
Attention aux imitations

Peinture de couverture : Adaptation du "Sann' Real" de S. Gestin : www:sandrinegestin.com
Maquette informatique du texte : Lucie Bellemare
© Éditions Le Passe-Monde - 2ᵉ trimestre 2011
Tous droits réservés pour tous pays   ISBN : 978-2-923647-18-0
Imprimé au Canada

À Marie Johanne, avec tout mon amour et ma gratitude
À l'âme transparente de Salomé qui a su s'ouvrir
à l'Instant présent et guider ces pages

Prologue

Je vais vous raconter une histoire... Une histoire vraie, une fois de plus... même si celle-ci semble n'être qu'une fable, même s'il n'y a aucun historien, aucun chercheur pour en attester la véracité.

Je vais vous la raconter non pas pour la beauté ou la douceur du souvenir mais pour la promesse du devenir.

C'est une histoire qui s'est passée il y a deux mille ans ou un peu moins et dont les échos ont résonné sur le sable d'une plage encore sauvage de la Méditerranée, non loin de la ville de Nemesus[1].

C'est la coupe formée par la mémoire de trois femmes qui se retrouvèrent après avoir partagé le chemin d'âme le plus incroyable, le plus abrupt mais aussi le plus tendre et le plus ensoleillé qui soit.

Celui de Jésus, le Maître Jeshua.

Ces trois femmes se nommaient alors Jacobée, Salomé et Myriam. Le souvenir de leur existence a franchi les siècles et les millénaires sous l'appellation commune des "Trois Marie"[2].

---

[1] Nîmes, dans le sud de la France.
[2] "Marie"-Jacobée, "Marie"-Salomé, Marie-"Madeleine". C'est l'Église qui, des siècles après leur mort, crut bon de faire précéder leur nom par celui de Marie.

Le livre que vous tenez ici entre les mains représente la trace et la fragrance de ce souvenir, celui que j'ai eu le bonheur de pouvoir capter à travers le voile du Temps.

Pourquoi ne s'est-il pas laissé saisir auparavant ? Sans doute parce que les humains apprentis que nous sommes n'étaient pas suffisamment sensibles pour accepter certains aspects de son contenu.

C'est par le regard de Salomé que les yeux de mon âme ont pu en pénétrer l'essence, dans ses moindres détails, jour après jour, mois après mois... Il s'est imposé dans toute son intensité et sa délicatesse aussi.

Regard de femme, certes, mais avant tout reflet de la subtile lumière d'un temps qui demeure gravé à jamais dans notre mémoire commune.

Regard d'une disciple du Christ, bien sûr, mais aussi approche de la vraie grandeur d'Aimer, librement, infiniment, universellement.

Regard enfin d'une Amoureuse de la nudité du cœur, d'une amante de la simplicité qui devient pour nous le témoin et le réceptacle du chemin de ses deux compagnes.

Jacobée, Salomé, Myriam, trois itinéraires qui fusionnent en une seule souvenance, celle des Trois Marie...

Voici donc un témoignage de plus sur ces années de plein Soleil qui n'ont jamais cessé de m'habiter : le témoignage du Souffle Christique.

Un de plus, oui... car il y a de ces heures qui ont tellement marqué notre humanité que nul n'en épuisera jamais la richesse et l'intensité.

En retrouvant les traces de Marie-Jacobée, de Marie-Salomé et, bien sûr, de Marie-Madeleine dans le sud de la Gaule au premier siècle de notre ère, j'étais loin d'imaginer jusqu'à quel niveau de proximité avec le Christ celles-ci allaient m'entraîner.

C'est sans doute ce niveau – un niveau d'intime communion – qui constitue la particularité du présent livre.

Les trois premières et plus proches disciples de Jésus s'y libèrent, l'une après l'autre, de leur mémoire la plus profonde, la plus initiatique et la plus significative au contact quotidien du Maître.

Pour ceux qui sont en quête de sensationnel, il n'y aura peut-être rien qui les satisfasse dans l'évocation de tels souvenirs.

En relatant ceux-ci avec la plus grande fidélité possible mon intention a été simplement de restituer la Présence du Christ, telle qu'elle s'est offerte chaque jour à ses disciples, dans son humilité, sa spontanéité et sa grandeur.

Dès les premières images que les Annales akashiques ont imprimées en moi, dès les premières paroles entendues, j'ai tout de suite su qu'il fallait que je m'efforce de révéler sans fard le réel impact de Lumière de cette Présence et la nature du sceau subtil que celle-ci a imprimés sur notre Conscience collective.

À travers trois regards différents mais étonnamment convergents, ce livre a donc été composé pour être lu comme on respire un parfum. Il est fait d'essences qu'on ne parviendra pas à détecter en courant sur ses pages. Il n'a rien d'une histoire avec son intrigue ni d'un recueil d'informations avec ses leçons numérotées.

Il est là pour être lu lentement, pour caresser la fibre de ce qu'il y a de plus tendre en nous afin de la vivifier et de lui rappeler sa puissance transformatrice.

En le parcourant, certains affirmeront bien sûr qu'il s'agit d'un roman. N'en croyez rien...

D'autres argumenteront que les personnages qu'on y trouve et qui s'y expriment ne cadrent pas toujours avec ceux des Textes officiels... J'en suis conscient mais je ne m'en suis pas soucié. L'important était de ne pas trahir ce que je voyais, entendais et vivais et qui dirigeait mon écriture jour après jour.

Susciter des polémiques n'est certes pas le but des pages qui suivent. Celles-ci existent seulement pour parler à notre cœur afin de l'inciter à s'ouvrir un peu plus... Car le cœur – chacun en conviendra – est certainement ce qui manque le plus à notre époque.

Nul doute que ce temple de notre être qu'est le cœur soit au centre du présent "Testament" puisque c'est bien lui le guérisseur en nous, le point de réconciliation. Il est l'expression de l'Héritage que le Christ nous a légué et que la mémoire de trois femmes cherche aujourd'hui à revivifier.

En vérité, ce n'est pas le Christ du passé que cette mémoire suscite ni même Celui qu'on pourrait attendre demain. Celui dont il est question ici, c'est Celui de maintenant et de toujours, le Christ éternel qui vient nous secouer en nous proposant d'un seul élan sa tendresse et sa leçon d'exigence.

Que nous soyons homme ou femme, il m'apparaît certain qu'il y a un peu de chacun de nous dans les errances, les questionnements et les beautés de Jacobée et de Salomé... ainsi qu'un secret espoir de réalisation magdaléenne. Au fil du récit, leurs difficultés s'avèrent être les sœurs des nôtres ; elles appartiennent à l'éternité de la Vie qui se cherche en nous.

Ainsi donc, à mes vrais lecteurs je conseille simplement de ne pas tourner une page de ce livre sans en avoir "respiré le sens"...

Jamais, avant "le Testament des Trois Marie" il ne m'a été donné d'aborder l'Enseignement du Christ de façon aussi subtile et intime.

Si le bonheur que j'ai éprouvé à tenter de retransmettre celui-ci venait à se communiquer aux âmes qui le découvriront, je dirais simplement... mission accomplie !

Daniel Meurois

Ce récit débute vers l'an 50 de notre ère...
Poussés par les persécutions et la nécessité de retransmettre les Enseignements de leur Maître, celles et ceux qui allaient devenir – sans toutefois s'en douter – les premiers Chrétiens se mirent à quitter la Palestine.
Bon nombre d'entre eux prirent ainsi la mer pour accoster finalement sur les rivages méditerranéens de la Gaule, aux alentours de Massilia, la future Marseille.
Embarqués à bord de bateaux différents, ils se disséminèrent sur ce qui allait devenir leur nouvelle terre.
Ainsi, Marie-Salomé et Marie-Jacobée – toutes deux disciples de la première heure – se retrouvèrent-elles dans l'actuelle région de la Camargue tandis que Marie-Madeleine effectuait un plus long périple à travers le pays, notamment dans son sud-ouest.
Poussée par son destin, celle-ci parviendra à rejoindre ses deux compagnes pour quelques jours avant de continuer son chemin vers ce qui deviendra son refuge de la Sainte-Baume, en Provence.
Les pages qui suivent évoquent leurs poignantes retrouvailles et le partage de leur mémoire commune, sur une plage, plusieurs nuits durant...
Un lieu de sable, de soleil et d'eau d'où émergera cet étonnant village que l'on nomme aujourd'hui "Les Saintes Marie de la Mer"...

Le livre de Jacobée

Chapitre I

Les balbutiements du souvenir

Il y a peut-être dix années que Jacobée et moi-même, Salomé, ainsi que quelques autres avons accosté sur ce rivage et y vivons. Je ne le sais plus, au juste ; nous avons arrêté de compter. Cela a si peu d'importance en regard de l'éternité qui s'est installée en nous.

Lorsqu'à notre demande les marins ont bien voulu nous débarquer quelque part sur cette plage, nous ignorions que nous y demeurerions aussi longtemps et si même nous pourrions y survivre...

Hormis cette interminable bande de sable doucement caressée par les vagues de la mer et qui pouvait nous rappeler les rives que nous avions à jamais laissées derrière nous, tout était si différent de ce que nous connaissions ! Rien de ce décor n'a changé, d'ailleurs... ou si peu.

Dès que nous quittons les sables de la plage, l'eau est toujours aussi présente. Elle s'étend partout dans les terres et donne naissance à une sorte de marécage sans fin d'où surgissent de-ci de-là de hautes herbes et de petits arbres.

C'est là, parmi un enchevêtrement de ce qui ressemble encore à de minuscules îlots que, maladroitement, nous avons appris à construire ces cabanes sur pilotis dans lesquelles nous vivons encore.

On nous demande parfois pourquoi nous sommes restées là, pourquoi nous n'avons pas cherché à nous rapprocher de la ligne des montagnes qui prend une partie de l'horizon lorsqu'on se dirige vers le Nord. Cela non plus, je ne le sais pas vraiment. Peut-être d'abord parce que nous avions peur et que nous pensions que nous ne dérangerions personne en un lieu aussi indéfinissable. Sans doute aussi parce que les quelques familles de pêcheurs qui étaient établies alentours se montrèrent assez vite aussi accueillantes et enjouées que curieuses à notre égard.

Ce sont elles qui nous enseignèrent l'art de tresser le bois et les plantes aquatiques afin de confectionner nos propres huttes au-dessus des eaux salées, parmi la multitude des oiseaux. Ce sont elles aussi qui nous apprirent à préparer cet onguent qui nous sert encore à nous protéger des myriades de moustiques qui se déplacent autour de nous par grappes entières.

Oui, dix années... Peut-être un peu plus, peut-être un peu moins. Dix années à essayer de transmettre la Parole de Celui qui a bouleversé notre vie et qui, un jour, nous a dit : *« Partez, traversez la mer... Il y va de votre vie. Pas simplement de celle de votre chair, mais d'abord de Celle que j'ai réveillée en vous. Elle est ensoleillée, elle est contagieuse... Ce n'est pas de moi que vous avez à témoigner mais d'Elle pour qu'à votre tour vous la réveilliez en chacun. »*

Jacobée, une bonne dizaine d'hommes et de femmes ainsi que moi avons fait de notre mieux en prenant ici racine entre les sables et les eaux puis en soignant les âmes et les corps.

Ce mieux est-il suffisant en cette heure où mon âme éprouve le besoin de se dévêtir pour se regarder ?

Peut-être, me dis-je une fois encore... cependant, il me semblera toujours que ce "mieux" ne sera jamais assez face à l'immensité de ce que nous avons reçu.

Fera-t-on jamais assez pour qu'il y ait un peu plus d'amour dans le cœur de chacun ? Pourrons-nous jamais retransmettre ne serait-ce que le centième de ce que le Maître nous a offert ? Quoi qu'il en soit, nous nous sommes installées ici en une sorte de hameau incertain... même si notre certitude à nous est désormais indéracinable, celle d'être à notre place.

Cette certitude n'a fait que grandir de façon démesurée il y a quatre jours lorsqu'un véritable petit miracle s'est produit.

Nous étions occupées à récolter un peu d'épeautre sur un carré de terre plus asséché que les autres lorsque nous avons aperçu la silhouette d'une femme s'approcher de nous. Celle-ci était vêtue d'une longue robe d'un bleu sombre et son abondante chevelure flottait au vent. Quand elle ne fut plus qu'à quelques enjambées de nous, elle a fait une pause, comme si elle hésitait. C'est alors que son visage nous est apparu et que notre respiration s'est figée.

« Myriam... » me suis-je entendu murmurer au plus profond de moi. Myriam... était-ce bien elle ? Myriam du village de Migdel[1], la compagne du Maître, notre amie, notre sœur de tous les chemins... Comment se pouvait-il ? Il y avait si longtemps !

« Oui... a-t-elle répondu d'une voix un peu cassée à nos regards hébétés. Oui... c'est bien vous, c'est bien moi... Il avait raison, il était donc dit que j'allais vous retrouver... »

Quant à nous, nous avons été incapables de prononcer le moindre mot. Je ne me souviens que d'une chose : l'instant d'après nous étions toutes les trois en pleurs dans les bras les unes des autres. Ceux qui étaient avec nous, deux hommes du pays, eurent la délicatesse de se mettre un peu à l'écart. Ils ont tout de suite su que nul ne pouvait pénétrer dans notre monde en cet instant précis. C'était trop fort...

---

[1] Migdel ou encore Magdala.

Il n'y a que quatre jours de cela mais moi-même je ne sais déjà plus ce qui a fini par se susurrer, par se dire puis par presque se crier de surprise et de joie.

Jacobée et moi avons seulement réussi à comprendre que Myriam avait retrouvé notre trace en songe, sur les indications du Maître Lui-même. Elle avait prié, demandé, écouté et marché, beaucoup marché depuis ces très hautes montagnes qui, disait-elle, s'élevaient au bout de la mer, loin vers l'ouest[1]. Ils étaient un groupe de sept ou huit à l'avoir suivie tout au long de sa route confiante.

Jacobée et moi nous n'étions que questionnements, incapables, je crois, de nous apercevoir que Myriam elle-même se perdait en interrogations à notre propos.

Allait-elle s'arrêter là ? Allait-elle vivre avec nous ? J'ai encore en moi le tremblement d'âme que sa réponse a déclenché. « Non... Je ne le pense pas. Il m'envoie plus loin. Il sait où... moi pas. »

Myriam ne nous en a pas dit plus mais, ce soir, alors que nous venons juste de nous retrouver pour la troisième fois consécutive quelque part sur la plage, je crois, je sens qu'elle ne le sait pas davantage. Elle continue de suivre sa trajectoire ainsi qu'elle l'a toujours fait et que nous essayons, nous aussi, de le faire.

Le feu crépite doucement et c'est bon de se retrouver là une fois de plus. Nous n'en avions même pas convenu ; cela s'est imposé tout naturellement comme pour les soirées précédentes. Nous sentons bien que tous ceux qui vivent avec nous ici auraient aimé se joindre à nous. Certains, d'ailleurs, nous l'ont demandé mais nous avons dit non... Un peu égoïstement, peut-être... C'est que nous avons encore besoin d'être seules entre nous, cette nuit. Il me semble que nous ne nous sommes encore rien dit, que Myriam a trop peu parlé et que Jacobée et moi avons été

---

[1] Les Pyrénées.

incroyablement gauches en essayant de lui raconter notre vie ici.

Il me semble... c'est toujours ainsi lorsque la mémoire du cœur est trop pleine. On dirait qu'elle ne parvient pas à se déverrouiller. Je la vois telle une poche gonflée à l'extrême et je me dis qu'il faudrait un élément extérieur à nous, presque artificiel, pour la percer et nous soulager.

Et si, après tout, nous passions la nuit ainsi, enroulées dans nos couvertures et silencieuses autour des flammes que le feu voudra bien continuer à nous dispenser... Ce serait peut-être aussi bien.

Celui auquel, je le sais, nous pensons toutes les trois en cet instant nous enseignait parfois ce qu'Il appelait *la discussion du Silence*. D'ailleurs, nous avons rassemblé suffisamment de bois et de branchages pour tenir assez longtemps et nous écouter nous taire...

Sur la mer, la nuit est déjà presque totale. Seule son écume venant s'échouer sur le sable reste perceptible.

Mais voici qu'une voix et un regard trouent le voile de la pénombre. Myriam nous dit :

– « Enseignez-moi... Enseignez-moi, parce qu'il y a des choses que je n'ai pas vécues, parce qu'il y a des moments auxquels je n'ai pas goûté ou pas assez... »

À côté de moi, je devine Jacobée qui me regarde et je sens son étonnement aussi grand que le mien. Un moment passe ainsi... puis les mêmes mots ou presque viennent simultanément se placer sur nos lèvres.

– « Alors toi aussi, enseigne-nous... car nous croyons que nous avons souvent été aveugles et sourdes... »

Étrangement, malgré la timidité qui m'a toujours talonnée, je ne peux m'arrêter à ces seuls mots. Une force contenue dans le fond de ma poitrine me pousse à aller plus loin, balayant du même coup ma tranquille acceptation du silence qui avait semblé vouloir s'installer entre nous.

— « Et si, cette nuit, nous mettions nos mémoires en commun... Et si, autant de fois qu'il le faudra, d'autres nuits et aussi des jours, peut-être, nous faisions en sorte que ces mémoires ne se quittent plus. N'avons-nous pas toutes besoin de cette communion d'âmes ? Elle serait comme un arbre qui porterait le fruit de nos vies... »

Juste en face de moi, à travers un fin rideau de fumée, j'aperçois les yeux plissés de Myriam qui me sourient.

— « Oui... Cela me paraît juste et bon et surtout, je n'en doute pas, selon son souhait. Pourquoi sinon, vous aurais-je retrouvées ? Que savons-nous vraiment de nous ? Là-bas... dès qu'Il a commencé à prendre toute la place dans nos vies, nous n'avons souvent fait que nous croiser et nous taire afin de Le laisser parler et de ne pas gaspiller sa Lumière. Je sais aujourd'hui que ce n'était pas exactement ce qu'Il attendait de nous. Il voulait l'échange et le partage. Il espérait ce qu'Il appelait « le mélange des épices de nos vies »...

L'heure est-elle venue pour cela ? Je le crois... »

Une voix hésitante émerge pour la première fois de l'obscurité, ce soir. C'est celle de Jacobée, la très brune du village de Bethsaïda et dont les cheveux sont maintenant blanchis par la poussière de tous les chemins.

— « Alors... que ces souvenirs remontent et se déroulent comme de vieux rouleaux de palmes épars, au rythme où ils le peuvent et sans souci d'être ordonnés ; qu'ils existent seulement pour nous nourrir et nous soutenir jusque là où nous devons nous rendre. J'ai tant vécu... mais mon âme a pourtant encore soif, inexorablement soif... et je ne sais toujours pas parler en paix... »

— « Parle comme tu le sais... lui répond Myriam. Parle vrai... C'était tout ce qu'Il voulait ou plutôt... c'est tout ce qu'Il veut. De l'eau de source... même dans une simple coupelle d'argile. »

Je sens un vent de fébrilité nous envelopper toutes trois. Les éclats de nos regards traduisent déjà à eux seuls la certitude qui vient soudainement de nous habiter. C'est la Présence du Maître Lui-même qui a nécessairement voulu cette rencontre. Celle-ci devait exister afin que nous gravions les secrets de nos âmes dans la lumière de ces lieux.

Je sais... Il n'y aura pas la moindre oreille humaine pour recueillir ce que nous allons nous confier... Mais même s'il y avait quelqu'un qui sache écrire alentours, nous ne l'appellerions pas afin qu'il garde la trace de nos mémoires. Cela briserait tout... Nous voulons seulement créer une force commune, puis la remettre à l'Invisible, à l'intelligence du Temps.

C'est Jacobée qui veut prendre la parole en premier parce qu'elle a peur de ne pas y parvenir...

– « Pourquoi donc n'y parviendrais-tu pas, Jacobée ? »

– « Parce que si j'attends plus longtemps, si j'attends jusqu'au matin ou jusqu'à demain, je vais me mettre à réfléchir puis à chercher mes mots et alors mon cœur, mon vrai cœur y battra moins que maintenant. Me comprenez-vous ? »

Évidemment, nous la comprenons... À vrai dire, je crois que nous pensons toutes un peu cela, ce soir.

Même si je redécouvre Myriam plus en rayonnement que jamais, même si je sens mon passé incroyablement présent et prêt à se déverser dans l'instant, il y a entre nous cette crainte commune de ne pas savoir comment, ou pas assez...

Voilà donc... L'union de nos âmes va se célébrer ici. C'est décidé. Myriam récite à voix basse quelques paroles de chez nous puis offre aux braises une pleine poignée de plantes odorantes qu'elle tenait dans un sac, à son côté. Leur subtil mélange embaume aussitôt l'air et, la voix mal assurée, Jacobée commence à raconter...

19

– « C'est moi la plus âgée de nous trois... Quinze années peut-être séparent ma naissance de la tienne, Salomé, et sans doute aussi à peu près de la tienne, Myriam. C'est peu, bien sûr, mais cela suffit pour que mon chemin de compréhension, celui qui m'a amenée au Maître, soit différent des vôtres...

Ainsi que vous le savez, je suis de sa famille par les liens de nos parents. Sa mère, Meryem[1], et moi sommes cousines. Si je vous rappelle cela c'est parce que c'est important, me semble-t-il. Très souvent, dans mon enfance, mes parents m'ont confiée aux siens. Ma mère se montrait d'une santé peu solide tandis que mon père avait beaucoup à voyager. C'est pour cette raison que certains ont cru que Meryem et moi étions sœurs.

Dire que notre entente était parfaite serait mentir. Nous étions fort différentes. En réalité, nous nous sommes surtout connues après sa douzième année. Auparavant, comme vous le savez aussi, elle officiait dans le grand temple de la Fraternité[2]. Lorsqu'elle est revenue au village et que nous nous sommes davantage côtoyées, je reconnais aujourd'hui que j'ai eu une réaction de rejet. La jalousie...

Meryem était... Meryem. La plus pure des pures, disait-on. Je n'avais entendu que cela pendant des années. Je ne comprenais pas pourquoi on avait décrété cela ni pourquoi certains allaient jusqu'à se prosterner devant elle. Comme elle paraissait totalement indifférente à cette affirmation, je me suis apaisée puis habituée. Pourtant, dans le fond de ma tête, je n'étais *que* Jacobée, la cousine ; alors la jalousie, muette, a continué de tranquillement se lover en moi.

---

[1] Le nom de Meryem, fort courant à l'époque, est utilisé ici plutôt que celui de Myriam ou de Marie, afin d'éviter toute confusion avec Marie de Magdala.
[2] Meryem-Marie – mère de Jeshua – avait été désignée pour être "colombe", c'est-à-dire gardienne du Feu dans le principal temple de la Fraternité essénienne (voir "De mémoire d'Essénien", du même auteur, page 28. Éditions Le Passe-Monde).

Jacobée mariée à Clopas (cousin de Joseph)

Lorsqu'on l'a donnée à marier à Joseph, j'ai eu un pincement au cœur. Non pas que j'aurais aimé être à sa place avec un époux aussi âgé. Ce n'est pas cela... Je voyais seulement le prestige que cette union lui conférait encore. Joseph n'était-il pas le prêtre le plus respecté de toute notre communauté ? C'était trop pour une seule femme !

Je me souviens que, pendant de longs mois, je me suis presque sentie sans famille et comme rejetée par tout le monde. En vérité, c'était plutôt moi qui me coupais du monde. Je n'étais toujours *que* Jacobée, voyez-vous... tout au mieux une sorte de second rôle dans la famille. Tout au mieux car, évidemment, il y avait beaucoup d'autres frères, sœurs, cousins et cousines qui gravitaient dans les parages. Cependant, ils n'avaient pas l'air de l'envier particulièrement, eux, Meryem. Le problème, c'était donc moi...

Alors, petit à petit, j'ai commencé à ne plus m'aimer. Je me suis vue mauvaise, peut-être laide et j'ai eu de la colère, puis de la honte, puis de la colère encore, à n'en plus finir.

Finalement, après une interminable réunion de notre famille hors de ma présence on décida de me marier à un homme du nom de Chalphi[1]. J'avais déjà aperçu celui-ci car il était l'un des cousins de Joseph. Mon père m'annonça tout de suite que c'était un bon cultivateur de notre région, qu'il plantait beaucoup de lin et de pois chiches et que je pouvais être tranquille. Ma vie s'est donc trouvée tracée en l'espace d'une seule journée. Je savais depuis toujours que cela se passerait ainsi et que je n'aurais pas un mot à dire. Je ne vous apprends rien...

Le mariage eut donc lieu comme prévu. J'ai rapidement vu que Chalphi était un homme bon. Sa présence à mes côtés m'a certainement équilibrée. Elle a fait passer au second plan ma nature trop facilement insatisfaite et toujours en attente de quelque chose qu'elle ne savait pas définir.

---

[1] Nom araméen qui a été traduit en Grec par Clopas.

Toutefois, cette forme d'apaisement fut d'assez courte durée car, comme vous vous en doutez, l'attention de toute notre communauté et même des villages alentours se porta de plus belle vers Meryem ou, plutôt, vers son fils.

Celui-ci n'avait pas plus de quatre ou cinq ans qu'on racontait déjà de lui qu'il parlait tout haut aux anges ou à l'âme des prophètes quand il marchait dans les collines. Cela en inquiétait quelques-uns mais cela en émerveillait surtout beaucoup plus... d'autant que des voyageurs un peu étranges venaient régulièrement le rencontrer.

Alors, je dois vous le dire... Je me suis mise à ne pas l'aimer du tout ce fils de Meryem. Il allait faire comme sa mère : tout prendre pour lui. Je ne voyais rien d'autre que cela et j'en était malheureuse.

Lorsqu'on nous a appris qu'il partait pour la grande École de notre Fraternité[1] afin d'y étudier pendant des années, je me suis sentie soulagée. Je me suis dit que mes enfants à moi, juste un peu plus jeunes que lui, allaient enfin pouvoir respirer et prendre leur place.

Vous souriez, n'est-ce pas ? Vous avez raison parce qu'en réalité, ils étaient très bien comme cela. Lorsqu'il arrivait que mes deux fils rencontrent celui de Meryem, ce dernier était aussitôt leur ami. C'est moi qui étouffais et qui ne supportais pas son indéniable rayonnement. Rien d'autre...

Un an après son départ, nous avons quitté nous aussi notre maison et nos champs de lin. Chalphi venait d'hériter d'une plus belle propriété non loin du lac, à Bethsaïda. C'est là, vous le savez, que j'ai vécu durant de nombreuses années. Nous étions prospères et surtout... je n'avais plus personne à jalouser. Mes fils étaient en santé, ils travaillaient aux champs avec leur père et j'ai cru que j'étais heureuse... »

---

[1] Le Krmel. Voir "De mémoire d'Essénien".

– « Pourquoi dis-tu que tu l'as cru ? Tu ne l'étais pas ? »

– « Je l'ai cru... parce qu'en fait je me mentais. Il y avait une colère au fond de mon cœur dont je n'arrivais pas à cerner la cause et qui me dévorait presque en permanence. Je passais mon temps à la ravaler et cela faisait que je continuais à ne toujours pas m'aimer davantage qu'autrefois. J'ai certainement dû être méchante plus qu'à mon tour. C'est souvent la souffrance qui rend méchant, surtout si on ne peut pas la définir mais qu'on la sent comme une plaie invisible qu'on n'arrête pas de gratter jusqu'à ce qu'elle s'infecte...

Si je vous raconte tout cela aussi précisément, ce n'est pas pour m'attarder sur ma personne. Nous ne sommes pas ici pour cela. C'est seulement pour vous dire mon chemin d'âme, un chemin qui est, je n'en doute pas, celui de beaucoup et vous dire aussi la lente sortie de l'ornière que j'y avais creusée. C'est cette ornière qu'il est peut-être enseignant de regarder.

On croit toujours que c'est la contemplation du ciel et du soleil qui peut faire grandir. Cependant, les années qui passent et que le Maître ne cesse de nourrir en silence m'ont fait comprendre que c'est d'abord en nous observant, les deux pieds dans la boue et en mangeant de cette boue qu'on commence à pouvoir redresser la tête. Pas avant. Je veux dire qu'il a fallu que quelque chose pourrisse en moi, que j'aille jusqu'au bout de mon étroitesse et de mon égoïsme, jusqu'au point de rupture de ma vie.

Ainsi voilà, Myriam, toi qui me connais un peu moins que Salomé, j'avais tout pour vivre le bonheur mais une rage sourde ne me quittait pas... Une rage anonyme et sans destination semblait-il ; une rage aussi qui me sauta au visage lorsqu'au bout de presque vingt ans j'ai entendu à nouveau parler du fils de Meryem. On m'avait dit qu'il était parti au loin, qu'on ignorait même s'il était encore en vie, j'avais donc fini par l'oublier complètement... et soudain il réapparaissait !

Ce fut Chalphi qui prononça son nom, ce jour-là. Je m'en souviendrai toujours... Nous étions à deux pas de notre puits, assis sous les orangers à la fin d'une rude et chaude journée...

– « Tu te souviens du petit Joseph[1], le fils de Meryem ? On dit qu'il est revenu au pays et qu'il est rabbi maintenant. On dit aussi qu'il se fait appeler Jeshua et qu'il y a des gens étranges qui se regroupent autour de lui. Cela ne m'étonne pas... ».

– « Moi non plus, cela ne m'étonne pas », lui ai-je répondu en feignant l'indifférence tandis que je faisais un bond au-dedans de moi.

Je crois ne rien avoir ajouté de plus mais Chalphi, lui, n'a plus tari en anecdotes. On lui en avait apparemment conté toute une série le matin même, en allant échanger quelques fruits contre du poisson sur la rive du lac. Les pêcheurs n'arrêtaient pas de s'en amuser...

J'ai feint d'écouter ces histoires d'une oreille distraite mais, en réalité, je n'en perdais rien. J'ai même souvenir que, dans le silence de ma nuit, alors que le sommeil ne venait pas, je n'ai cessé de me les répéter tout en me disant paradoxalement qu'elles ne me concernaient pas.

Étaient-elles vraies ? Elles étaient dérangeantes mais... anormalement belles aussi. Pourquoi donc me faisaient-elles mal ? J'aurais déjà dû les avoir oubliées... C'était absurde ! Et puis... je ne comprenais pas pourquoi elles amusaient les pêcheurs. Elles n'avaient rien de drôle, au contraire.

Je me suis finalement endormie avec l'idée soulageante que le fils de Meryem n'était certainement rien d'autre

---

[1] Avant son entrée au monastère du Krmel, Jeshua (Jésus) portait le nom de Joseph. Voir encore "De mémoire d'Essénien".

qu'un rabbi un peu plus vantard que les autres et qui voulait inventer son monde à lui. De toute façon, il n'y avait aucune raison pour que je le rencontre à nouveau et qu'il vienne nous déranger là où nous vivions.

Quelle stupidité ! J'étais encore très loin d'avoir compris qu'on ne change pas le cours des grandes choses qui nous attendent et que notre liberté ne se situe pas là mais ailleurs, en remontant le courant de notre âme. Notre destin nous rattrape toujours, même si nous passons notre temps à le fuir !

Quant à moi, il a pris le visage de l'un de mes fils. Jacob se trouvait sur le quai lorsque celui que j'appelais encore dédaigneusement Joseph descendait d'une grosse barque avec quelques hommes. Même après tant d'années l'un et l'autre se sont reconnus. Ce sont les yeux, je crois... Ils ne trompent pas.

Comme Joseph avait été prié d'aller chez un tisserand pour y soigner sa fille malade, Jacob a aussitôt décidé de l'y suivre, un peu par curiosité. C'était aussi son ami d'autrefois... Vous imaginez la suite...

À la tombée de la nuit, j'ai vu arriver mon fils hors d'haleine et habité par une singulière excitation dans le regard. Il cherchait ses mots et n'en avait que pour le fils de Meryem. Celui-ci avait, paraît-il, guéri la fille du tisserand rien qu'en lui passant un peu de salive sur le front et en lui soufflant sur la bouche. Il n'avait pas même eu besoin de dire quoi que ce soit, ensuite il avait franchi le seuil de la porte en sens inverse et était reparti à travers les ruelles.

Jacob avait assisté à toute la scène. Le tisserand avait couru après Joseph en lui demandant : « Pourquoi ne dis-tu rien, Rabbi ? Combien veux-tu que je te donne ? » Et là, Joseph lui aurait répondu : « Qu'es-tu prêt à entendre et quel prix accepteras-tu de payer ? » Puis, sans attendre la réponse, il aurait ajouté : « Je ne te dirai rien à moitié... mais je te demanderai tout. »

Le tisserand était resté médusé sur place.

Mon fils me raconta ensuite que Joseph s'était alors tourné vers lui en lui disant : « Comment va ta mère, Jacob ? Annonce-lui que je lui rendrai visite demain. »

Vous savez, cette histoire m'a affolée. Tant d'années après, je me souviens encore dans quel état elle m'a plongée.

Tous mes vieux ressentiments refaisaient tragiquement surface. C'était comme si la vie m'avait tendu un piège pour m'empêcher de respirer et que là, tout à coup, elle le refermait sur moi.

Le lendemain, évidemment, j'ai pris n'importe quel prétexte pour fuir notre propriété. Il n'était pas question que le fils de Meryem avec ses tours de magicien vienne me narguer chez moi. Pourquoi, d'abord, voulait-il me voir ?

Eh bien, me croirez-vous, le lendemain il se présenta au bout du sentier qui conduisait à notre maison. C'est Chalphi qui l'y accueillit, s'excusant d'être seul parce que j'avais dû partir précipitamment chez ma sœur Esther. Je ne sais pas ce qui s'est dit. Mon époux n'a jamais pu me le rapporter mais une chose était certaine, le rabbi l'avait incroyablement troublé.

Ce triste jeu de ma part, je vous l'avoue, se répéta plusieurs fois. J'ai ainsi passé quelques mois à user du stratagème de la fuite. On aurait dit que le fils de Meryem faisait exprès de toujours traîner quelque part sur les berges du lac ou dans les bourgades alentours. Il se tenait toujours avec sa troupe d'hommes et de femmes dont même Jacob, pourtant subjugué par lui, disait facilement qu'ils l'inquiétaient un peu.

Pourquoi me poursuivait-il, ce Jeshua ?

– « Il ne te poursuit pas... s'est un jour irrité Chalphi. C'est toi qui en fais une obsession ! Que crois-tu qu'il puisse avoir à te dire ? Le bonjour de sa mère ? »

Cette réflexion m'a mise hors de moi. Son ironie m'a transpercée. Elle faisait ressurgir le pus de ma jalousie, une jalousie qui, au fil des années, ne lui avait pas échappée.

Je devais être blême lorsqu'avec la petite domestique qui était à notre service et notre âne je me suis mise en route pour le village. J'avais pris le prétexte que nous n'avions presque plus de farine pour les galettes et qu'elle m'aiderait à en remplir nos couffins dans la ruelle derrière le marché. Le fils de Meryem ne serait de toute façon pas là, on disait qu'il avait des problèmes à Capharnaüm. « Tiens... ça lui arrivait aussi des problèmes ! Ce n'était pas dommage... »

Jacobée s'arrête soudain et cherche nos visages, l'un après l'autre. On dirait qu'elle veut s'excuser, comme si elle n'arrivait pas à avancer assez vite dans ses souvenirs. C'est ce que je crois lire dans ses yeux, avec les traces d'une honte aussi... celle de cette ancienne rage qu'elle ne s'expliquait pas vraiment.

Un léger vent s'est mis à monter de la mer et fait tournoyer un instant la fumée de notre feu autour de nous.

– « Une petite offrande, encore », murmure Myriam en jetant à nouveau quelques herbes séchées sur la braise.

Jacobée s'est un peu apaisée, semble-t-il. Elle pousse un long soupir, s'impose un sourire et reprend son récit...

– « Alors voilà... Je suis donc partie pour le village, dans l'espoir que ses étals et ses senteurs d'épices me changeraient un peu de mon décor intérieur. « Et dire que, lui aussi, Chalphi, paraît impressionné par *l'autre*, le fils ! » ai-je marmonné. Ainsi, même en chemin la colère ne me quitta pas.

Mais ce jour-là, contrairement à mes attentes, Bethsaïda n'était pas aussi tranquille que d'habitude.

Il y avait une sorte de placette avec des habitations éparses sur la route qui menait à Tibériade. C'était une zone où nul n'aimait s'arrêter car on la disait fréquentée par des gens de peu de moralité, quelques voleurs, sans doute et aussi des mendiants qui feignaient toutes sortes d'indigences.

Lorsqu'en poussant notre âne devant nous nous passâmes non loin de là, la jeune domestique qui m'accompagnait et moi entendîmes une clameur monter de cette direction. Cela ne nous rassura pas mais il était impossible de contourner totalement l'endroit. De là où nous étions, il n'y avait qu'une ruelle pour rejoindre le marché. Il fallait donc avancer. C'est alors qu'à l'angle d'une lourde habitation de terre en partie délabrée nous avons bientôt aperçu un attroupement d'hommes et de femmes. Il y avait des vociférations, des pleurs aussi.

Passablement hésitantes et inquiètes, nous ne pûmes cependant pas nous empêcher de nous approcher de la scène de toute cette agitation. Un muret était à un pas de moi. En m'appuyant sur mon âne, j'y suis grimpée pour essayer de voir...

Derrière la foule assemblée là, une femme était allongée sur le sol. Elle venait apparemment de recevoir une volée de pierres et les insultes pleuvaient sur elle... Un enfant, même, se hasarda à aller lui donner un coup de pied. La femme était comme prostrée ; le visage contre terre, son corps se ramassait sur lui-même.

Au bout d'un bref instant cependant, je compris que ce n'était pas seulement dans sa direction que les insultes et les pierres étaient lancées. Un homme de haute stature et vêtu de blanc se tenait à deux enjambées d'elle et déchaînait manifestement tout autant de hargne de la part de la foule.

À un moment donné, je l'ai vu lever un bras vers le ciel...

– « Qui, parmi vous, s'écria-t-il en couvrant toutes les voix, qui parmi vous n'a pas commis ou eu envie de commettre ce qui est une faute et que nous réprouvons ? Qui ? Je vous le demande !

Toi, Joshe qui te cache derrière ton frère, là bas ? Et toi, Levi ? Tu lèves le poing mais que faisais-tu dans la taverne hier soir alors que la porte en était close et qu'il faisait nuit noire... Et toi aussi, Rachel... Ne détourne pas la tête ! Crois-tu que ton Père n'a pas vu la nature de ton empressement à aller laver le linge de si bonne heure tous les matins ?

Je vous le dis, il n'y en a pas un de vous qui soit assez pur pour juger et frapper ainsi... »

Il y eut un long silence et l'idée m'a pris de partir de là car je me suis dit que les choses ne pouvaient que mal tourner.

Un homme a alors pointé son doigt vers celui qui cherchait à protéger la femme.

– « Et que fais-tu de la Loi, Rabbi ? La Loi est là pour nous protéger et nous aider à vivre. Elle nous autorise à châtier qui doit l'être. Es-tu au-dessus d'elle ? »

– « L'Éternel est la Loi... et l'Éternel nous enseigne d'abord à aimer. Je ne te répondrai que cela parce qu'il n'y a que cela à répondre... Laisse-moi seulement te demander maintenant si tu te souviens d'une jeune femme du nom de Bethsabée... S'il advient que quelque part un être faute c'est bien souvent parce qu'il y a, face à lui, un autre être qui l'aide à fauter... Tu le sais... »

L'homme qui avait pointé le doigt n'était pas très loin de moi, à ma droite et je me souviens fort bien qu'il est devenu soudainement livide en entendant ces mots pourtant prononcés d'un ton modéré.

Moi aussi, d'ailleurs, j'ai dû devenir incroyablement pâle car, à ce moment précis, j'ai enfin compris que ce rabbi qui défendait la femme n'était autre que le fils de Meryem. J'ai eu à peine le temps de le voir aider sa protégée à se relever... Je suis descendue de mon muret et mon âne s'est mis à braire comme s'il avait eu pour mission de briser le lourd silence qui planait sur la foule.

C'est à cause de lui, je crois, que le rabbi m'a aperçue. J'ai cherché à partir de là au plus vite mais mon animal était bloqué sur ses pattes... Il avait décidé de rester figé.

Je ne sais plus trop ensuite comment les choses se sont placées. Ma vue s'est un peu brouillée et la foule a commencé à se disperser dans un léger brouhaha. Je crois avoir appelé Déborah, ma jeune domestique, mais elle ne semblait plus là. « Déborah ! ai-je crié à nouveau un peu plus haut. Nous partons ! »

C'est alors que j'ai vu le fils de Meryem, le rabbi Jeshua, planté droit devant moi dans sa grande robe blanche...

J'ai souri... Oui, mes amies, mes sœurs... J'ai souri, je lui ai souri hypocritement ! Parce que je n'aurais rien su faire d'autre. Parce que j'étais pétrie de peur, en colère et en même temps subjuguée.

Lui aussi m'a souri... Je me souviendrai toujours de cet instant. Il était là, les bras le long du corps avec son abondante chevelure et sa barbe, avec son regard surtout.

– « Oh... Jacobée... Ainsi te voilà, a-t-il fait très doucement. Je me disais bien que tu allais enfin venir me voir... »

C'était incroyable, il me parlait comme si rien de dramatique ne venait de se passer, comme s'il ne s'était pas fait insulter par la foule et ne s'était jamais élevé contre celle-ci. Il me parlait... comme s'il était juste empli de soleil.

Je ne sais pas pourquoi mais j'ai éclaté en larmes et il m'a prise dans ses bras.

Entre deux sanglots, j'ai entendu quelques personnes maugréer. Je sais... Cela ne se faisait pas pour une femme de tomber ainsi dans les bras d'un rabbi.

Tout cela n'a pas duré longtemps ; je me suis redressée, j'ai rajusté mon voile et après m'être inclinée comme on doit le faire, j'ai voulu rejoindre mon âne. Qu'aurais-je pu dire au rabbi ? J'aurais menti, nécessairement... Je m'en voulais déjà d'avoir pleuré sans raison.

Mes yeux cherchaient le sol et les sabots de mon âne mais il y eut une fraction de seconde, pourtant, où ils captèrent à nouveau l'éclat du regard du fils de Meryem. Il était... si troublant, cet éclat !

Par bonheur, la petite Déborah est réapparue à ce moment-là. L'âne paraissait être dans de meilleures dispositions car elle le tenait tranquillement par la bride. J'ai saisi celle-ci à mon tour et, sans dire un mot, je me suis véritablement sauvée en direction du chemin qui nous ramenait chez nous. Il n'était plus question de farine pour les galettes ni de quoi que ce soit d'autre. J'ai bredouillé le premier prétexte qui m'est passé par la tête en sachant fort bien que Déborah n'en serait pas dupe, puis je me suis enfermée dans un épais silence.

Chalphi qui travaillait aux champs avec Jacob et mon autre fils n'eurent même pas droit à une explication. Du coin de l'œil, il me sembla apercevoir notre jeune domestique esquisser quelques gestes à leur intention. Il fallait comprendre qu'il était préférable de ne pas insister. Nul ne me posa d'ailleurs la moindre question de tout le reste de la journée.

De mon côté, je vivais dans la confusion totale. Le soir venu, je n'avais rien mangé depuis le matin et je n'avais toujours pas faim. Le sommeil non plus ne se présenta pas. Cela dura ainsi deux ou trois jours, deux ou trois nuits, je ne sais plus exactement. J'étais devenue muette, seulement capable de me livrer aux menus travaux de la maison. Chalphi a fini par se fâcher et moi je suis restée dans la douloureuse impossibilité de lui expliquer ce qui se passait. Je ne le comprenais pas moi-même.

Je revois encore mon époux avec son grand bandeau de lin brunâtre qui lui ceignait le front. Il était ruisselant de sueur dans sa robe maculée de terre... Il me regardait désespérément.

– « Que t'a-t-il dit ? a-t-il fini par lâcher de façon abrupte. Tu l'as vu, n'est-ce pas ? Ne dis pas le contraire... C'est le rabbi qui te rend ainsi ? »

Ce furent mes premières larmes depuis l'événement de Bethsaïda. Je m'entends encore répondre à Chalphi que je ne savais pas ce qui m'arrivait... et c'était vrai.

Deux autres journées s'écoulèrent ainsi. Lorsque parfois je tentais d'y voir clair, cela se terminait obligatoirement par la sensation d'avoir l'âme prise dans une sorte de glue d'où émergeaient les sentiments les plus divers et les plus confus.

Mais, au-delà de tout ce qui me traversait l'esprit, c'était toujours la scène où le fils de Meryem avait protégé la femme qui s'imposait à moi telle une obsession. Qui était-il, cet homme, pour avoir osé faire cela ? Aucun rabbi ne se serait comporté de cette façon. Nous savions tous comment devait se terminer l'infidélité d'une femme, c'était normal...

Alors, pour essayer de me rassurer, je me suis dit que ce Joseph fils de Joseph et qui se faisait appeler Jeshua ne pouvait décidément pas être rabbi. C'était un imposteur, un prétentieux... Exactement ce que j'avais toujours cru.

Et puis... vint un matin... *Le* matin !

J'avais un panier à la main ; je m'étais décidée à aller faire la cueillette des oranges tout autour de la maison tandis que Chalphi et nos deux fils tentaient de réparer la roue d'une charrette au bout du chemin.

En passant l'angle de l'appentis où nous rangions quelques outils, j'ai vu avec surprise qu'ils discutaient plutôt avec un groupe d'une vingtaine d'hommes. Ceux-ci avaient le sac au côté, comme des voyageurs ou même des vagabonds. Que se passait-il ? Cependant, je n'eus pas plutôt remarqué l'attroupement que deux silhouettes s'en détachèrent. C'était celles de Chalphi et du fils de Meryem...

Lorsque celui-ci est enfin arrivé à deux pas de moi, je me suis trouvée sans voix... mais je n'ai pas pu m'empêcher de m'incliner devant lui, contrairement à tout ce que je m'étais répété. Que se passait-il ? Oui, que se passait-il ? J'ai même répondu à son sourire par un autre.

Chalphi était manifestement intimidé par la venue du rabbi. Il ne savait au juste que faire. Finalement, comme nous nous étions rapprochés de la porte de la maison, je l'ai vu se précipiter vers le sol pour dénouer ses sandales et lui offrir de faire couler l'eau d'une cruche sur ses pieds. C'était la coutume lorsqu'un hôte de marque se présentait.

Je me souviens parfaitement m'être mise à trembler en contemplant cette scène... Surtout lorsque le fils de Meryem posa longuement et doucement sa main sur le front dégarni de Chalphi. Il le bénissait donc ? Pourquoi avait-il droit à cela, Chalphi ?

C'est à ce moment-là que je me suis aperçue que le rabbi n'avait d'attention que pour lui. Il ne me regardait pas, ne me parlait pas... Je n'existais pas !

Tous deux sont entrés dans la maison et ont conversé assez longtemps. Je ne les y ai pas suivis bien sûr ; il était clair que je n'y étais pas invitée et que je n'avais qu'à retourner à mes orangers. Après tout, de quoi avais-je à me plaindre ? Leurs pères à tous deux s'étaient connus ; ils devaient avoir des choses à se dire. Et puis, je ne l'aimais pas, ce Jeshua...

Tu sais, Myriam... lorsque je me suis fait cette réflexion en marchant vers mes arbres, je me suis aussitôt rendu compte qu'elle déposait un goût amer en mon être. Pourquoi donc cela me faisait-il presque mal de me répéter que je ne l'aimais pas, cet homme ?

Quand j'ai porté ma main sur la première orange à travers les feuillages, j'ai ressenti un fort pincement au cœur.

Que m'arrivait-il ? J'aurais tellement voulu être là-bas dans la maison, moi aussi... Pourquoi le fils de Meryem s'intéressait-il ainsi à Chalphi ?

Incompréhensiblement, je vivais une de ces terribles vagues de jalousie... Elle m'emportait tout entière. J'ai dû descendre les quatre barreaux de ma petite échelle. Une tempête soufflait trop fort dans ma tête et mon cœur n'était plus qu'un gouffre.

« Pourquoi donc Chalphi et pas moi ? me suis-je répété cent fois en quelques instants. Suis-je si peu importante... ou si laide ? »

Des éclats de voix me firent abandonner mon panier et me rapprocher de la maison. Les deux hommes en sortaient. Chalphi, de toute évidence ému, avait les bras rituellement croisés sur la poitrine et ne cessait de s'incliner comme s'il venait de recevoir la plus grande des révélations.

Voilà... le rabbi allait enfin partir et moi... j'allais rester là avec ma maladie de je ne savais quoi et ma montagne de contradictions.

La rencontre allait se terminer ainsi mais un petit événement s'est alors produit.

Tandis qu'il contournait la maison sans m'avoir même cherchée une dernière fois du regard, le fils de Meryem s'est soudainement blessé le pied avec la lame recourbée d'un vieil outil qui traînait sur le sol.

Je me suis aussitôt précipitée vers lui. Sa cheville saignait... Chalphi s'est confondu en excuses et m'a lancé un regard terrible comme si j'étais responsable de sa honte. Les paroles que le rabbi lui a alors adressées en me regardant enfin ne m'ont jamais quittée depuis...

– « Laisse donc, ce n'est rien... Mon Père m'a enseigné que tout a sa raison d'être. Ton épouse va nettoyer cela avec un peu d'eau... Le permets-tu ? »

L'instant d'après, le rabbi était assis sur le muret de notre jardin et j'avais déjà délacé sa sandale.

Si vous saviez ce que je ressentais, mes amies... Mais vous le savez, bien sûr ! Tout bruit avait soudainement cessé autour de moi. Je n'entendais même plus les bêlements de notre dizaine de moutons... Mon âme découvrait cette sorte de silence qui ne règne qu'au fond d'un lac.

Tout cela pourtant n'était rien, je vous le dis, rien en comparaison de ce qui m'attendait...

Aujourd'hui encore, je garde la conviction de ne pas avoir guidé mes mains. Elles échappaient à ma volonté.

Je les ai vues prendre une petite cruche de terre et en répandre très très lentement l'eau sur le pied du fils de Meryem. Je les ai ensuite vues déposer paisiblement le récipient sur le sol puis accueillir la cheville blessée entre leurs paumes. Je les ai regardées en caresser la plaie, longuement, très longuement comme si leur peau était capable à elle seule d'absorber le sang qui continuait d'en couler.

Chalphi, paraît-il, m'aurait alors conseillé de me servir de mon voile. Je ne l'ai pas entendu... J'étais dans mon monde intérieur avec, pour seule présence, le pied du Maître entre mes mains.

Oui, je dis bien... *le Maître* car c'est à ce moment-là très précisément que, sans y réfléchir, ce nom s'est imposé à moi telle une évidence que je ne pouvais plus refuser ni contourner.

Des larmes, je crois, se sont mises à rouler doucement sur mes joues et mes mains ont à nouveau pris la cruche afin d'en répandre encore l'eau sur la cheville blessée. Le sang avait finalement cessé de couler mais moi, je vous le dis, je n'ai rien pu faire d'autre que de saisir encore le pied du Maître entre mes paumes comme pour leur faire exprimer ce que mes lèvres bloquées étaient incapables de traduire.

Oh ! mes sœurs... Myriam, Salomé... J'aurais tout donné en cet instant pour ne pas avoir à le quitter, ce pied. J'avais la certitude de le connaître si bien, de le reconnaître comme si j'en avais porté le souvenir au fond de mon âme pendant des éternités. Quel était son mystère ?

Je me souviens de la rugosité de son talon rompu aux pierres des chemins, de sa cambrure, de sa puissance mais aussi de l'invraisemblable fragilité, presque aérienne, qui s'en dégageait.

Pendant le très long moment où tout cela a duré, mon âme a, pour la première fois, complètement déployé ses ailes. Il m'a semblé contempler toute la scène de haut. J'étais là, agenouillée sur le sol, mes deux paumes enrobant le pied blessé du Maître et ma tête inclinée vers lui, jusqu'à s'y poser enfin.

J'ai finalement aperçu Chalphi... J'ai vu qu'il s'était reculé de quelques pas ; son air hagard disait qu'il ne comprenait rien à ce qui se passait.

Quant à moi, savez-vous, je n'étais pas dans un espace de compréhension. Je flottais juste sur un océan de paix, nourrie à satiété par une onde de vénération dont la possible existence m'avait été jusque là totalement inconnue...

Je suis doucement rentrée dans mon corps et l'une de mes mains a alors osé saisir toute la plante du pied du Maître. Elle y a senti, elle y a vu... *sa* terre, *ma* terre, *le* pays de mon âme... avec une telle intensité !

On aurait dit que des milles et des milles de paysages défilaient en moi. Ce n'était que des étendues de soleil, d'oiseaux blancs et d'oliviers... Une telle caresse de simplicité !

Il n'y eut que la main du Maître pour m'extraire de cet état. J'ai perçu sa chaleur sur ma nuque et je me suis redressée, ivre de lumière. Mes yeux coulaient tout seuls sans que j'y puisse quoi que ce soit... Je ne savais quoi dire et comme je devinais le regard stupéfait de mon époux posé sur moi, je me suis aussitôt réfugiée à l'intérieur de notre maison en bredouillant trois mots d'excuses.

Après... je ne me souviens plus vraiment de ce qui s'est passé ni comment la journée s'est terminée. Je n'étais plus là... Quelque chose de moi que j'ignorais venait de se déchirer en mon centre et me faisait vivre entre les douleurs et l'extase d'une sorte d'enfantement.

Cet état de grâce se prolongea jusqu'au lendemain. Je crois en avoir émergé par vagues successives, comme on se réveille... ou alors avoir à nouveau sombré dans le sommeil de ce que nous appelons la vie... »

À la lueur du feu, je cherche le regard de Jacobée. En vain car elle a peu à peu rabattu son voile sur lui durant son récit.

Voilà peut-être dix années que nous vivons ici ensemble, que nous partageons tout mais c'est la première fois que je l'entends raconter ainsi les commencements de son éveil. Elle s'était toujours plu à brider ses souvenirs, à les tronquer, à les casser même parfois à l'aide d'une remarque qui les plaquait au sol sous un monticule d'excuses et d'incompréhensible honte.

– « Te libères-tu, ma sœur ? lui demande Myriam. Sens-tu comme notre âme monte quand on parvient à la désemplir ? »

Sous son voile brun, Jacobée acquiesce d'un petit signe de la tête. J'aperçois sa main dont les doigts tracent des lignes dans le sable. Je ne sais plus si c'est celle d'une femme déjà marquée par l'âge ou bien celle d'une toute jeune fille qui désigne la direction, le sens de sa vie.

Oui, c'est cela... ce soir, cette nuit, le temps n'existe plus. Nous avons entrepris de le dépasser. Toutes trois, nous nous sommes faufilées en son or...

Chapitre II

Quitter...

« C'est ainsi, voyez-vous, que j'ai connu le Maître... ou plutôt que je L'ai reconnu, après le refus, la jalousie, la révolte, le tourment... »

Jacobée rejette la tête vers l'arrière en poussant un long soupir. Je la sens soulagée et je me dis qu'elle a brisé une coquille en elle, peut-être même un bouclier pesant. C'est bien là ce que cherchait à faire le Maître en nous... Abattre nos remparts, les uns après les autres, nous dépouiller de ce qui n'est pas vraiment nous et surtout nous débarrasser des dernières résistances derrière lesquelles notre être se cache.

Myriam paraît avoir saisi mes pensées car voilà qu'elle murmure :

– « Bien jeune encore est celui qui espère atteindre le Divin sans avoir traversé l'humain... au point, parfois, de presque s'y noyer. »

– « Oui... Je viens de comprendre qu'il y a souvent un vieil orgueil dissimulé derrière certains silences... sous prétexte d'humilité... ou de discrétion. »

Jacobée nous a offert un large sourire un peu nostalgique en lui répondant par ces mots. Son visage aux traits réguliers mais sévères se détend enfin. Je peux maintenant m'y attarder à la lueur des flammes. Celles-ci crépitent en dévorant les branchages que Myriam vient de leur présenter.

Je la trouve belle, Jacobée, plus belle que jamais. Non pas parce que ses traits sont parfaits mais parce qu'ils me semblent recouverts cette nuit d'un très fin voile de paix, un voile qui lisse ses rides et éclaire son regard... Infiniment plus que d'habitude.

C'est celui d'une voyageuse qui, dirait-on, vient seulement de s'apercevoir qu'elle avait le droit de poser son bagage, de s'asseoir puis de contempler enfin le chemin parcouru.

– « Voulez-vous que je continue ? Je vous le dis... je vais finir par prendre plaisir à parler de moi ! »

Pour seule réponse et dans un geste taquin, Myriam lui lance un coquillage.

– « Après le mémorable passage du Maître chez nous, j'ai aussitôt su que mes jours et ma vie tout entière – peut-être aussi *notre* vie – ne seraient plus jamais les mêmes. J'étais bouleversée au-delà de ce qui est concevable. Mon corps et mon âme tremblaient et je n'y pouvais rien !

Chalphi eut la bonté et l'intelligence de ne pas me questionner sur mon attitude. Bien avant moi il avait reconnu le Maître. Il savait... Il savait de l'intérieur quel est le trouble qui envahit un cœur humain quand celui-ci parvient face à Ce qui le dépasse totalement et qui va le guérir de sa si douloureuse amnésie.

Oh... guérir de l'amnésie ! Pendant les semaines et les mois qui suivirent ma rencontre avec le Maître et l'effet de révélation que sa cheville blessée avait eu sur moi, j'ai cru qu'elle était acquise cette guérison. J'avais vu la Lumière, j'en étais certaine ! Je me suis raconté que j'étais bénie entre toutes et il ne s'est pas passé une semaine sans que je n'aie tenté d'aller écouter le rabbi là où on disait qu'Il allait parler. Parfois avec succès et après avoir marché des heures, parfois en vain, trompée par les rumeurs qui circulaient.

Je dois dire que Chalphi et mes deux fils ont alors commencé à s'inquiéter pour mon équilibre. Bien sûr, avant moi, ils avaient appris à respecter le Maître. Celui-ci les avait subjugués mais leur vie à eux ne s'en était pas pour autant trouvée remise en question comme la mienne. Ils vivaient face au nouveau décor qui commençait à être planté sur les rives du lac, cependant ils ne vivaient pas *au-dedans* de lui.

« Oui... nous aimons écouter le rabbi, affirmaient-ils volontiers. Il nous fait du bien, il nous aide. » Ils débattaient aussi de certaines de ses paroles, surtout de celles qui se montraient provocantes... mais rien de plus.

Moi, de mon côté, je n'étais pas dans la réflexion. Je n'avais rien à argumenter. Autant j'avais cultivé le rejet, autant j'étais tombée dans la fascination totale.

Je me souviens qu'un matin Jacob s'est moqué de moi et de "mon rabbi", ainsi qu'il l'appelait. Cela m'a mise dans une colère sourde, une colère démesurée compte tenu de l'innocence de la plaisanterie.

Alors que nous mangions sur une natte que j'avais installée devant la porte de notre demeure, Jacob s'était écrié que, finalement, il me voyait bien en train de tourner autour du lac, « mêlée à la troupe de ces femmes un peu suspectes » qui suivaient le rabbi partout où il allait... Et dans ce « un peu suspectes », j'avais aussitôt compris "de mauvaise vie" car c'était ce qui se disait parfois, vous le savez fort bien.

Je me suis levée brutalement. Mon fils s'est alors perdu en excuses en se défendant d'avoir voulu m'insulter puis Chalphi s'en est mêlé, très maladroitement ; selon lui, j'étais tombée dans une dévotion aveugle, une dévotion qu'ils ne s'expliquaient pas et qui me faisait manquer à mes devoirs élémentaires dans notre famille... Les repas n'étaient plus prêts aux heures où il le fallait, le potager était négligé et je faisais même défaut à certaines de nos prières rituelliques, une faute qu'il estimait très grave.

Je n'ai pas trouvé les mots pour répondre à tout cela parce qu'ils n'existaient pas en moi afin de traduire l'état dans lequel je vivais. Aujourd'hui, je m'aperçois que tout mon être connaissait une exaltation permanente contre laquelle il ne pouvait absolument rien. J'étais en adoration devant "mon rabbi" avec autant de rage que j'avais été autrefois une envieuse, une jalouse maladive.

Le grand problème, voyez-vous mes amies, c'est que je n'avais toujours pas d'argument. De ce que je voyais comme ayant été la nuit de mon âme, j'étais soudainement passée à son plein jour... sans la moindre petite aube.

J'avais touché un pied, un seul... et la lumière du soleil m'avait enveloppée puis emportée. Je ne savais dire que cela, persuadée que le Maître m'avait choisie, qu'Il avait le pouvoir de me libérer de tous mes tourments... et aussi que c'était dans cette intention qu'Il avait voulu lui-même sa blessure. »

– « Mais ne crois-tu pas que c'est exactement ce qui s'est passé, Jacobée ? »

Cette question vient de jaillir avec spontanéité de mes lèvres.

– « Je me souviens avoir, à plusieurs reprises, entendu le Maître nous dire qu'il n'y avait pas un seul événement qui survenait autour de Lui sans qu'Il ne l'ait voulu pour une finalité précise. Je crois que certains, même parmi ses proches, L'ont dit orgueilleux d'affirmer une telle chose qui sous-entendait presque qu'Il dirigeait l'ordre du monde.

À l'époque, vois-tu, je ne savais que penser de cela. C'était beaucoup, pour moi qui Le découvrais aussi. Maintenant, je ne doute plus un seul instant qu'Il ait souvent provoqué des événements anodins – tel celui de sa blessure dans ta propriété – afin d'aller cueillir des cœurs d'hommes et de femmes. *Des cœurs mûrs*... ainsi qu'il Lui arrivait de le préciser. Le tien devait être bien mûr, ma sœur... »

Jacobée me prend la main. On dirait que la douce fraîcheur de la nuit s'est installée en elle.

– « Oui, il devait l'être... Mûr mais aussi inconscient. Tellement mûr et inconscient qu'il se serait éclaté sur le sol sans rien comprendre du pourquoi de tout... s'il n'y avait eu sa main pour le recueillir au dernier instant. C'est tellement clair, ce soir !

Il fallait que mon être se gorge jusqu'au bout d'absurdités, de colères et de contradictions pour entrer dans une sorte de... putréfaction... car, étrangement, la maturation, chez nous les hommes et les femmes, semble impossible s'il n'y a eu les affres d'un pourrissement. Alors oui, Salomé, mon cœur devait être mûr... à force de s'être fourvoyé.

Pour en revenir à ce repas qui s'est si mal terminé face à Chalphi et à Jacob, je l'ai quitté comme vous savez qu'une épouse doublée d'une mère n'est pas autorisée à le faire chez nous. J'ai tourné les talons et je suis partie sans dire où j'allais. « Puisque je suis comme une femme de mauvaise conduite, ai-je crié, autant que j'en sois vraiment une ! »

Chalphi s'est mis à vociférer je ne sais quoi et moi je suis allée marcher à travers nos champs de lin puis plus loin, sous nos oliviers, et plus loin encore sur la route qui serpentait le long du lac en direction de Caphernaüm.

Il faisait si chaud déjà et j'étais dans une telle confusion ! Je ne savais pas ce que j'étais en train de faire exactement ni à quoi tout cela allait me mener. Est-ce que je tenais vraiment à tout laisser derrière moi et à rejoindre la "troupe du rabbi Jeshua" ? Si c'était cela, il n'y aurait plus de retour possible. Je vivrais comme une maudite, une impie, une femme soupçonnée d'adultère, que sais-je ! D'ailleurs comment et de quoi vivaient-ils, tous ceux et celles de sa "troupe" ? Je n'en avais aucune idée. Il se racontait tant de choses...

Tard dans l'après-midi, après avoir erré sur les berges du lac, je suis finalement retournée chez nous. Chalphi m'y a accueillie à bras ouverts comme s'il ne s'était rien passé. J'ai préparé quelques galettes que j'ai recouvertes de pâte d'olives puis j'ai fait griller un poisson ou deux. C'est là que mon époux a simplement osé me demander si je l'avais rencontré, le rabbi, et si c'était Lui qui m'avait conseillé de revenir.

Évidemment non... Je n'avais même pas songé un seul instant à aller Le rejoindre. Je m'étais perdue dans ma tête et mes émotions et c'était tout...

La nuit étendit alors un voile pesant sur nous... puis, au petit matin, la voix de mon époux résonna soudain dans la pièce haute où nous avions coutume d'étendre nos nattes. Je me suis d'abord demandé à qui elle s'adressait ainsi et je me suis forcée à sortir de ma torpeur : c'était à moi que Chalphi parlait.

– « Tu sais, ma femme... Si tu veux vraiment aller Le rejoindre et vivre comme Il dit qu'il faut vivre... Vas-y. Je ne t'en empêcherai pas. On ne retient pas une âme en otage. J'y ai réfléchi toute la nuit. Si c'est ce que tu veux, ici nous nous débrouillerons. Deborah se chargera de l'essentiel de la maison... Je ne colporterai rien de mauvais à ton propos et tes fils non plus, j'en fais le serment. »

« Pas de serment, Chalphi... On ne fait pas de serment », ai-je rétorqué[1].

Je me suis longtemps reproché de lui avoir répondu avec si peu de cœur. Il m'offrait la totale liberté et c'était

---

[1] Au sein de la communauté essénienne comme chez ceux qui en étaient proches, la règle était de ne jamais faire de serments. On ne jurait pas. On donnait sa parole et cela devait suffire.

tout ce que je trouvais à lui dire ! Cependant, je me sentais incapable d'être autrement et de desserrer vraiment mes lèvres.

« Et pourtant... me suis-je aussi dit ce matin-là, pourtant je l'ai eu mon éclair de Lumière, celui dont parlent tous nos prophètes ! J'ai reconnu mon âme... Alors quoi ? Qu'est ce qui est encore en prison en moi ? Même Chalphi me libère... »

En vérité, je ne savais pas si j'en voulais vraiment, de cette liberté. Cela coûte cher à l'être humain, être libre, vous l'avez également appris toutes les deux ! Être libre c'est... ne plus pouvoir accuser qui que ce soit de nos maux. C'est oser être seul et se reconnaître responsable de chacun des pas que l'on accomplit. C'est enfin prendre aussi, en permanence, le risque de se tromper. Tout le monde n'en a pas la force, n'est-ce pas ?

Moi, je ne devais pas l'avoir à cette époque ; pas tout à fait car, dans la soirée, en refermant la porte du petit enclos où nous parquions nos quelques moutons, j'ai annoncé à Chalphi que je ne souhaitais pas aller rejoindre le rabbi Jeshua pour recueillir à chaque instant chacune de ses paroles.

Je me souviens encore de sa réponse :
– « Est-ce parce que c'est trop difficile... ou parce que tu m'aimes plus que Lui ? »
– « Oui », lui ai-je répondu laconiquement.
– « Oui quoi ? »
– « C'est trop difficile... »

J'ai entendu Chalphi retenir son souffle puis déglutir. Il n'a pas commenté ma réponse mais j'ai compris que je lui avais fait mal.

Je dois vous dire que cet aveu brutal de ma part et surtout la question qui l'avait provoqué m'ont plongée pendant des journées dans une profonde interrogation. C'était ce « M'aimes-tu plus que Lui ? » qui me tenaillait. Il posait directement la question de mon trop soudain attachement au Maître.

Était-ce l'homme et son si tendre regard que je m'étais mise à aimer ou alors cette Onde de je ne savais quoi qui circulait à travers Lui et qui bousculait tout sur son passage ? Était-ce l'humain, le Divin ou encore... Shatan subtilement déguisé, ainsi que quelques-uns n'avaient déjà pas hésité à le déclarer ?

Mais, au-delà de tout cela, ma vraie question était de savoir si le souhait de mon âme était de se rapprocher de l'Éternel et pour cela d'apprendre à se regarder du dedans ou si elle voulait simplement fuir sans trop savoir ce qu'elle fuyait. Je devais apprendre à ne plus me mentir, moi qui avais pourtant cru un moment que Jeshua m'avait guérie de mon masque...

Avec l'accord de Chalphi, je pris alors l'habitude d'aller régulièrement écouter le Maître en me rendant là où on disait qu'Il était. Cela me semblait être une bonne alternative entre l'offre de mon époux et ce qui m'habitait sans que je puisse le définir.

Il m'arrivait de partir à l'aube et de ne revenir qu'au crépuscule. Deborah m'accompagnait, elle y était obligée. Parfois aussi, nous ne rentrions pas le jour même lorsque la distance à parcourir était trop longue. Comme nous avions de la famille un peu partout, cela aidait... Il ne nous était donc pas trop difficile de trouver un logis pour y passer la nuit.

Ce que je retenais des paroles que le Maître prononçait ? À vrai dire, cette nuit même encore, je l'ignore. Je ne crois pas que j'allais chercher un enseignement en tant que tel auprès de Lui. Avec le recul, il me semble que je ne comprenais qu'à moitié le sens des histoires qu'Il nous racontait et des passages des Écritures qu'Il commentait. J'allais plutôt en quête de cet incroyable vent de liberté et de renouveau qu'Il semait tout autour de Lui. C'était cela qui me touchait sans que je puisse décrire l'impact que cela avait en moi.

Parfois, je me réveillais en pleine nuit avec la sensation d'avoir un énorme trou en pleine poitrine. D'abord douloureux, ce trou s'emplissait rapidement d'une indicible Présence aimante. Venait-elle des tréfonds de mon être ? M'était-elle offerte ?

Quant aux prodiges qu'accomplissait presque quotidiennement Jeshua, ils n'étaient pour rien dans tout cela. Vous ne le savez peut-être pas mais il s'est passé beaucoup de temps avant que je ne sois une première fois témoin de l'un d'entre eux.

On aurait dit que le rabbi s'arrangeait toujours pour créer une circonstance qui allait m'éloigner du lieu au moment où Il savait que l'Invisible et le Divin se manifesteraient à travers Lui.

Pendant des mois, bien sûr, je me suis répété que je devais être vraiment indigne pour n'assister à aucun des prodiges qu'on Lui attribuait constamment. D'ailleurs, Il ne faisait aucunement attention à moi. J'avais beau m'en rapprocher le plus possible, son regard ne faisait que glisser sur moi comme si je n'existais pas. C'était du moins ce que je croyais.

Puis, il y eut un jour mémorable. Je m'étais rendue à Gennesareth, là où, près des berges, il y avait cette grande étendue de tamaris qui créait une lumière si douce... Au milieu de la foule des deux ou trois cents personnes qui attendaient l'arrivée du Maître, je me suis soudain trouvée face à face avec Meryem, sa mère. Il y avait si longtemps... J'avais toujours tellement pris soin de l'éviter !

Meryem, elle, n'a pas paru surprise. Elle était là comme autrefois, dans la grande robe de lin des membres de notre communauté, les cheveux et les épaules sous un très long voile d'un bleu sombre ainsi que nous aimions toutes en porter. Oui, elle était là avec le même sourire qu'autrefois, quelques rides en plus et des mèches grisonnantes sur les tempes.

Meryem m'a aussitôt embrassée et je me suis sentie gênée.

– « Alors, toi aussi... m'a-t-elle dit très simplement. Cela n'a pas été facile, n'est-ce pas ? Ne dis pas non... Je l'ai toujours su... »

Puis, comme j'essayais malgré tout de bredouiller quelque chose pour tenter de justifier ma présence, elle a ajouté :

– « Pour moi non plus, tu sais, cela n'a pas été facile. Ce n'est pas mon fils que je suis venue écouter. Jeshua n'est plus mon fils... il a fallu que je l'accepte. Il est... bien autre chose... Ceux du village ne l'ont pas encore compris et je doute qu'ils le comprennent jamais. On dirait qu'il faut toujours que *Ce* qu'il y a de très grand doive venir d'infiniment loin dans le temps ou même du bout des chemins de notre monde pour qu'enfin nous Le reconnaissions. C'est ainsi... »

– « Oui, c'est un peu triste », ai-je répondu platement.

– « Non, c'est assez normal, a fait Meryem en me prenant le bras comme par le passé. On nous a toujours appris à être ainsi, à chercher en dehors de nous ce qu'il y a en nous dans le moment même. Regarde, nous allons toujours au Temple pour parler à l'Éternel en croyant qu'Il vit là plus qu'ailleurs. Nous sommes persuadés qu'Il parlait à Moïse mais nous n'imaginons pas un seul instant que peut-être Il cherche à nous parler autrement aujourd'hui. C'est cela que Jeshua est venu nous dire... L'as-tu déjà vraiment écouté, Jacobée ? Jusqu'à présent nous avons lu et appliqué les Écritures mais dorénavant, Lui, il nous apprend à les vivre pleinement. »

Dans un élan de confession inattendu dont je ne me serais pas crue capable, je me souviens avoir répondu à Meryem que je me demandais ce qui se passait. J'ai ajouté que je ne comprenais pas parce que ce qui était réputé nous amener au Divin devait nous rapprocher les uns des autres et que, au contraire, ma vie à moi était devenue une sorte de champ de bataille. La conséquence en était que, peu à peu, je m'éloignais de mon époux et de ma famille. Devenir une mauvaise femme, une mauvaise mère... Était-ce cela, vivre les Écritures ?

– « C'est aller plus loin qu'elles... m'a répliqué Meryem d'un ton très paisible comme si elle faisait fi du sacrilège qu'une telle déclaration constituait. Ensuite, elle a ajouté, toujours avec le même calme : Tout ce qui rapproche, tout ce qui fait épouser et fusionner est également motif d'éloignement et de dissolution. Oui, il y a des moments où il nous faut mourir, Jacobée. C'est la condition de notre corps et c'est aussi celle de notre âme. Il n'y a là aucune défaite mais plutôt l'annonce d'un nouveau printemps. Regarde-toi... Tu es simplement en hiver. Si tu ne ressentais pas une autre sève monter, tu ne serais pas ici... »

– « Mais Chalphi, ai-je répondu, tu te souviens de lui... Je ne peux pas... »

– « Peut-être n'est-il pas si loin de toi que tu le crois ? Regarde alentours... y a-t-il deux de ces arbres qui poussent exactement de la même façon ? »

Je n'ai rien rétorqué. La comparaison me semblait facile. Je n'étais pas un arbre moi... juste une femme déchirée et mécontente de sa vie. Comme je ne disais rien, Meryem m'a attirée vers l'eau en se faufilant délicatement entre les uns et les autres.

– « Il devrait arriver en barque, je crois. Il vient de Césarée... »

– « Écoute, Meryem... ai-je enfin balbutié. Tu parais heureuse au milieu de tout cela et pourtant tu dis qu'Il n'est même plus ton fils... Non, c'est vrai, je ne comprends plus. Je te le répète, je ne sais toujours pas pourquoi je suis là. J'étais certaine d'avoir approché le Soleil y a quelques mois, une sorte de révélation sans nom... On m'a fait croire que lorsqu'on a connu une telle félicité, ne serait-ce que quelques instants, celle-ci ne cesse de nous accompagner et ne nous quitte plus... »

– « Mais, Jacobée... Qui te dit qu'elle t'a quittée cette félicité ? Qui te dit que ce n'est pas toi qui l'as abandonnée quelque part dans un coin de ton cœur ? Et si elle était encore là, bien vivante, mais que tu ne la sentes pas parce que tu t'es arrêtée au souvenir de sa découverte ? »

– « C'est Jeshua qui t'a enseigné cela ? » ai-je demandé.

– « Non... Je l'ai toujours constaté, je l'ai toujours su. Très rares sont ceux d'entre nous qui parviennent à laisser grandir ce qu'il y a eu de plus beau en leur vie. Chacun se fixe sur la nostalgie qu'il en garde au lieu de comprendre que lorsqu'une porte s'est ouverte dans notre âme, elle ne se referme jamais. C'est à nous seul qu'il appartient d'en franchir à nouveau le seuil. *Le souvenir ne nous est pas donné pour qu'il fige le présent... mais pour qu'il soit son ferment.* Si un jour le Soleil t'a touchée, Jacobée, c'est parce que tu sais Le reconnaître, ne crois-tu pas ? »

Pouvez-vous imaginer, mes amies, l'effet que ces paroles ont eu sur moi ? Se pouvait-il que Meryem soit revenue dans ma vie pour y faire du bien ? Pour la deuxième fois de la journée, je lui ai souri... mais là, c'était un vrai sourire.

– « Regarde ! s'est-elle alors écriée, il y a une voile là-bas. Ce doit être sa barque qui approche. »

Simultanément, une clameur est montée de la foule. Oui, c'était certainement Lui, le Maître, qui arrivait.

Quelques instants plus tard, la proue d'une grosse barque faisait rouler les galets de la rive. Deux hommes sautèrent à l'eau jusqu'à mi-cuisse avec un cordage puis s'affairèrent à fixer celui-ci aux restes d'un petit ponton. J'ai souvenir de m'être hissée sur la pointe des pieds afin de mieux voir qui était à bord de l'embarcation. Je ne distinguais que sept ou huit pêcheurs, la tunique relevée jusqu'aux hanches. Le rabbi ne paraissait pas être là...

Puis, tout à coup, alors que la déception s'installait déjà en moi, son visage m'est apparu, simplement mêlé à celui des autres. Son anonymat n'a cependant pas duré bien longtemps, vous l'imaginez. Au lieu de descendre sur la rive ainsi que la plupart de ceux qui L'accompagnaient, le Maître est monté sur un banc de bois situé à l'arrière de la barque. Lui aussi avait la tunique relevée jusqu'à la ceinture selon l'usage des pêcheurs et des gens de la terre. Je me suis sentie presque gênée pour Lui. Jamais un rabbi ne se montrait ainsi...

Meryem me pressa le bras fortement.

– « Regarde, écoute... Il va demeurer là pour nous parler plus aisément. Lorsqu'Il est sur l'eau et qu'il y a du monde, on L'entend mieux...[1] »

Comme pour illustrer le commentaire de Meryem, je vis au même moment l'un des pêcheurs présents donner un peu de lest au cordage qui retenait la barque vers le ponton. L'esquif, dont on avait rapidement baissé la voile, prit alors un peu de distance par rapport à la terre ferme.

La foule se figea un moment en silence... Seul le vent se faisait entendre dans les tamaris. Soudain, le Maître posa une main au centre de sa poitrine et sa voix s'éleva avec force au-dessus de nous tous.

– « Je vais vous raconter une histoire, mes amis...

Il y avait un jour deux femmes dont les maisons étaient voisines. Dans le jardin de l'une d'elles poussaient en abondance les plus belles roses qui soient. Quant au jardin de l'autre, il était bien triste en comparaison du premier. Les rosiers y poussaient mal et on aurait dit qu'ils proposaient plus d'épines que de fleurs.

---

[1] L'effet de réverbération sonore d'une surface aquatique a souvent été utilisée par les orateurs depuis la plus haute Antiquité lorsque c'était possible.

La femme qui en avait la charge finit par nourrir une grande jalousie envers sa voisine.

« *Comment se fait-il, disait-elle, qu'elle ait tout et moi si peu ? Pourquoi aimerais-je cette femme ? Elle ne vaut pas plus que moi et la vie se montre injuste. Pourquoi aimerais-je l'Éternel ? Il donne plus à l'une qu'à l'autre.* »

Un jour que les rosiers au sommet de leur beauté embaumaient l'air plus que d'habitude, elle vit passer au bout du chemin la fille de sa voisine. Elle ne voulut pas manquer l'occasion qui se présentait car il lui semblait plus facile de s'adresser à une enfant.

« *Dis-moi, petite, fit-elle, de quelle magie use ta mère pour avoir de tels rosiers ?* »

« *Il n'y a là aucune magie, lui répondit l'enfant. Ma mère part à l'aube tous les jours afin de se rendre au village. Lorsqu'elle y parvient, elle cherche les soldats afin de recueillir le fumier frais de leurs chevaux. Elle en emplit sa besace et retourne aussitôt chez nous. C'est alors que patiemment, elle mêle, à la main, le fumier à la terre de ses rosiers.* »

La fillette continua son chemin et la femme jalouse comprit qu'elle devait demander à l'Éternel la force de s'agenouiller, elle aussi, entre les sabots des chevaux...

Ainsi, mes amis, je vous le dis, rien n'est donné à celui qui cultive l'envie et pointe le doigt vers le Très-Haut en L'accusant de ses attentes insatisfaites.

Les plus belles roses pousseront à la porte de votre demeure si vous ne craignez pas avec simplicité d'embrasser la terre qui vous a été offerte en naissant.

Celui qui n'a pas peur de se mêler au monde et d'œuvrer avec humilité dans son propre jardin verra assurément s'épanouir dans son cœur les plus célestes parfums.

Le vrai secret, hommes et femmes de ces rives, est celui de cet Amour qui trouve le Ciel en s'inclinant vers le sol...

Ne maudissez donc pas vos conditions... N'accusez personne de vos maux mais considérez votre ignorance et n'invitez plus l'orgueil sous votre toit. C'est ce que mon Père, *votre* Père attend de vous. Aucune main ne se salit par la plus petite des besognes et tous les cœurs se lavent dans la persévérance du don... »

Oh, mes amies... cette histoire... Je me souviens avoir réprimé un très lourd sanglot au fond de ma gorge. Cette histoire... sur le moment je n'en ai pas compris toutes les subtilités ni toutes les implications mais je peux vous dire qu'elle m'a fait l'effet d'une gifle. J'étais certaine qu'elle m'était destinée même si le Maître n'avait pas posé son regard un seul instant sur moi tandis qu'Il la racontait.

Oui, la femme envieuse c'était évidemment moi. Elle ressemblait à l'orgueilleuse qui se cabrait sans cesse à travers chacun de mes membres et jusque dans mes entrailles. Tout s'éclairait soudainement. Ma jalousie maladive n'était que le rejeton d'un perfide orgueil, d'une prétention sans fondement...

Le Maître venait de me toucher là où cela faisait le plus mal. Il avait vu juste. Infiniment. Au fond de moi, j'avais toujours nourri l'idée que la terre me salissait les mains et que mes genoux n'étaient pas faits pour s'agenouiller comme ils le faisaient. Je m'étais crue d'une autre race que celle de ceux qui servent. Toujours...

Nul doute que Meryem ressentit le trouble qui m'étreignait car elle m'attrapa discrètement la main et la serra très fort.

Je dois vous avouer ce soir... que je m'en suis rapidement dégagée et que longtemps, longtemps j'ai gardé la honte de cet ultime et absurde recul de mon être. »

– « Mais peut-être n'était-ce pas lui, ton être, qui reculait, Jacobée... intervient tout à coup Myriam. Je crois que seul ton corps réagissait ainsi. Il m'a fallu faire un peu de

53

chemin en cette vie pour m'apercevoir que parfois nos gestes traduisent servilement de vieux réflexes qui ne nous ressemblent plus... Exactement comme si notre chair s'appropriait et conservait les empreintes de nos errances passées. »

– « J'ai fini moi aussi par le comprendre, ma sœur et c'est ainsi que je suis parvenue à me pardonner, lui répond Jacobée. Meryem, quant à elle, je sais qu'elle a saisi sur l'instant le pourquoi de mon réflexe : la peur de reconnaître ma fragilité, mon besoin d'être aidée, la crainte aussi de paraître plus petite. L'orgueil, toujours et encore ! Je vous le dis, dès que j'ai eu dégagé ma main de la sienne, j'étais plus que jamais persuadée que, décidément, les belles roses n'étaient pas près de fleurir dans mon jardin...

J'ai souvenir d'avoir été tellement prise par mes pensées et le spectacle de ce qui me faisait mal que je n'ai même pas vu le Maître descendre enfin de sa barque et poser le pied sur la berge. Je ne suis revenue à moi que poussée par la foule qui avançait ver Lui. Vous vous en doutez, j'ai aussitôt cherché à me dégager de la bousculade. Si je m'étais retrouvée à deux pas du Maître, que Lui aurais-je demandé ? M'aurait-Il seulement reconnue parmi tout ce monde, Lui qui paraissait ne pas faire cas de la présence de sa propre mère ?

Je me suis plantée sur place, fidèle à la femme rétive que j'étais encore et j'ai attendu... J'ai attendu que la foule L'emmène un peu plus loin et Lui fasse tout un tas de demandes. Chacun voulait L'avoir pour lui, vous vous en souvenez, vous avez vécu cela mille fois !

Ils allaient tous disparaître derrière le bouquet de tamaris lorsque le plus insoutenable des désespoirs m'a emportée. Il est tombé sur mon être à la façon d'un orage abominable. Tout se mêla dans ma tête, dans mon cœur et mon corps. Je suis tombée au sol, terrassée et emportée dans un torrent de larmes. Il n'y avait plus rien, plus personne ; même Meryem semblait s'être évaporée... et c'était mieux ainsi, je n'en valais pas la peine.

Et puis... et puis tout à coup, alors que mon visage se perdait dans les galets du rivage, j'ai vaguement senti une pression au sommet de ma tête. Une sensation chaude et enveloppante faisant penser à celle d'une main... Je me suis un peu redressée puis un peu plus encore et là, entre le rideau de mes larmes, j'ai reconnu le visage du Maître avec sa longue chevelure et ses yeux si bien dessinés. C'était la première fois que je les approchais ainsi ses yeux, semblables à deux émeraudes. Ils avaient l'air de n'être là que pour moi.

– « Que se passe-t-il, petite femme ? ai-je alors entendu. Quelque chose s'est brisé en tombant ? Ne me dis rien... Je le sais. »

Sur ces mots, Il attrapa ma main avec force et m'obligea à me relever. Je comprenais à peine ce qui se passait. Je percevais seulement qu'Il ne lâchait toujours pas ma main et qu'Il maintenait la foule à une vingtaine de pas de nous, en silence.

– « Ce soir, à la tombée du jour, je serai chez Flavius, derrière la synagogue. C'est un vieil ami. Seras-tu des nôtres ? »

J'ai senti ma tête faire oui toute seule et tout s'est arrêté là. Le Maître est à nouveau rentré dans la foule. Un brouhaha s'est fait entendre puis je n'ai plus rien vu ni entendu d'autre que le ressac des vaguelettes sur les galets de la rive.

Je ne sais plus au juste comment le reste de la journée s'est ensuite écoulé. Sans doute ai-je un peu erré sur les bords du lac en évitant de parler à qui que ce soit. Tout cela est un peu flou dans ma tête. Il n'y avait plus qu'une chose que je souhaitais : rejoindre le Maître chez son ami Flavius à la tombée de la nuit. Meryem y serait-elle ? J'ignorais même où elle était passée. Il y avait fort à parier qu'elle me l'ait dit sans que je l'entende.

Quant à Deborah qui m'accompagnait toujours, elle me connaissait suffisamment pour savoir qu'elle devait se tenir à quelque distance de moi, avec le plus de discrétion possible, pour se faire oublier. J'ai été dure avec elle, j'en ai conscience... Il y avait encore de telles langues de brumes dans mon âme !

Lorsque le soir commença à tomber, elle me suivit en silence dans la ruelle qui serpentait derrière la synagogue. L'air sentait bon le feu de bois et les lueurs des lampes à huile éclairaient déjà les porches des quelques riches demeures qui se trouvaient là.

Je n'ai pas eu de peine à trouver la maison de Flavius. C'était la plus riche et une dizaine d'hommes et de femmes conversaient devant son seuil. Il semblait bien qu'on m'attendait car, sitôt que ma présence fut remarquée, quelqu'un s'est avancé vers moi pour me prier d'entrer. C'était un homme aux longs cheveux bouclés. Il m'a dit s'appeler Simon ; je le voyais pour la première fois... »

En entendant ce nom, je ne peux m'empêcher d'interrompre Jacobée.
– « Simon... du même village que le Maître ? »

– « Oui, celui-là même. Il m'a fait passer devant lui, nous avons traversé un petit jardin puis il a à nouveau poussé une porte. Celle-ci donnait sur une assez grande pièce aux murs recouverts de céramiques bleues. J'étais chez les Romains... Jamais je n'avais pénétré dans un tel endroit et je n'aurais pu imaginer que le Maître en fréquentait un semblable.

Mes jambes faillirent ne plus me soutenir lorsque l'instant d'après je L'ai aperçu sur un siège de bois en compagnie de cinq ou six hommes et de deux femmes. Il leur parlait à voix basse...

En Le voyant ainsi dans un angle de la pièce, le visage à demi éclairé par la flamme dansante de ce qui devait être une grosse lampe de bronze, je n'ai pu retenir un nouveau torrent de larmes.

Je me suis effondrée comme le matin même, secouée par d'incroyables spasmes et persuadée d'être la plus ridicule des créatures. Cependant, je n'y pouvais rien ; c'était presque des fleuves qui s'écoulaient de mes yeux.

J'ai bien sûr voulu me cacher derrière mon voile mais une main m'en a aussitôt empêchée. À ses longs doigts, j'ai reconnu celle du Maître, celle que j'étais venue chercher sans encore trop savoir pourquoi.

Avec la même poigne que le matin, elle me fit me relever.

– « Petite femme... m'a alors dit Jeshua du ton doux mais ferme qu'Il avait déjà utilisé précédemment, petite femme... Oui je vois bien que quelque chose s'est cassé en tombant. Viens, suis-moi... »

J'étais presque en état de panique, persuadée que j'allais bientôt m'étouffer sous le flot incoercible de mes larmes.

Comme j'étais incapable de la moindre initiative, le Maître m'a alors poussée devant Lui et m'a fait passer dans une pièce voisine séparée de la précédente par un lourd tissu. C'était un petit réduit à peine éclairé au moyen d'une lucarne ouverte sur le ciel du crépuscule. Dans la pénombre, j'ai distingué plusieurs coussins éparpillés sur le sol, une cruche et quelques fruits dans une corbeille ouvragée.

Je reconnais que j'ai eu envie de m'enfuir. Que faisais-je là ? J'étais stupide de me conduire ainsi ! Et qu'allait-on dire de moi maintenant ? Je ne pouvais pas rester seule avec un rabbi ici... dans cette obscurité. Tout le monde allait le répéter...

Mais je vous le dis, Myriam, Salomé, je n'ai eu ni le temps ni la force de réagir. Le Maître m'a demandé de m'asseoir et je me suis assise sur le premier coussin venu. Quant à Lui, Il a aussitôt pris place sur un autre, exactement face à moi. Il faisait encore assez clair pour que je voie ses yeux se planter droit dans les miens et ne plus les lâcher.

À bout de tout, j'ai baissé les paupières et ravalé mes derniers sanglots. C'est alors que j'ai seulement réussi à balbutier quelques mots.

– « Qu'est-ce qui s'est cassé en tombant, Rabbi ? »

– « Tu ne le vois pas ? Ce sont tes remparts, petite femme... Ils te collaient à la peau comme des écailles. Ils te faisaient de l'ombre et t'empêchaient de respirer. Regarde aussi toute l'eau qu'ils retenaient derrière eux... Nous avons tous une fontaine dans le jardin de notre cœur et c'est un bien par lequel nous nous lavons... mais toi, tu y avais la mer tout entière et tu allais t'y noyer ! »

J'ai enfin relevé la tête. Le Maître me souriait, tout simplement, comme s'Il était mon père, Lui qui avait l'âge d'être mon fils.

– « Il faut que je parte, Rabbi... Il n'est pas sage que je sois là... Que va-t-on dire de toi ? »

– « Laisse ce que l'on dit ou que l'on pourrait dire, Jacobée et écoute plutôt ce que mon Père veut te dire à travers moi... »

Lorsqu'Il eût prononcé ces mots, le Maître déposa un doigt sur l'une de mes joues et y prit une larme. Il la regarda un instant puis la porta à sa bouche avant de fermer Lui-même les yeux.

– « Tu sais, a-t-Il fait après un moment, notre amertume, c'est toujours nous qui la fabriquons. Elle n'est pas la faute de la vie. La vie n'est personne... Tout est dans la façon dont nous décidons de lui donner forme en nous. Si tu veux l'écrire avec sécheresse, elle sera sécheresse... car, je te l'affirme, c'est une amère sécheresse qui s'écoule de toi. »

Et, comme je Le fixais avec des yeux aussi angoissés qu'écarquillés, Il ajouta :

– « Tu réclames de la douceur, petite femme ? Alors offres-en d'abord aux roses qui te sont tendues... »

– « Tu vois tout cela dans une larme ? »

– « Bien plus encore... »

– « Et où sont-elles ces roses ? Je ne les aperçois pas, moi... »

– « Je le sais bien... Si tu ne les vois pas, c'est parce que tu répètes "moi" sans arrêt. Ne penserais-tu à ta vie qu'en surface ? Ne considérerais-tu que le masque de Jacobée ? »

Je me souviens être restée interdite en entendant ces paroles. Étaient-elles des questions auxquelles il me fallait répondre ou alors des affirmations sans appel ?

– « On croit toujours que pour voir clair il faut se tenir au grand jour, sous le soleil, continua le Maître... mais, en vérité, pour supporter le soleil et ses rayons qui dénudent tout, il faut d'abord avoir apprivoisé l'ombre jusqu'à ne plus en avoir peur. Il existe une sorte de grotte que je voudrais te faire découvrir. Suis-moi... »

Et tandis qu'Il prononçait ces derniers mots avec une intensité toute particulière, j'ai senti sa main venir se poser au centre exact de ma poitrine, un geste, vous le savez, que chez nous seul un époux peut se permettre. J'ai bondi, vous vous en doutez, mais la pression de sa paume se montra aussitôt si... anesthésiante que ma réaction s'est arrêtée là. Je n'ai plus bougé et un voile laiteux est alors descendu devant mon regard.

Tout est devenu flou...

Ai-je instantanément quitté mon corps ? Je ne le sais pas mais la voix du rabbi est aussitôt devenue mon seul fil direct, l'unique point auquel je pouvais me raccrocher. Je me souviendrai à jamais des paroles qu'elle distilla en mon âme car celles-ci m'emmenèrent du côté de ce qui était caché derrière moi.

– « Regarde, petite femme... Regarde... <u>Ton cœur est semblable à un puits qui s'enfonce dans le sol, *ton* sol... Ne sens-tu pas sous tes pieds les marches qui t'invitent à descendre en son centre ?</u> »

Oui, mes amies, mes sœurs, je vous assure que je les ai presque immédiatement senties ces marches ; je les ai même vues avec davantage de clarté que je perçois vos visages cette nuit. J'allais bien descendre dans un large puits dont les parois et les degrés étaient bâtis de puissantes pierres...

En moins de temps qu'il n'en faut pour le dire, le Maître s'était levé, m'avait attrapée par la main puis m'avait poussée devant Lui jusqu'à un trou qui s'ouvrait dans le sol, un trou béant que je n'avais pas remarqué en entrant dans la pièce.

Une étrange lumière l'éclairait, douce et invitante. Je n'ai pas eu peur en m'y enfonçant, au contraire, même si l'escalier dont je descendais lentement les marches pouvait sembler périlleux.

Un instant, je me suis retournée... Le Maître était là, Il s'enfonçait avec moi dans les profondeurs de la terre. J'ignore combien de temps dura notre descente...

Ce n'est pas que celle-ci me parut interminable, c'est plutôt qu'elle me donna la sensation que le temps n'existait plus. Comment vous faire comprendre cela ? On aurait dit qu'il était soudainement devenu une invention, une sorte de piège dans lequel on se fait prendre et dont seul un certain état de notre âme peut desserrer les mâchoires.

– « Avance, petite femme, et regarde bien... »

Interrompant le fil de ce qui n'était même plus des pensées, la voix du Maître est venue me chercher comme si elle voulait me réveiller de ce qui n'était pourtant pas un sommeil mais, à mon sens, une forme de lucidité dont je n'avais jamais goûté la saveur.

– « Oui, regarde... Pose ton regard sur ces parois de pierre que tes mains effleurent. »

J'ai levé mes yeux de ces marches qui recevaient, les unes après les autres, la plante de mes pieds et j'ai cherché la muraille. Elle n'était plus tout à fait la même car des langues de mousse la recouvraient en partie.

– « Regarde mieux... »

Je me suis arrêtée ou, du moins, en ai-je eu l'impression... Parmi la mousse ou peut-être les lichens, j'ai alors aperçu une petite niche ou une alvéole s'enfonçant dans la paroi de pierre, exactement face à mes yeux. Je m'y suis sentie aspirée tout entière, sans que ma volonté puisse y faire quoi que ce soit. Tout au bout et sur ses parois qui se déroulaient comme des livres de palmes, il y avait un monde...

C'était un univers complet qui tournait autour de la vie d'une femme, une femme pauvre et dénuée de beauté. J'ai vu ses yeux, ses rides, son impossible sourire crispé. Je l'ai vue se débattre dans mille situations, je l'ai vue recevoir des coups et mendier pour manger. Je l'ai vue aussi recevoir les assauts des hommes puis se faire rejeter. J'ai ressenti ses peurs, innombrables, j'ai pu les compter les unes après les autres comme si elles venaient se graver dans ma chair. J'ai touché son cœur de victime, amèrement mais aussi avec une sorte de singulière et incompréhensible délectation...

Puis, brusquement, mon être s'est détaché de tout cela. Je me suis sentie tirée en arrière et aussitôt projetée vers un autre point de la muraille, un peu plus bas... Mes pieds sont descendus d'un degré et mon âme a été happée au fond d'une autre alvéole.

Un monde différent y était vivant, un autre temps... Celui d'un homme, pauvre lui aussi mais solide et à la démarche arrogante... Un homme portant la révolte en lui. Un mâle à la tête d'autres mâles aussi pauvres que lui. Il avait le coutelas au poing... Il volait et enseignait à voler. J'ai pu rencontrer son regard car il me cherchait tout comme je le cherchais. Il parlait d'insoumission et de vengeance. Était-ce le mien ?

Il y eut un silence au centre du vacarme qui vivait en lui puis vint la sensation d'une main se posant dans mon dos. Était-ce celle du Maître ? J'avais oublié sa présence...

Sans le désirer, j'ai continué à descendre, à descendre, à descendre... Prise de vertige, je me suis alors laissée avaler par l'univers d'une autre alvéole. Je me souviens tellement de ses parois scintillantes ! Une sorte de baume au cœur... Elle était si belle, la jeune femme qui se tenait tout au bout ! Elle avait du pouvoir aussi, tout naturellement me semblait-il, un pouvoir sans effort, reposant.

Un instant je l'ai pris et je l'ai fait mien. Je me suis dit qu'il me faisait du bien et j'ai aussitôt contemplé l'orgueil qui montait en moi à travers lui. Tout était beau parce que tout m'obéissait, hommes et femmes. C'était facile et comme... normal.

Alors mon regard s'est élevé et j'ai observé les plaies que cause l'apprentissage du mépris ; j'en ai reçu les stigmates sur mon cœur puis j'ai demandé à partir de là...

Mais à qui demander ? Ai-je hurlé ? J'en suis persuadée, mes sœurs. Il n'y eut hélas pas d'autre réponse que celle de mes pas m'entraînant trois ou quatre degrés plus bas encore... jusqu'à découvrir enfin l'empreinte d'un autre monde au creux de la roche.

Il y avait du sable dans celui-là, beaucoup de sable, de chaleur et un petit temple tout en majesté. Sa vue m'a apporté un tel soulagement ! Si vous saviez...

J'y ai vu une femme, une femme telle que j'espérais en être une, telle que j'en portais une en moi. C'était une femme tout enveloppée d'un drapé couleur d'azur. Elle se voulait humble et bonne, elle se disait simple et aimante... mais je savais aussi qu'elle désirait par-dessus tout que cela se sache. Elle cultivait l'esprit... comme on cultive une fleur que l'on va ensuite couper puis placer dans un beau vase afin qu'on la voie et l'admire.

Oh, qu'elle était instruite et très officiellement sage cette femme ! J'ai perçu son drapé bleu qui m'enveloppait. Je l'ai aimé... Il avait le parfum de l'esprit qui se contemple lui-même et qui se repaît de sa supériorité. « Comme il est doux l'orgueil de l'humble, n'est-ce pas ? », me suis-je dit. Quelque chose en moi s'est alors mis à sangloter face à la femme qui étudiait son impassible sourire.

– « Avance, petite femme... Descends ! »

La voix du Maître, presque brutale, est venue me secouer. Elle m'a propulsée sans ménagement vers une autre alvéole de la muraille. Celle-là s'est mise à se dérouler telle une autre saison de l'âme.

Elle parlait d'un champ d'épeautre, d'une masure de terre séchée et d'un être qui ne savait au juste s'il était homme ou femme. Son corps se montrait si rude et si trapu mais son regard et son cœur si fragiles que cela me fit mal. J'ai compris que c'était un être seul qui bégayait chaque pas de son existence. Il avait mis ses désirs en sommeil comme on met une terre en jachère, pour se reposer et appeler l'œuvre du Temps. Que faire d'autre, parfois ?

Pourquoi était-il ainsi ? De quoi avait-il été construit ? Tout en lui racontait qu'il était empli de peurs. Celles-ci remontaient de la terre de son âme comme d'empoisonnantes vapeurs sulfureuses. C'était la peur de déplaire, de ne pas faire assez bien, de ne jamais être assez bien, la peur de se tromper, celle de se regarder vivre, celle de mourir aussi et cent autres encore. C'était la peur d'être, tout simplement.

En silence mais pourtant comme en pleine tempête, j'ai reçu ses vagues de découragement et de désespoir. Jusqu'où allait-il falloir descendre ? Jusqu'à quel comble de vanité, d'illusion ou jusqu'à quelle racine d'insignifiance allai-je être invitée ?

J'ai à nouveau senti l'escalier sous la plante de mes pieds nus. Ses marches étaient devenues moussues. Elles se dérobèrent sous moi et j'en ai dévalé quelques-unes...Où étais-je ?

Dans la pénombre crépitante de je ne sais quelle forme de lumière, j'étais enfin parvenue au fond du puits. Je me tenais sur une petite plateforme de pierre et l'eau était là, à un pas de moi, sans une ride dans son trou noir.

Je me souviens avoir connu un début de panique. Impossible de remonter le fil de mes souvenirs pour comprendre ce que j'étais venue faire dans ce ventre humide de la terre. Qui m'y avait poussée ? Derrière moi, il n'y avait personne. Là encore, j'ai hurlé, me semble-t-il. J'ai hurlé comme si cela allait actionner je ne sais quelle clef et me libérer de mon cauchemar.

J'ignore comment exprimer cela... J'ai senti... tout mon être se vider de son cri ; je veux dire de cette sorte de rage animale qui logeait dans les profondeurs de ma chair depuis le tout début... Mais là encore quel début, mes amies ? Si, dans ma vie, j'ai une fois respiré l'odeur du néant, ce fut à ce moment-là... »

Je regarde Jacobée... Elle vient soudainement d'interrompre son récit. Son émotion est trop forte. Alors, pour détourner nos yeux de son visage, elle s'applique à remuer les braises du feu à l'aide d'un long morceau de bois qui traînait sur le sable. Tout crépite et tout sent bon...

Une larme s'échappe enfin du coin de ses yeux. Myriam aussi l'a aperçue...

– « Oh, ma sœur... lance-t-elle tendrement, puis-je y goûter, moi aussi ? »

Nous rions toutes les trois... Il y a de ces instants comme cela qui traversent le Temps, si vides d'arguments humains qu'ils en deviennent des chants.

— « Alors je continue... Vous l'aurez voulu ! » lance enfin Jacobée d'une voix tremblante mais heureuse.

Oui... Oui, il y avait ce gouffre d'eau noire, presque poisseuse certainement. Je l'ai regardé longtemps, je crois, avec fascination.

— « Saute ! Plonge ! » ai-je soudain entendu en moi. Qui m'avait donné cet ordre ? « Saute ! » répéta la voix.

Sauter ? C'était impensable. Je me suis dit que c'était la mort assurée. Je serais avalée par son ventre !

— <u>« La mort ? répliqua la voix. Mais... n'es-tu pas déjà morte ? Selon toi, c'est quoi, la vie ? Le gel du soleil dans ton cœur ? L'hibernation de tes sentiments et de tes émotions dans tes entrailles ? La suffocation de tes espoirs et aussi de tes peurs dans ta tête ? Si c'est cela, si c'est ne même plus risquer de tomber et d'avoir mal, alors ta vie ressemble étrangement à la mort... Allons, saute donc et apprends à ne plus mourir de sécheresse. Arrête de mentir et... saute !</u> »

Et comme j'étais pétrifiée, incapable de la moindre intention et au bord de l'horreur, une main est venue se placer au milieu de mon dos puis m'a poussée d'un coup sec. J'ai basculé et j'ai aussitôt sombré telle une lourde pierre dans le trou noir de l'eau. Je suis tombée, tombée... et j'ai eu l'impression de la boire tout entière, cette eau... convaincue que ma descente était sans possibilité de remontée.

Silence dans mon âme... L'acceptation... L'acceptation, comme la digestion de toutes mes impuretés... Je mourais mais tout s'éclairait... Et tandis que tout s'éclairait, j'ai commencé à voir loin, très loin, tout en bas en dessous de moi un point de lumière, une tache de soleil qui m'appelait et qui grossissait.

– « Est-ce *toi* ? » me suis-je entendue appeler. Mais je ne savais pas à qui je m'adressais. Qui était ce "toi" pourtant si familier au point d'avoir jailli spontanément de mes entrailles ?

Et puis... la tache de soleil s'est tellement rapprochée ou je me suis tellement laissée aspirer par elle, je ne sais, que j'ai eu l'impression et ensuite la certitude de monter vers elle, d'aller la rejoindre dans son royaume d'altitude.

Et c'est ce qui est arrivé, Myriam, Salomé... J'ai jailli dans sa lumière comme à la surface d'une merveilleuse étendue d'eau. J'ai enfin respiré... à plein cœur ! Si vous saviez de quelle façon j'ai respiré !

L'idée sotte m'est soudain venue que je ne savais pas nager et que j'allais redescendre sous l'eau mais... mais il n'y avait plus d'eau... Il y avait... juste le regard du rabbi planté dans le mien. Celui-ci était habité... d'une sévère douceur.

J'ai mis quelques instants, vous vous en doutez, à réaliser que je n'avais jamais bougé de mon coussin et qu'il n'y avait jamais eu d'autre puits que sous la main du Maître. Cette dernière avait quitté le creux de ma poitrine et s'était déposée sur mon ventre, là où j'avais porté mes enfants et où mes muscles se tendaient encore si souvent.

– « Alors, comment se passe ton accouchement ? » ai-je entendu au creux de mon oreille.

Le Maître m'a adressé un large sourire puis Il a pris mes deux pieds dans ses mains en ajoutant :

– « À chacun notre tour... »

– « Rabbi, ai-je balbutié, Rabbi... tu m'as fait voir l'Éternité... »

– « Je t'ai fait voir l'ombre de tes pas et, c'est vrai... cela se rapproche un peu de l'Éternité. »

En prononçant ces mots, le Maître s'est mis à dessiner je ne sais quel signe sous la plante de mes pieds puis Il les a doucement déposées sur le sol.

– « L'Éternité, précisa-t-Il à ce moment-là tout en me pointant du doigt, l'Éternité c'est mon Père, c'est ma Mère et c'est aussi *Ce* qui parle à travers moi. C'est ce nous trois en Un que tu dois retrouver. N'essaie pas nécessairement de comprendre. Ta chair doit faire sienne ce que ton âme a visité...

Va, maintenant... Je ne te demande qu'une chose : Sois là... Vraiment là ! Et comme une amande sans sa coquille, offre le meilleur. »

Je n'ai rien dit, rien demandé. J'étais en paix. Alors, lentement, je me suis levée et je L'ai salué, tout aussi lentement, sans même oser à nouveau croiser son regard. J'étais lavée, totalement.

Jeshua avait ma vie... Je la Lui ai donnée à cet instant-là. Je ne le Lui ai jamais dit mais Il le savait et c'était suffisant. »

Chapitre III

Initiations galiléennes

J'écoute le discret ressac des vagues qui viennent mourir sur le rivage. C'est curieux, cette nuit elles me font penser à celles du lac de Kinnereth[1]. On dirait qu'elles ont exactement la même âme.

Myriam et Jacobée, elles aussi, semblent avoir été prises par leur chant.

Je me souviens d'une remarque de Jeshua nous disant que le baiser de l'eau à une plage nous lave les oreilles du cœur avant même que de nous inviter à purifier notre corps. C'est si vrai...

L'Éternel sait pourtant à quel point mon cœur écoute avec limpidité en ces heures bénies... J'ai toujours pensé que les paroles les plus fortes et les plus belles sont parfois semblables à un feu qui nous calcine. Alors c'est peut-être cela, ce besoin impérieux d'écouter cette mer qui vient nous chercher toutes les trois. Le feu de mer... cela doit exister...

Jeshua aussi aimait souvent à se taire en ce lieu où les galets étaient si doux, non loin de Gennésareth. Il nous

---

[1] Le lac "en forme de lyre". Ancien nom du lac de Tibériade appelé aussi Mer de Galilée.

invitait à L'imiter. C'est sans doute ce silence plein du chant des eaux qui évoque ces souvenirs.

Et puis... il y a aussi ce qui s'est passé tout à l'heure, juste après que Jacobée eût terminé son récit.

Nous avons vu des formes émerger de l'obscurité. Elles longeaient le rivage et se dirigeaient dans notre direction. C'était celles de deux hommes montés sur leurs chevaux. Nous avons tout de suite pensé à des soldats romains, une sorte de vieux réflexe bien ancré. Et en effet, nous avions vu juste. Nous n'avons rien dit ; pas même un murmure ne s'est échappé de nos lèvres.

Les deux cavaliers se sont arrêtés à une bonne trentaine de pas de nous et nous ont longuement observées. Que faisaient-ils là et à une telle heure ? Habituellement les soldats de Rome n'empruntaient pas les itinéraires hasardeux de ce rivage. Ils leur préféraient la solide voie empierrée qu'ils avaient construite depuis longtemps dans les terres[1].

C'était notre feu qui avait dû les attirer de loin. J'ai eu très peur pendant quelques instants, même si rien de pénible ne nous est arrivé par les Romains depuis que nous vivons là.

Finalement, les deux hommes se sont lancé un bref regard puis ont continué leur chemin en poussant leurs montures vers l'est, entre le rivage et nous.

Aucune de nous n'a fait de commentaire. Nous connaissons trop bien ce genre de situation. Une foule d'instants similaires sont gravés dans nos mémoires, parfois beaucoup moins sereins que celui-ci.

C'était du temps où nous étions là-bas, avec Lui et quelques autres, tous assoiffés d'espoir. Vingt, trente, cinquante, parfois plus cherchant à être contaminés par sa Certitude... Où sont-ils passés tous ces complices que le même secret d'Amour a un jour réunis ?

---

[1] La via Domitia.

Disparus dans le Temps... Éparpillés de-ci de-là au gré des vents de la vie ou plus vivants que nous dans la mort...

Ce sont ces pensées partagées sans un mot qui nous invitent toutes trois, je crois, à écouter en cet instant le chant de la mer. Mon corps est là et mes yeux se ferment. Il est peut-être dit que notre veille doit s'arrêter...

Mais voilà que Jacobée se lève soudainement et que, dans un regain d'énergie, elle va ramasser un petit tas de branchages à quelques pas de nous. Myriam me sourit d'un air amusé. Elle semble vouloir me faire comprendre que nous ne dormirons pas cette nuit. Jacobée se raconte à travers son geste. C'est d'abord en elle que le feu rêve d'être encore stimulé...

– « Vous souvenez-vous ? fait-elle en ravivant vigoureusement les flammes. Vous souvenez-vous des premiers temps où vous L'avez suivi ? J'ai l'impression, en ce qui me concerne, que c'était hier. Ce fut la période la plus intense de ma vie.

Après l'expérience que je vous ai contée tout à l'heure, tout est devenu évident : je ne pouvais plus vivre comme auparavant, retourner auprès de Chalphi, de mes fils, de mes moutons et de mon potager. Faire comme si rien ne s'était passé, vivre en demi-teinte entre la nostalgie et l'exaltation, poursuivre ma route de frustrations... J'étais descendue trop loin dans les tréfonds de mon cœur pour envisager cela un seul instant. Il me fallait suivre le rabbi là où Il irait et trouver la paix dans ses traces.

Chalphi a tenu promesse. Il a compris et m'a laissée partir. Jacob s'est d'abord fâché, il a pleuré puis il m'a embrassée comme on embrasse quelqu'un qui va mourir... Mais moi, j'allais revivre ou plutôt apprendre à vivre, j'en étais certaine.

J'ignorais d'abord comment j'allais continuer à exister car il me fallait bien manger, dormir, me vêtir. Cependant cela ne me troublait même pas. J'avais pour seule assurance l'accueil de Chalphi si jamais un jour je décidais de revenir. C'était déjà énorme ! Quant à ce qu'on allait raconter, c'était bien la dernière de mes préoccupations. Je vivais déjà tellement dans un autre monde ! Je ne comprenais pas que c'était mon époux et mes deux fils qui allaient en porter tout le fardeau.

C'est à Bethsaïda même que j'ai rejoint définitivement le Maître. Lorsqu'Il m'a vue arriver, Il a eu l'air de trouver cela normal et n'a rien dit. Ça m'a un peu piquée, je dois dire. Il avait raison cependant car j'avais tout fait pour arriver ostensiblement au beau milieu d'un petit groupe tandis qu'Il enseignait. Je n'ai pas tardé à comprendre la leçon... J'avais espéré trouver Meryem afin qu'elle me conseille mais elle n'était pas là...

Je me souviens que, pendant des jours, j'ai vécu un peu à la façon d'une mendiante. Nul ne semblait faire grand cas de mon arrivée nouvelle au sein d'un groupe qui me donnait l'impression d'être plutôt fermé. Je me suis donc tenue à l'écart lorsque de la nourriture était partagée et je ne savais comment faire pour qu'on m'attribue spontanément une place là où il avait été décidé que nous dormirions.

J'ai vécu de cette façon des heures terribles, je vous l'assure. Je me suis longuement demandé pourquoi "on" voulait à nouveau me mette à l'épreuve.

Un matin, alors que je tentais de me débarrasser de la poussière et de la paille mêlées à ma chevelure, mon regard croisa celui d'un homme que je n'avais pas aperçu les jours précédents. Après une petite hésitation, l'homme s'est dirigé vers moi et j'ai alors reconnu celui qui m'avait introduite auprès du Maître dans la maison romaine où ma vie avait basculé.

– « Cela ne va pas ? fit-il en s'accroupissant face à moi. Pourquoi te tiens-tu ainsi à l'écart ? »

– « À l'écart ? »

– « Mais oui... Cela fait plus d'une semaine que je vois que tu ne te mêles pas à nous. Tu n'es pas vraiment là quand on partage la nourriture, s'il y a un toit pour nous abriter tu donnes l'impression de vouloir dormir ailleurs et, lorsque le Maître enseigne, si tu trouves un arbre, une colonne ou un muret on dirait que tu vas te cacher derrière eux... »

Je suis restée sans voix un bon moment avant de simplement murmurer « Mais non... » d'une voix pâle.

– « Je m'appelle Simon, te souviens-tu ? a alors répondu l'homme sans chercher à me contredire. Tu sais... si tu attends que le Maître vienne te chercher... tu te trompes de direction. En réalité... je crois que si tu es ici c'est parce qu'Il est *déjà* venu te chercher. Ne nie pas... Nous sommes tous passés par là ! Parce qu'un jour le rabbi est venu nous planter un immense rayon de soleil en plein cœur, nous voudrions qu'Il vienne nous prendre par la main tous les matins pour nous installer au premier rang. »

Cela n'a pas pris beaucoup de temps avant que je n'avoue à Simon qu'il voyait juste... Un trait d'humilité dont j'aurais été incapable auparavant. Était-ce cela que le Maître appelait "perdre une écaille" ?

En un instant, le jeu auquel je m'étais fait piéger m'a sauté au visage. En vérité, je n'avais espéré qu'une chose : me faire remarquer. Puisque mon arrivée d'abord un peu trop affirmée au sein des disciples du rabbi n'avait rien donné, il avait fallu que je me distingue autrement. Il avait fallu que je sois seule, dénuée de tout et plutôt souffrante afin que l'on s'intéresse à moi et que – peut-être – on se demande par quelle grande initiation j'avais pu passer pour avoir ce regard...

Car je l'avais étudié, mon regard, mes amies. Je vous le dis... Je m'étais plus ou moins consciemment mise à le composer pour y placer ce que j'avais cru être le signe d'une certaine profondeur d'Éveil. L'Éveil, c'était grave et sérieux, n'est-ce pas ? Le mien... quelque chose en moi voulait qu'il faille qu'on puisse le repérer sur mon visage.

La remarque de Simon m'a d'abord secouée puis elle a déchiré un grand rideau dans ma tête. Était-ce le Maître qui avait subtilement envoyé cet homme vers moi afin de me ramener à la raison ? Je ne le saurai jamais mais la prise de conscience de ce qu'elle fit monter en mon être fut salutaire. Lorsque Simon m'attrapa par le bras fin de m'emmener là où on commençait à distribuer des galettes, j'ai pleinement vu l'insidieuse prison dans laquelle je m'étais enfermée. C'était une de ces bouderies prétentieuses que l'on contracte parfois comme une fièvre dès que l'on est en mal de reconnaissance...

Ce jour fut celui de ma véritable entrée parmi les proches du Maître. Ce fut celui à partir duquel j'ai commencé à réellement entendre son Enseignement... je veux dire où ses paroles se sont imprimées en moi et y ont débuté leur vie.

Petit à petit, le fossé qui me séparait encore des autres s'est comblé de lui-même et les lamentations qui avaient tendance à franchir trop facilement le seuil de mes lèvres se raréfièrent.

Je crois qu'il ne s'est pas passé une saison avant que, pour la première fois de mon existence, je n'aie eu la conviction d'être à ma place et même... d'être heureuse. Et pourtant, vous le savez, notre vie n'était guère facile ! Toujours marcher de bourgade en bourgade, par tous les temps, toujours ignorer ce que le soir même ou le lendemain nous réserveraient, nous heurter régulièrement à l'hostilité de quelques-uns aux abords des synagogues et sur les places et, enfin, affronter parfois le pouvoir des soldats qui se méfiaient de la dissidence du rabbi. Vous vous souvenez... Combien de fois n'avons-nous pas été pris à parti par des petits détachements de légionnaires voulant nous obliger à nous disperser ?

Je n'étais pas préparée à vivre tout cela, moi qui avais passé beaucoup de temps à me regarder et à geindre. Cependant... j'ai trouvé du bonheur dans cette sorte d'errance sacrée qui était la nôtre. Même si l'angoisse et la peur aussi venaient me visiter régulièrement, je l'ai faite totalement mienne. C'était le Maître, évidemment, qui rendait cela possible. Parfois, je me disais qu'il était presque inutile qu'Il s'exprime et nous dise les choses de l'âme. Il suffisait... Il *me* suffisait qu'Il soit là et je constatais l'abandon de mes dernières résistances.

Une fois, malgré tout, j'ai eu très peur. Nous étions une trentaine à avoir été sérieusement pris à parti par un groupe de Sadducéens que nos allures assez ouvertement révolutionnaires irritaient. Le ton monta si haut que les soldats sont finalement intervenus. Il y eut des coups... Le Maître Lui-même fut bousculé par un centurion à cheval. Je n'étais pas très loin de Lui lorsque je L'ai vu trébucher puis se relever. J'ai parfaitement aperçu son visage qui était resté imperturbable. Il regardait fixement le Romain qui L'avait rudoyé et j'ai eu l'impression qu'Il lui avait finalement adressé un sourire.

Ce soir-là, j'ai été décontenancée, voyez-vous. Je ne comprenais pas pourquoi le rabbi nous conseillait de ne pas fuir dans de tels cas, pourquoi Il nous invitait à essayer de regarder l'adversité comme si elle ne signifiait pas une agression. J'ai trouvé cela... absurde. De quelle façon cela pouvait-il aider quiconque ? J'avais suivi le Maître parce qu'Il nous apprenait à retrouver notre centre... parce qu'Il était de toute évidence une fontaine d'Amour et... et parce que j'étais convaincue que nous avions, absolument tous, rendez-vous avec Lui. Mais là...

Quelques jours passèrent et j'ai bien vu que je ne devais pas être la seule à m'interroger sur cette violence que nous avions dû affronter le plus passivement possible. Une forme de morosité, voire de mauvaise humeur s'était installée chez quelques-uns d'entre nous. Ce n'était pas coutume. Tu étais là toi, Myriam, tu ne peux pas avoir oublié. »

Myriam détache son regard du feu et laisse aller sa tête en arrière de ses épaules comme pour chercher dans ses souvenirs. Je devine un sourire sur son visage. Enfin, elle se redresse...

– « Comment oublier, en effet ? C'était à Beth Shean, me semble-t-il. Il avait été décidé que nous y ferions halte quelques jours. À peu de distance du village se trouvait un assez gros bethsaïd appartenant à la Fraternité. Le bruit courait que beaucoup de malades et d'indigents y attendaient Jeshua depuis longtemps afin d'être soignés et guéris... Mais raconte tout cela toi-même, Jacobée. Ce sont les paroles du Maître telles que tu les as reçues par tes oreilles et ton cœur qui nous intéressent. Pas mon regard qui est nécessairement différent... »

En signe d'acquiescement, je ne peux me retenir d'envoyer un peu de sable sur les pieds de Jacobée. Elle connaît ma façon parfois amusée d'être avec elle.

– « Oui... reprend-elle assez gravement. Je devais paraître vraiment troublée car, lorsque le Maître nous eut tous réunis comme souvent à la nuit tombante, Il est venu s'asseoir sur le sol très près de moi après m'avoir lancé un peu de sable dans un geste ressemblant au tien, Salomé.

– « Je vais vous parler de l'adversité, mes amis », a-t-Il commencé tout en me fixant avec insistance.

Bien sûr, puisque je ne voulais pas paraître concernée, j'ai baissé la tête. C'est alors qu'Il a repris :

– « Certains d'entre vous ne comprennent pas quelle est la force qui m'habite face à l'adversité... ni celle que j'essaie de faire surgir en eux. C'est pourtant simple si vous observez avec votre cœur de quelle façon je place mes pas en ce monde.

Il vous a toujours été dit que le Très-Haut, notre Père à tous, acceptait que l'on réponde aux coups par d'autres coups et que la justice de la vie pouvait s'exprimer ainsi. En quelque sorte, on vous a affirmé : « Si tu me lances un caillou... alors, légitimement, je te lancerai une pierre... »

Cependant, vous tous qui m'écoutez, je ne crains pas d'annoncer qu'on vous a menti. Ce n'est pas le Très-Haut qui a énoncé une telle loi mais son ombre parmi les hommes.

Je vous le dis, nombreux sont ceux qui usurpent la place qui, seule, revient à l'Éternel. Parce qu'ils ne peuvent se tenir réellement debout et nus, ils cherchent un trône pour supporter la lourdeur de leur propre cœur. Ils rendent légitime le seul horizon qu'ils puissent embrasser du regard, celui de l'adversité, des coups et du sang.

Ils ignorent encore que le vent de souffrance tourne en rond sur lui-même et se perpétue quand on l'emprisonne entre les quatre hauts remparts de la vengeance. Ils ne savent pas que la bourrasque qui se repaît d'elle-même ne tarde pas à devenir tempête. Nourrissez encore cette tempête et bientôt celle-ci vous emportera... »

En entendant cela, j'ai aussitôt relevé le menton et j'ai adressé la parole au Maître. Je n'avais jamais osé agir ainsi et, qui plus est, devant tous.

– « Je comprends Rabbi, je comprends... Le sang appelle le sang et un ruisseau devient facilement une rivière... mais, si nous laissons l'agresseur nous agresser librement, que restera-t-il de nous, de qui nous sommes, de nos familles et de ce que nous portons en nous ? Est-ce ainsi que ta Parole vivra ? »

J'entendis un murmure d'assentiment derrière moi.

– « Vos familles ont adopté vos âmes pour ce qu'elles sont et pour ce qu'elles ont à réaliser... Quant à ma Parole, ne craignez rien pour elle. Elle ne m'appartient pas et n'est d'aucun Temps. Sachez qu'elle est de toute éternité et ne fait que passer à travers moi. Elle ne peut mourir car elle n'a pas de commencement.

Laisser l'agresseur agresser librement ? Non, mes amis, ce n'est pas de cela dont il s'agit. Lorsque je ne rends pas le coup qui m'est porté et que je cherche le regard de celui qui me blesse, c'est l'esprit de la Vie qui, par moi, lance un défi à l'agresseur.

Si mon masque d'homme semble inactif, mon être profond se lève et se met à enseigner. Il établit cette Différence qui interroge le cœur de l'autre et qui, tôt ou tard, le renvoie à lui-même. N'avez-vous pas compris que la pulsion de l'agresseur n'a, ultimement, pas d'autre raison d'être que de déclencher la même pulsion en retour ?

Elle s'en nourrit. Nombre de ceux qui frappent et offensent espèrent secrètement à leur tour être frappés et offensés car l'idée de la confrontation est le seul aliment qu'ils connaissent. Si vous ne leur donnez pas... »

– « ... Ils demeureront sur leur faim et se déchaîneront davantage encore, ne penses-tu pas Rabbi ? »

Une voix s'est élevée quelque part derrière nous dans notre petite assemblée. J'ai eu envie de me retourner mais mes yeux ne parvenaient pas à se détacher de ceux du Maître.

– « Oui, Lévi, c'est vrai... Il est possible qu'ils se déchaînent un peu plus encore... mais sache qu'au fond de son âme celui qui a frappé librement en vient invariablement, un jour, à ne plus pouvoir faire face à l'idée, au spectacle, de *ce* qui, en lui, a agi ainsi. Il a épuisé sa force d'agression, il s'est vidé de son absurdité et peut alors commencer à se relever... puisqu'il a visité jusqu'au bout le mécanisme de ses pulsions de descente. »

– « Tu veux dire qu'il faut que nous soyons un chemin... pour que le mal aille jusqu'au bout de lui-même ? »

– « Je veux dire que nous devons être un chemin pour la Différence, un chemin qui tente de se projeter bien au-delà du seul instant présent, un chemin qui enseigne par le défi qu'il représente. Je ne vous dis pas : "Ne vous défendez pas" et je ne vous dis pas non plus : "Offrez-vous aux coups" ; je vous dis ceci : "Apprenez à faire en sorte que la paix qui se dégage de votre présence fasse de vous un roc et que sur ce roc aucune semence de rancune ne puisse germer". C'est ainsi que vous laverez ce monde de toute idée de vengeance et lui redonnerez sa mémoire.

Je vous l'annonce, mes amis, nous n'œuvrons pas pour ceux que nous sommes aujourd'hui mais pour ceux que nous nous apprêtons à devenir. C'est pour cela que *quelque chose* m'a reconnu en vous, parce que ce que le monde appelle faiblesse, je l'appelle Défi. »

Sur ces mots, le Maître s'est levé et nous l'avons vu saisir une torche qui avait été plantée dans le mur de la demeure nous servant d'abri contre le vent du soir. Rapidement, Il la brandit dans notre direction comme pour mieux saisir les expressions de nos visages.

– « C'est bien, a-t-Il alors ajouté, je vois que vous vous interrogez encore... »

Sur ces mots Il a placé un large sourire sur son visage et nous L'avons vu partir.

Je n'ai pas dormi de la nuit. Oui... j'étais au nombre de ceux qui s'interrogeaient encore. Pourtant, je ne me questionnais pas dans ma tête car je voyais fort bien que l'attitude de Celui qui nous enseignait ne dépendait pas d'une série d'arguments qui s'emboîtaient les uns dans les autres pour former une sorte de philosophie. Elle résultait d'autre chose. À l'époque, je n'étais pas capable de définir cet "autre chose". J'y voyais la Grâce divine parce que c'était un principe qui me paraissait tout résumer.

Maintenant que le temps a passé et que tant d'épreuves nous ont fait mûrir, je peux dire que cette Grâce se manifestait en Lui pour en faire un Pont. En nous regardant tous agir, penser et nous questionner, le Maître nous apercevait déjà dans le futur ; Il voyait les fruits qu'allaient donner les apparentes aberrations de notre présent.

C'était notre devenir qui L'intéressait. Pas ce que nous pensions de Lui dans l'instant ni la façon précise dont nous pouvions pénétrer le sens de sa Parole. Et l'Éternel sait que pas un de nous n'a compris exactement le sens de sa Parole ! »

– « C'est tout à fait vrai, ma sœur, ne puis-je me retenir d'intervenir. À l'évocation de ce Défi incroyable que le Maître incarnait, j'en ai entendu certains prétendre que nous devions nous exposer aux coups, comme si la souffrance allait nous permettre de grandir. Ce n'est pourtant pas cela qui nous a été enseigné... Mais pardonne-moi, reprends ton récit, offre-nous tes souvenirs... »

– « Ainsi que je vous le disais, je n'ai pas dormi cette nuit-là. Comme bien souvent, nous disposions d'une grange pour nous abriter. Je n'ai pas voulu rester sous son toit. Je me suis faufilée parmi les jarres qui y étaient entassées et entre les corps allongés de mes amis car quelques oliviers m'attiraient. J'avais l'impression d'avoir besoin d'eux et que, assise entre leurs racines, je respirerais mieux.

Je me questionnais, en effet, mais mon insomnie ne tournait pas autour de ce que venait de nous dire le rabbi. Ce qui m'interrogeait et qui créait une sorte de flamme dansante derrière mes paupières closes, c'était la Nature du Maître. C'était l'essence de *Ce* qui passait par Lui, c'était aussi *comment* Il en était arrivé là. C'était enfin *Qui* Il était...

Je n'avais pas de réponse. Oui, *Qui* était-Il donc pour nous rendre ainsi presque... captifs de sa Lumière tout en nous laissant libres ? De quelle sorte d'humanité son âme avait-elle émergé pour nous proposer un modèle de vie manifestement si... surhumain ?

Les mots qui sortaient de sa bouche, j'en étais certaine, cherchaient des oreilles derrière nos oreilles. Je ne savais pas si j'avais eu un seul instant le bonheur de pouvoir les entendre vraiment mais tout me disait qu'ils traduisaient une parenté avec le Divin à laquelle nul n'avait jamais été invité.

Lorsque l'aube est arrivée, je me suis rendu compte que je m'étais finalement endormie. C'est le chant d'un oiseau, je crois, qui a dû me tirer de mon assoupissement. Ma nuque était endolorie et j'avais un peu froid. J'ai alors cherché à mieux me blottir au creux du tronc contre lequel je m'étais abandonnée mais j'ai pensé entendre un bruit de pas durant un bref moment. Comme tout avait cessé, j'ai à nouveau laissé mes paupières se fermer. Cependant, le bruit a aussitôt repris et s'est prolongé par ce qui ressemblait au froissement d'un tissu. J'ai sursauté... Le Maître se tenait là, accroupi devant moi. J'ai retenu mon souffle et Il a souri.

– « Alors, petite femme ? » a-t-Il fait de ce ton tendre et taquin qu'Il aimait parfois prendre.

– « Alors, Rabbi... »

– « Oui, alors ? »

Surprise et terriblement gênée, je n'ai pas compris ce qu'Il voulait. Je n'ai pas compris non plus ce qui m'a poussée à Lui adresser quelques mots à peine articulés car rien n'avait eu le temps de mûrir en moi dans la frilosité du petit matin.

– « ... Qui es-tu, Rabbi ? »

– « Je suis Celui qui se souvient... »

– « Mais... Comment as-tu appris à te souvenir ? »

– « C'était il y a déjà bien, bien longtemps, vois-tu... Mon âme a appris... comme toi tu apprendras un jour... en arrêtant de s'emprisonner dans des rôles... Puis en n'étant

81

plus rien d'autre qu'une porte ouverte... et encore en L'appelant simplement à la franchir, Lui, mon Père, *notre* Père.

Tu sais... la nudité de l'âme attire et révèle la présence de l'Esprit. Elle est la porte du Souvenir, le seul Souvenir qui soit, celui qui coïncide avec l'Éternel Présent.

J'ai toujours été ainsi depuis le Commencement des Temps, parce qu'un jour de Soleil je me suis vu, su et compris de cette façon. Ce n'est pas un mystère, c'est juste une offrande à ta méditation du matin. »

— « Oui, Rabbi... mais c'est compliqué tout cela. Tu parles du Souvenir mais je ne sais pas quoi mettre derrière ce mot. Je voulais juste savoir, très simplement, ce que tu as fait pour être toi-même ou plutôt *Qui* tu es, tel que nous te voyons. »

— « Tu as raison... m'a-t-Il répondu. C'est compliqué ou du moins ça paraît l'être. J'aime ta question parce que personne ne me la pose. Alors voilà...

Je suis ce que je suis... pour n'avoir jamais été tiède, pour m'être attelé à dépasser mes peurs de tomber et pour avoir décidé que je n'avais plus rien à prouver, jamais. C'est ainsi que j'ai commencé à capter le Présent, cessant de porter les fardeaux du Passé et en disant non à la tyrannie du lendemain.

En réalité, comprends-tu, je n'ai rien fait. J'ai arrêté de faire... Cela ne signifie pas que je n'ai pas agi mais que j'ai cessé de gesticuler. Dès qu'on est l'esclave d'un rôle, aussi petit soit-il, on se met à gesticuler car on est persuadé que celui-ci nous fait être. Mais c'est une erreur, c'est l'impasse que toutes les femmes et tous les hommes visitent nécessairement. Être, c'est... révéler un chemin pour la Transparence, c'est faire un avec le vent... »

— « Pourquoi le vent, Rabbi ? »

— « Parce que le vent embrasse et pénètre d'une égale façon tout ce qui est... l'humain, l'animal, la plante, la roche. Il vit jusqu'au cœur de la Terre, de l'Eau et du Feu.

82

Ainsi, Jacobée, essaie de t'imaginer en ne ressentant pas de frontière entre toi et cet arbre sur lequel tu t'appuies, entre toi et cet oiseau que tu as entendu chanter, toi et ce sol caillouteux et aussi... entre toi et moi... Alors, tu sauras ce qu'est *Être*, comment j'éprouve la vie en ce monde et, enfin, *qui* je suis. »

Je crois bien être restée bouche bée, mes amies.

Je pouvais à la limite m'imaginer en train de m'imprégner de la présence de mon olivier, de celle de n'importe quel animal et aussi de la terre mais... ne pas sentir le moindre écart entre le Maître et moi, cela me dépassait !

Je n'ai rien dit ; cependant mon regard de stupeur devait parler à ma place car le Maître a aussitôt repris :

– « Je ne t'ai pas dit de t'imaginer être l'arbre ou quoi que ce soit d'autre... Je t'ai dit de tenter d'abolir toute frontière entre sa réalité et la tienne.

Réfléchis... Parviens-tu à voir une frontière entre l'eau et la vapeur ? Non... Leurs deux réalités sont intimement mariées. C'est la même forme de vie qui circule entre elles et qui fait que l'une devient l'autre et que l'autre redevient l'une. Je veux dire, petite femme, qu'entre cet olivier ou cet oiseau et toi, il n'y a que la différence d'un masque porté, c'est-à-dire rien du tout...

Votre essence est la même.

Ainsi donc, ne crains pas de te sentir en moi tout comme je me sais vivre perpétuellement en toi. La frontière, c'est toi qui l'inventes et qui la perpétues. La séparation, c'est toi la décides. Comprends-tu ? »

– « Je ne sais pas, Rabbi... Enfin oui... je comprends tes mots, bien sûr, mais je ne suis pas du tout certaine de les entendre de la façon dont tu les penses et surtout dont tu les vis. Comment vivre l'absence de frontière ? Cela veut dire ne plus rien opposer à rien. Regarde... ma main droite n'est pas ma main gauche. La séparation commence là. »

– « La droite n'est peut-être pas la gauche mais les deux concourent à la même fonction en se rejoignant dans ton cœur. Ainsi, tout ce qui est parle la même langue originelle dans les profondeurs de sa réalité car tout ce qui est se rejoint dans le coeur du Sans-Nom. »

– « Alors il faudra que je grandisse longtemps encore pour respirer comme tu respires. »

– « Longtemps ne signifie pas vraiment grand-chose, Jacobée. Retiens bien ceci : Toute vie s'écrit d'abord en balbutiements avant de former une seule et belle ligne souple et articulée. Tout doit s'éprouver dans la chair avant de se comprendre jusqu'au plus intime de soi. C'est seulement alors que les mots que l'on prononce, tout comme ceux que l'on reçoit peuvent se développer et fleurir.

Ainsi, c'est le signe de l'éclosion d'un bourgeon sur l'âme que de se reconnaître en vérité comme apprenti de la Vie.

La maturité ne se dévoile pas nécessairement à travers l'abondance des grandes idées et des mots. *Il y a des vies bavardes et d'autres qui ne font aucun tapage. Il y a des vies en pointillés et d'autres en forme de point d'interrogation...* »

– « Où en est la mienne, Rabbi ? J'aimerais tant qu'elle soit en exclamation ! »

– « Elle interroge l'exclamation qui s'est déjà manifestée en elle. Je te laisse avec cela... »

Le Maître s'est alors relevé et m'a longuement posé une main au sommet de la tête. Je l'ai ensuite regardé s'éloigner et je me suis demandé où j'allais trouver la force de quitter le creux de cet olivier où je venais de tant recevoir.

Peut-on emporter un lieu avec soi et en faire une partie de son cœur ? Je crois que oui. C'est sûrement cela qui s'est passé et qui m'a aidée à vivre en priant le Ciel pour que le mot "séparer" se gomme à jamais de mes souvenirs.

Aussi loin que je l'ai pu, j'ai regardé le Maître s'éloigner dans la brume dorée du petit matin. Il a disparu derrière un laurier, à l'angle de la grange où les autres dormaient.

Je ne pensais plus qu'à une chose : reprendre ma marche derrière Lui, un peu plus éclaboussée de soleil que jamais. Serais-je davantage sereine ou, au contraire, plus affamée et plus insomniaque encore face à l'Éveil que je désirais tant ?

Sans doute est-ce pour cela qu'à l'époque nous communiquions assez peu toutes les trois. J'étais enflammée par le désir de la sérénité et grisée par cette nouvelle liberté d'être que je découvrais. Il fallait que je parle et que je parle pour convaincre... même si aucun d'entre nous n'avait besoin d'être convaincu. Il me semble que les grandes déclarations jaillissaient de moi comme une espèce de vin trop fort qui saoulait les uns et les autres. Le Maître m'écoutait parfois de loin mais ne disait rien.

Te souviens-tu Salomé ? C'est toi qui, la première, as entrepris de calmer le jeu de mon ardeur mystique et prétentieuse. Tu ne parlais presque jamais... alors, le jour où tu m'as décoché ta flèche, ce fut presque comme si le Maître Lui-même m'avait giflée.

– « Décidément Jacobée, tu n'as rien compris ! Comment peux-tu être avide de sérénité ? Avide ! Ne vois-tu pas le non-sens ? »

Tu n'as rien déclaré de plus mais tout était là... Tu venais de tracer à grandes lignes la silhouette de ma fureur prosélyte et de mon incohérence. T'en souviens-tu ? »

Jacobée me sourit tendrement en disant cela. À la lueur crépitante du feu, son regard va chercher loin dans le mien... Oh oui, comme je m'en souviens, ma sœur, ma complice des premiers temps ! J'étais exaspérée ce jour-là... Je n'avais pas encore bien compris que quand on perd des écailles cela fait mal en même temps que cela soulage.

Il y a sur l'âme une sorte de plaie à vif que le plein soleil exacerbe plus encore. C'était cela que tu traversais.

– « Oui, je me souviens. Comment aurais-je pu oublier ? Pardonne-moi... »

– « Mais te pardonner quoi, ma sœur ? Il n'y avait aucune malice en toi. C'est le Maître qui s'exprimait par ta bouche. Si je ne l'ai pas immédiatement perçu, Il me l'a fait toucher du doigt très peu de temps après.

Nous venions longuement marcher sur les rives du lac lorsqu'Il m'a prise à part.

– « Petite femme, a-t-Il fait du ton le plus sérieux qui soit, il se pourrait que ce que tu voies demain enflamme ton âme plus que de coutume. Puis-je te demander la maîtrise des battements de ton cœur et la paix dans tes paroles ? Fais-toi ce cadeau... »

Je me suis inclinée et j'ai promis, tout en feignant de ne pas être intriguée.

Assise les pieds dans l'eau tandis que le soleil déclinait, je n'étais évidemment plus qu'une interrogation vivante. Qu'allait-il se produire de si important pour que le rabbi s'en ouvre à moi ? Car, bien évidemment, vous m'avez comprise, j'ai interprété ses paroles comme une confidence et non pas comme une demande ou une mise en garde.

J'étais insensée, lorsque j'y songe encore cette nuit ! J'ai même été tellement insensée que j'ai spontanément communiqué la nouvelle à la première personne qui est venue s'asseoir à mes côtés afin de se reposer, elle aussi, les pieds dans l'eau : « Sais-tu qu'il va se produire quelque chose d'important demain ? ». C'était délicieux de se sentir ainsi privilégiée ! »

Jacobée vient de s'exclamer de façon drôle en disant cela et nous ne pouvons faire autrement que de rire avec elle.

– « Jacobée, s'écrie Myriam, nous ne te demandons pas de te dénuder autant ! »

– « Mais cela me fait du bien... Ce n'est pas tous les jours que l'on peut visiter nos souterrains pour y enlever les toiles d'araignée ! »

Et nous voilà toutes trois reparties de plus belle dans un rire complice. Nos éclats de voix résonnent sur la plage ; ils semblent même faire des ricochets à la surface des vagues.

– « Écoutez, écoutez... reprend finalement Jacobée. Le lendemain ne débuta pas de façon aussi drôle, croyez-moi.

Tandis que je roulais la couverture sous laquelle je m'étais blottie, le Maître est venu m'entretenir à l'oreille.

– « Alors, Jacobée, j'ai entendu dire que nous allions vivre quelque chose d'important aujourd'hui. »

J'ai dû effroyablement pâlir...

– « Rabbi... » ai-je bredouillé en me sentant déjà défaillir.

– « Oui..., a-t-Il repris en fronçant les sourcils, j'ai entendu dire que tu allais te taire aujourd'hui et que ce serait un grand moment. Est-ce exact ? »

J'ai seulement pu baisser les yeux et hocher de la tête. Lorsque j'ai repris ma respiration et osé relever le regard, le Maître n'était déjà plus là. Je n'ai aperçu que ses talons qui s'éloignaient sur l'herbe sèche. Toute la matinée, je suis restée honteuse et interdite dans mon coin. Il m'était comme impossible de participer à quoi que ce soit... »

– « Tu boudais ? »

– « Non, même pas... Je ne savais plus quoi faire de ma personne. Et pourtant, tout était en mouvement autour de nous. La petite pente naturelle tout en rondeur qui se déversait dans le lac et où nous avions établi notre campement se montrait propice à l'enseignement. Le Maître l'avait fait savoir et le bruit avait couru jusqu'aux bourgades voisines que le rabbi Jeshua s'apprêtait à parler.

Vous le savez, cela suffisait pour que des petits groupes d'hommes et de femmes affluent de toutes parts. Oh, nous l'avons bien compris aujourd'hui, ce n'était pas le trésor de ses paroles qu'ils venaient d'abord chercher mais le spectacle d'éventuelles guérisons. Le Maître ne l'ignorait évidemment pas.

Ce matin-là, alors que l'attroupement habituel se constituait, Il a semblé s'en amuser tout particulièrement.

– « Eh bien, qu'attendez-vous au juste ? a-t-Il lancé sur le ton de la plaisanterie à un groupe de pêcheurs qui s'étaient empressés d'amarrer leur barque à une grosse pierre percée à cet effet. Qu'êtes-vous venus faire ici ? Partager le repas avec nous où vous rassasier d'autre chose que du peu de nourriture que nous avons ? »

Comme je vous l'ai dit, j'étais figée sur mon coin d'herbe, assez loin de la scène qui se jouait. Cependant, le Maître s'est mis à parler si haut que je n'ai pas douté un instant qu'Il avait commencé à enseigner.

N'était-ce pas sa façon de faire ? Saisir apparemment n'importe quoi, n'importe qui ou n'importe quel prétexte, en faire aussitôt une espèce d'argument déconcertant, le pétrir comme de la glaise et en faire jaillir enfin une lumière aussi éclatante qu'inattendue.

Toujours drapée dans ma honte, je n'ai pas osé me rapprocher ; d'ailleurs, à partir de cet instant le monde s'est agglutiné autour de Lui et des pêcheurs interpellés.

– « C'est vrai, mes amis... Je me demande ce que vous êtes réellement venus faire. Soit ! On vous a dit que je faisais halte ici mais est-ce suffisant ? Êtes-vous là par curiosité ou pour vous rassasier de ce que votre Père à tous veut vous dire par ma bouche ? »

Vous vous en souvenez certainement aussi bien que moi : nul n'a répondu.

En vérité, ce n'était pas facile de Lui répondre lorsqu'Il s'exprimait ainsi. Son autorité s'imposait de manière si naturelle, si simple et si directe qu'il était impossible de ne pas se sentir intimidé.

– « Oui, mes amis, a-t-Il alors repris, c'est cela le problème... Vous ne savez pas exactement ce que vous êtes venus chercher ! La vue d'un rabbi étrange à propos duquel on fait courir beaucoup de bruits, le spectacle d'une guérison ou encore un bon mot ? Peut-être tout cela en même temps, c'est-à-dire... peu de choses, c'est-à-dire aussi... tout sauf ce que je suis venu vous offrir. Et que suis-je venu vous offrir ? *Ma façon d'aimer* ! »

En entendant Jacobée évoquer ces souvenirs communs, je ne peux retenir ce filet d'eau que, depuis quelques instants, je retenais captif au coin de mes yeux...

– « Oh, Jacobée... Il me semble entendre encore ce murmure qui est alors monté de l'assemblée. Le Maître avait dit : « *Ma façon d'aimer...* ». Jamais, jamais un rabbi ne se hasardait à prononcer de tels mots. Un rabbi, ça commentait la Loi, ça nous en rappelait les obligations et les interdits. Tous les rabbis étaient censés nous parler d'amour mais si peu osaient en prononcer le nom comme si celui-ci était trop... féminin peut-être. »

– « Oui, c'est cela, petite sœur, trop féminin ! répète Jacobée en reprenant son récit. C'est cette sensibilité inhabituelle qui nous bouleversait le plus lorsqu'Il se mettait à enseigner. « *Ma façon d'aimer* ! » Avec de tels mots, Il avait tout dit. Pourtant... il s'en est trouvé au moins un pour ne pas avoir compris. Celui-ci a levé la main afin d'avoir la parole. C'était un vieil homme assis sur un amas de filets.

– « Et c'est quoi, *ta* façon d'aimer, Rabbi ? »

Le Maître s'est aussitôt rapproché de lui puis s'est incliné et a posé quelques instants son front sur le sien.
— « Ma façon d'aimer... c'est le fait d'oser l'amour. C'est non seulement avoir le courage de prononcer le nom de l'amour mais aussi celui de le traduire par ma chair tout entière.

L'amour, je ne le marchande pas, vois-tu. Je ne vais pas te dire : « Vénère-moi, aime-moi et je t'aimerai... ». Je te dis : « Je t'aime » parce que l'amour est aussi simple en moi que le fait de respirer. C'est cela que l'Éternel, mon Père, m'a chargé de vous dire.

Cela te gêne, bien sûr, qu'un homme t'annonce : « Je t'aime »... parce qu'un homme ça doit porter un bouclier, dit-on. Mais un bouclier, c'est lourd Isaac ; ça sert à se protéger... Et, je te le demande, pourquoi se protéger face à la simplicité toute nue ? »

— « Je garde aussi en moi l'image de ce vieil homme, intervient Myriam. Il s'est mis à trembler. Je me tenais juste derrière lui. Il était terriblement troublé. Ses voisins ont dû l'étendre sur le sol quelques instants plus tard tandis que Jeshua s'était à nouveau rapproché des barques... »

Jacobée reprend :
— « Oui... et moi j'ai enfin osé me lever pour mieux l'entendre. C'est là qu'Il s'est écrié :
— « Vous ne m'avez pas répondu... Quelle est cette sorte de faim qui vous anime et qui vous fait rechercher ma présence ? ».

Comme on ne Lui répondait toujours pas et qu'un petit vent frais venu du lac montait peu à peu, le Maître est alors allé s'asseoir sur une pierre et a couvert sa chevelure d'une écharpe de lin. Il s'est ensuite mis en silence et cela a duré longtemps, vous le savez... Si longtemps que quelques-uns qui étaient là s'en sont allés, certains en maugréant. Il a fallu qu'un homme parmi eux Le prenne à parti en s'éloignant pour qu'Il sorte enfin de son mutisme ou, peut-être, de sa prière.

— « Rabbi, il y a des purs à Jérusalem, au Temple et même dans les rues. Ils ne craignent pas de nous expliquer les Écritures. Ils savent comment nous devons nous adresser à Adonaï. Je préfère aller les entendre. »

Alors le Maître de se lever et de répondre devant tous comme s'Il avait attendu ce moment précis :

— « Honte à ceux qui, à force de se dire purs entre les purs, sont devenus impurs en raison de leur prétention et de leur arrogance. Les mots trop savants, ceux qui ne sont que des carcasses, attirent les sourds. Leur éclat ne touche que les aveugles. Je vous le dis à tous : Les simples ont la clef.

Vous, les hommes et les femmes de la terre et du lac, vous ignorez la plupart des Écritures, on vous en dit ce qu'on veut que vous en compreniez... et voilà que vous craignez l'Éternel et vénérez ceux qui ont la tête pleine du bruit des mots.

Regardez-vous et sondez votre cœur ; ce que vous êtes venus chercher à travers moi c'est la nature du silence qui vous habite lorsque vous êtes seul avec vous-même... car les véritables Écritures, je vous l'affirme, sont cachées en vous. »

L'homme qui avait suscité ces réflexions de la part de Jeshua ne goûta pas le sens de la réponse qu'elles constituaient. Il s'était empressé de partir avec quelques autres. Je crois aujourd'hui que le Maître avait cherché et attendu ce départ.

Lorsqu'Il rassemblait les foules autour de Lui, il y avait toujours un moment, me semblait-il, où Il érigeait une sorte de mur, un obstacle qu'il fallait savoir franchir. On était prêt à passer à travers son tamis... ou on ne l'était pas et alors on s'éloignait.

Vous vous en souvenez tout comme moi, ce n'est que lorsque les mouvements eurent cessé dans notre assemblée qu'Il fit apporter près de Lui deux corbeilles qui attendaient au fond de l'une des barques.

— « Il ne sera pas dit que je ne nourrirai que votre âme en ce lieu, mes amis. Votre âme a besoin de votre chair pour apprendre car votre chair est le Temple du Très-Haut... aussi vous faut-il l'entretenir et la respecter. Prenez donc ces poissons et ces pains que j'ai fait venir et partagez-les avant que nous ne priions ensemble... »

Vous connaissez la suite... Un pêcheur s'est écrié : « Il n'y en aura pas assez pour tout le monde, Rabbi... Nous sommes beaucoup trop nombreux ! »

Mais le Maître fit un geste éloquent de la main et on lui apporta les paniers qu'Il avait demandés. Comme je m'étais rapprochée, j'ai fort bien vu ce qui se passait. Il s'est recueilli un instant et a murmuré quelque chose d'inaudible. Ensuite, Il a saisi une première galette de pain en exigeant qu'on ne la rompe pas mais qu'on la fasse circuler. Puis Il en a pris une deuxième, une troisième, une quatrième et ainsi de suite...

C'est seulement là que nous avons commencé à comprendre ce qui se passait. À chaque fois qu'Il saisissait une galette, on aurait dit qu'Il n'enlevait qu'une fine pellicule de pain au panier.

Cela nous dépassait... Le niveau de la nourriture qu'Il distribuait ainsi ne baissait jamais ; comme si le panier n'avait pas de fond et que les pains montaient de la terre elle-même.

Lorsque j'ai reçu le mien, je me suis mise à trembler en le contemplant sous toutes ses faces, en le soupesant, en le sentant. Il était encore tiède et fleurait bon la farine fraîche...

Nos regards se sont alors cherchés spontanément et puis rencontrés. Ce fut la première fois, je crois, où il s'est scellé quelque chose de très fort entre nous trois. Une sorte de reconnaissance mutuelle ou de pacte, je ne sais.

C'était la toute première fois aussi que je voyais, à deux pas de moi, le rabbi Jeshua accomplir un vrai prodige...

Dans le creux de ma main, j'avais le fruit d'un miracle total, je le touchais, je pouvais même l'humer. Serait-il possible que j'ose le manger ?

J'étais abasourdie et toi tu pleurais, Salomé. C'était beau de te voir comme cela, sais-tu, le cœur si tendrement ouvert ! Je me souviens que le Maître a vu tes larmes et t'a adressé un petit geste du menton. C'est là qu'Il a commencé à faire la même chose avec les poissons du deuxième panier. Il t'a donné le premier, Myriam... et toi tu l'as aussitôt offert à Salomé.

Derrière nous, tout autour de nous, après quelques minutes de silence, c'était progressivement devenu le délire dans la foule. Tout le monde avait eu son pain, la corbeille était encore pleine sur le sol et voilà que les poissons du lac se mettaient à circuler de la même façon !

De-ci de-là, on alluma des feux et l'odeur des aliments grillés commença à emplir l'atmosphère. Quelqu'un avait-il une poignée de sel ou d'herbes dans le fond de sa besace ?

Après l'explosion de joie, je ne sais pas ce qui s'est au juste passé mais j'ai eu la sensation que nous nous trouvions tous dans un temple en plein air. Progressivement, nous nous sommes mis à chuchoter. Chaque instant qui passait était sacré, nous le goûtions.

Moi... j'étais incapable de détacher mes yeux du Maître. Il me tournait le dos, pourtant. Assis sur le sol près de toi, Myriam, Il mangeait son pain comme à l'habitude, avec la mesure qui était sienne.

Je ne me souviens pas de la prière qui est ensuite sortie de ses lèvres et qu'Il nous avait demandé de répéter après Lui. Elle s'est peut-être gravée trop haut dans ma mémoire pour que j'aille l'y rechercher. Je sens pourtant qu'elle demeure là, en moi... »

Émue, Jacobée donne l'impression de vouloir s'arrêter là tandis qu'elle s'enveloppe dans son long voile. Il faut pourtant qu'elle poursuive... Elle est allée trop loin pour ne plus continuer et je connais suffisamment ce qui a empli cette page de sa vie pour savoir qu'elle doit en graver totalement les mots dans le Temps.
Myriam partage ma perception car voilà qu'elle lui dit :
– « Et puis, ma sœur... Et puis... »

– « Et puis... il y a eu... *mon* moment, disons. Lorsque l'heure fut venue pour la foule de se disperser, le Maître m'a approchée. Moi, je ne savais plus comment être face à Lui. Je me trouvais devant une montagne divine, je n'avais pas de mots... et je n'étais même pas certaine d'être autorisée à en prononcer un seul.
– « Rabbi... » me suis-je finalement hasardée à murmurer.
– « Ne dis rien... Donne-moi simplement tes mains. »
Comme j'étais figée, Il me les as prises doucement ensemble, plaquées l'une contre l'autre entre ses paumes à Lui. Il les a approchées un instant de sa poitrine puis me les a rendues en me demandant de faire attention. Je les ai alors écartées lentement l'une de l'autre. Dans leur creux, il y avait trois petites formes rondes... Celles de trois olives. Elles paraissaient avoir été fraîchement cueillies.
– « Oui, je t'en donne trois, a-t-Il fait tandis que je retenais mon souffle. Une pour cette femme de chair qui se nomme Jacobée, une autre pour l'âme de la même Jacobée et une dernière enfin pour la Paix de mon Père qui va les réunir. Prends-en soin pour chaque fois que tu douteras... »
Le soir même, j'ai arraché un petit morceau à mon voile de lin et j'en ai fait une poche. Dans celle-ci j'ai aussitôt

placé mes trois olives puis j'ai suspendu le tout à mon cou afin que cela touche mon cœur. Et je vous le dis, mes amies, il ne s'est pas passé une seule journée depuis sans que je ne songe à ces heures tellement... »

Le mot cherché ne parvient pas à sortir de la bouche de Jacobée.

– « Regardez plutôt, fait-elle, en allant chercher d'une main une modeste poche noire de dessous l'encolure de sa robe. Regardez, elles sont encore là... »

Et, les yeux écarquillés, nous voilà toutes deux, Myriam et moi, visage contre visage, émerveillées au-dessus de la main grande ouverte de Jacobée...

De la poche usée sont sorties trois petites boules noires comme le jais, toutes ridées et étrangement luisantes à la clarté de la lune.

– « Regardez, répète encore Jacobée, elles sont devenues aussi dures que de la roche... mais elles transpirent une huile... Toujours... »

Chapitre IV

Autour du Golgotha

Un petit vent frais vient jouer quelques instants avec nos voiles et nos chevelures. Il me fait lever la tête et me pousse à regarder en direction de la mer. Celle-ci s'est discrètement colorée d'argent. Se pourrait-il que les toutes premières caresses du jour l'aient déjà rejointe ?

Cette fois, nous n'avons plus de bois pour nous réchauffer et permettre à nos regards de se rencontrer. Qu'importe ! La flamme, d'abord timide, de Jacobée s'est changée en un véritable brasier qui achève de nous faire oublier l'inconfort de nos corps.

– « T'arrêteras-tu là, ma sœur ? »

Jacobée paraît ne pas entendre la question de Myriam qui se faufile à travers le vent. Je la devine perdue dans ses pensées... ou alors unie au plus profond d'elle-même, selon la promesse des trois olives.

À quelques pas en arrière de nous, un halètement se fait entendre... C'est celui d'un chien. J'aperçois sa silhouette hésitante qui s'approche. C'est le nôtre, celui que nous avons recueilli au bord d'un chemin et auquel nous n'avons toujours pas trouvé de nom, celui qui a décidé de nous accompagner à chaque fois que nous allons soigner les malades et parler de Jeshua dans les villages alentours.

Je l'aime, ce chien... Il me fait penser à celui qui accourait toujours vers Lui en fouettant de la queue dès les premières maisons de Caphernaüm. Il fallait absolument qu'il Lui apporte un morceau de bois pour jouer... et cela marchait ! Beaucoup en étaient choqués. En effet, comment un rabbi pouvait-il s'abaisser à jouer avec un animal qu'on disait impur ? Je me souviens que c'est ainsi, en les voyant tous deux s'amuser, que certaines de mes propres barrières sont tombées. Aujourd'hui seulement je prends réellement conscience du précieux de ces moments d'autrefois pourtant si simples.

« La pureté ! avait un jour commenté le Maître en s'exclamant. C'est notre cœur qui la fait ou la défait. » Ignorants et encore habitués à juger de tout, nous n'avions pas compris... surtout lorsqu'Il avait ajouté : « Ne voyez-vous pas que certains hommes portent encore l'animal en eux tandis qu'il est des animaux pour porter en leur âme le germe de l'homme ? »

Alors que notre chien s'affale dans le sable à nos côtés, Jacobée sort soudain de sa rêverie.

– « Est-ce l'aube qui monte déjà ? Mais il y a encore tant de choses dont je dois me délivrer ! Si le soleil monte trop, je n'en aurai plus la force... »

Nous sourions, Myriam et moi. Tant de choses en effet ne peuvent surgir et grandir que dans l'écrin de l'obscurité. Le jour a besoin de la nuit...

– « Il me faudrait toute une vie au plus profond du silence de la terre pour dire le Soleil de ces quelques années avec Lui. M'écouterez-vous encore ? »

En vérité, je me dis que nous n'écoutons pas Jacobée, nous vivons avec elle dans un espace qui a déjà trouvé sa place au creux de l'Éternité.

– « C'est ainsi... reprend-elle enfin tout en se redressant, c'est ainsi que les mois puis les années sont passés.

Comme vous, je L'ai suivi partout... partout où Il acceptait que je sois. Car vous l'avez certainement, vous aussi, remarqué, Il savait comment nous écarter lorsque l'éloignement lui-même pouvait devenir enseignement.

Je me souviens avoir été laissée des jours et parfois même des semaines entières telle une terre en jachère. Le rabbi trouvait n'importe quel prétexte pour percer la bulle de l'orgueil qui gonflait encore régulièrement en moi.

« Retourne chez toi dès demain, Chalphi a besoin de tes bras pour la récolte... » ou alors : « Tu resteras ici tandis que nous irons vers Jéricho ; il y fait trop chaud pour toi... »

À chaque fois, cela brisait les prétentions que je ne pouvais m'empêcher de nourrir subtilement, la plupart du temps à mon propre insu. Celle d'être au tout premier rang dans son cœur, celle d'avoir été élue parmi mille autres, celle aussi d'être en admiration devant ce que je pensais être mes propres progrès.

Au fil des mises à l'écart et des rabrouements, le Maître a fini par briser la Jacobée de chair. Tout au long des bourgades où nous séjournions, il n'y avait pas un menu service pour lequel je ne sois sollicitée. Alors, le soir, je regardais mes trois olives et j'essayais de m'y raccrocher tout en me demandant si je n'avais pas rêvé l'instant où elles étaient apparues dans ma vie. Vinrent donc une multitude de moments où je me suis sentie totalement perdue, à la fois heureuse de ces rayons de soleil inattendus par lesquels Il me rattrapait toujours et en même temps désorientée par la vase qui continuait à remonter des abysses de mon être.

Une phrase m'aidait alors, une parole qu'Il m'avait glissée au creux de l'oreille, un matin pluvieux : « La recherche de la sérénité, petite femme, crée d'abord un vide avant d'appeler le plein absolu. N'oublie jamais cela... On demande toujours beaucoup à ceux qui peuvent beaucoup donner. »

C'était l'époque où j'étais tellement centrée sur ce que je vivais que je ne me suis pas aperçue de tout ce qui se mettait en place, ni de ce qui se tramait derrière le Maître et jusqu'au sein de notre groupe.

Je n'avais pas compris à quel point Celui qui nous faisait tant grandir dérangeait ceux du Sanhédrin et même les Romains.

J'ai seulement commencé à avoir peur les dernières fois où nous avons séjourné à Jérusalem. La foule qui s'assemblait pour L'écouter ou par simple curiosité envers Lui s'y montrait aussi hostile qu'enthousiaste. Elle réagissait par vagues imprévisibles. J'ai souvenir aussi que le Maître était progressivement devenu plus grave... mais quant à pressentir ce qui allait se passer... Jamais !

Alors, voyez-vous, lorsqu'un petit matin l'un de nous m'a appris son arrestation à Gethsémani, tout s'est effondré d'un coup. Je m'étais tellement persuadée qu'un tel être qui paraissait commander au Ciel comme à la Terre n'avait rien à craindre de l'ordre humain que je n'ai soudainement plus rien compris à rien... Et lorsque Simon m'a informée de la gravité des accusations qui pesaient sur le Maître, je me suis sentie totalement brisée. Ainsi donc, très vite, c'est la révolte qui est montée en moi ; la révolte contre tout... même contre Lui. D'abord contre Lui, peut-être... »

La gorge serrée, Jacobée suspend son récit. Elle étouffe un lourd sanglot et lance une poignée de sable sur les ultimes braises du feu. Enfin, elle trouve la force de reprendre...

– « C'est difficile pour moi de vous avouer tout cela, comprenez-vous ? Oui, j'ai même insulté le Maître intérieurement, un peu comme si je cherchais à me persuader qu'Il nous avait menti en nous entraînant dans une direction impossible.

Aujourd'hui, avec les années, je vois dans cette sorte de reniement le radeau improvisé dont j'avais besoin pour ne pas me noyer.

Oh, je sais bien... je n'ai pas été seule à me sentir trahie. Il y avait une telle impression d'invincibilité qui s'était toujours dégagée du Maître ! Tout s'était toujours tellement ouvert devant Lui !

Et voilà qu'on pouvait non seulement L'arrêter comme le dernier des brigands mais encore faire peser sur Lui, apparemment, les plus graves menaces.

Pendant quelques heures horribles, je me suis dit qu'il fallait que je sorte de mon rêve au plus vite... en espérant que Chalphi veuille encore de moi. Et puis, le crépuscule venu, après avoir vu chacun courir dans tous les sens, je suis tombée dans le plus profond des sommeils, assommée par la détresse.

Pas une seule fois dans la journée je n'étais parvenue à rencontrer l'un ou l'une d'entre nous qui semblait avoir gardé tous ses sens. Je n'ai pas même réussi à vous trouver au bethsaïd ni dans les ruelles ! On aurait dit que tout avait été mis en place pour que je boive ma solitude jusqu'au bout. C'est ainsi que j'ai roulé dans la nuit, le corps complètement recroquevillé.

Si j'ai besoin de vous conter tout cela maintenant, Myriam, Salomé, ce n'est pas seulement pour me délivrer de ce qui m'a longtemps suivi à la façon d'une honte mais c'est surtout parce que ces moments ont été importants pour mon âme. C'est en effet dans leur noirceur que j'ai vu le Soleil, là où je n'aurais jamais cru qu'Il puisse apparaître...

En pleine nuit, je me suis réveillée brusquement, secouée par le rêve fulgurant que je venais de faire. Je me souviens que mon corps était glacé et qu'il a fallu que je m'assoie sur ma natte afin de rassembler mes pensées et être certaine de ne rien oublier. C'était si puissant et je me sentais si joyeuse !

J'avais vu le Maître s'avancer tranquillement vers moi, avec sa chevelure bien en ordre, ses sourcils bien dessinés et ce sourire tellement tendre que nous lui avons tous connu...

Nous étions dans une grande pièce blanche toute pleine de lumière mais je ne sentais ni ne voyais la moindre partie de mon corps. J'étais là, juste comme une âme suspendue dans l'air.

Le Maître, Lui, s'est aussitôt assis sur le sol. Il ne me quittait pas des yeux... C'est alors qu'Il a commencé à me parler... mais sans que ses lèvres ne bougent. Sa voix, plus pénétrante que jamais, s'est mise à vibrer au-dedans de moi et m'a enseignée. »

– « Tu es déçue ? Tu es en colère ? Tu es révoltée ? C'est bien... Il te faut tout visiter, petite femme, et tu n'avais pas encore parcouru pleinement le chemin qui se présente ici. Épuise-le donc en toi. Regarde bien le sillon qu'il s'apprête à tracer sur ton âme. Sais-tu de quoi il parle ? De ta libération. Oui... de la fin de ton enchaînement au rabbi dont mon corps porte la robe.

Je sais... Tu te croyais plus libre que jamais, Jacobée mais, en vérité, sache-le, tu dépendais de ma présence. Quand un cœur commence à goûter à la Lumière au point d'en réclamer toujours plus, il est dit qu'il ne peut demeurer trop longtemps entre deux portes.

Ainsi, je te le dis, dépasse l'homme si tu veux rejoindre son esprit car si sa chair peut recevoir l'injure, sa Parole est incorruptible. Elle est comme le vent ; elle est la liberté qui s'offre et ne s'arrête pas à la moindre forme.

Ton port d'attache, Jacobée, ce n'est pas ce que tu vois de moi ; c'est mon essence en toi, c'est le Souffle de la Vie que tu avais laissé s'endormir. Il fallait un peu de sel pour le réveiller.

Souviens-toi de ce que je t'ai un jour confié : *Si ta vie te paraît fade, c'est que tu ne l'as pas suffisamment assaisonnée. Prends des risques !* Et le risque, c'est l'amour du Souffle... N'as-tu pas demandé sa pleine saveur ? Alors ouvre-toi à tous les possibles et sois heureuse de tout ce qui vient. »

C'est sur ces mots que je me suis retrouvée grelottante mais si étonnamment joyeuse en pleine nuit.

Je me suis crue sauvée, sauvée de la noyade, de l'asphyxie, de l'abandon, de la solitude, je ne sais... J'ai bien sûr tenté de le dire autour de moi, de faire part à tous de ce signe du Maître mais j'ai tout de suite compris que beaucoup d'entre nous avaient reçu le leur et que mon privilège devait être tu car il n'en était pas un.

Et puis, vous le savez, chacun était pris par une multitude d'allers et venues afin de tout tenter pour que Jeshua soit libéré. Nous nous débattions, nous avions peur, nous espérions, nous priions...

Puis un soir, il y a eu toi, Myriam... Tu as soudainement rompu le douloureux silence qui s'était abattu sur nous en déclarant : « Nous voulons tous le faire libérer mais... que savons-nous de la liberté qu'Il demande et de celle qui est éternellement sienne ? »

Cela a fait parler fiévreusement Jean, Thomas et la plupart des autres. Fallait-il ne plus rien faire et laisser les "choses" être ?

Alors chacun de chercher en lui les paroles du Maître pouvant le guider. Entre celles qui étaient enflammées et celles qui prônaient l'abandon des résistances, nous ne savions plus.

Nos souvenirs naviguaient parmi les apparentes contradictions. Moi... je flottais entre l'exaltation et l'abattement, sans doute à l'image de beaucoup.

Vous vous en souvenez... nous avons ainsi vécu une pleine semaine entre révolte et confiance. C'était le tragi-

103

que questionnement de ceux qui avait choisi d'offrir leur vie à la quête de l'infinie Sagesse du Divin.

La juste attitude était-elle dans l'acceptation sereine de ce qui se présentait ou dans la réaction face à l'ordre inique de notre monde ? Éternelle interrogation...

Peut-être nous fallait-il chevaucher la vie en équilibre sur ces deux attitudes ? Cela me semblait irréalisable. Mais la vie, c'était quoi, au juste ?

J'ai souvenir que Meryem, la mère du Maître, m'apporta un début de réponse en nous déclarant à tous : *« Ce que nous appelons la vie, c'est ce rêve que fait notre âme en se réveillant chaque matin dans un corps de chair ; ne l'oublions jamais... »*

Son fils était menacé du pire et voilà que c'était elle qui nous incitait à prendre de l'altitude en posant un autre regard sur nos existences et nos destins.

Nous l'avons tous regardée fixement, je crois. Qui était-elle donc, elle aussi ? Elle n'était ni dans la croyance en quelques beaux principes, ni dans la confiance...

Elle se tenait déjà debout dans cette Vie qui réside au cœur de la vie, la seule dont Lui, son fils, nous ait jamais entretenus.

La Vie dans la vie... Ce jour-là, je me suis remémoré la vue d'une petite pierre bleue translucide, celle qu'un chamelier venant des terres de l'Est m'avait montrée lorsque j'étais enfant. Je n'avais jamais rien approché d'aussi beau...

« Regarde-la bien, m'avait-il dit, plonge ton regard dans sa transparence... Allons, ne vois-tu rien ? » C'est alors que j'avais aperçu quelque chose au cœur du délicat azur de la pierre. Une sorte de nuance puissante, un reflet ou peut-être même un germe de soleil bleu, je ne savais. « C'est son cœur, avait doucement commenté le chamelier... et il bat... parfois il se déplace... C'est sa vie ! »

En me répétant les paroles de Meryem, je me suis dit qu'elle parlait de cela, de cette sorte de cœur qui se cache au centre de la vie et sur lequel nous nous attardons si rarement. C'était lui, c'était elle, la Vie dans la vie... Le point fixe, l'axe, le Divin en nous, aurait ajouté le Maître, Son Père, *notre* Père ou *notre* Mère dans l'Infini !

Oh ! comme elles me parurent minuscules et misérables en regard de ce qui se jouait là, toutes ces préoccupations qui avaient empoisonné mon existence... Je me considérais du dedans, au mieux de la façon dont j'avais parcouru mon chemin jusqu'à ce jour, et je constatais qu'en fait d'apprentissage de l'Amour, j'avais surtout cherché le confort de mon âme.

J'allais passer à côté du véritable enjeu. Celui-ci n'était pas ma propre paix ou celle de qui que ce soit à travers la quête d'un Amour total et idéalisé, c'était... la réconciliation de tout le genre humain avec son unique et lumineuse Origine.

Le Maître ne pouvait pas être venu pour autre chose que cela... et dire que nous tardions encore à le comprendre ! Le comprenais-je moi-même dans l'intimité de ce qui me paraissait être mon ultime point de lucidité ? Et Jean et Joseph apparemment si savants, le voyaient-ils ? On aurait dit qu'ils savaient une multitude de choses mais qu'ils ne pouvaient rien partager... du moins pas avec moi. Peut-être était-ce parce que j'étais une femme !

Allons, je n'allais tout de même pas être à nouveau jalouse après tant de temps et tant de gifles !

Lorsque j'ai appris que le Maître avait été condamné au gibet, je n'ai pas vraiment réagi sur le moment. Quelque chose en moi devait le savoir et s'y était préparé. Je m'étais réveillée avec le sentiment d'une sorte de fatalité et puis... il y avait eu ces mots qu'Il avait glissés dans mon rêve et que je me répétais obsessionnellement : « ...Sois heureuse de tout ce qui vient. »

« Même de ta mort ? » me suis-je exclamée dans un dialogue imaginaire avec Lui tandis que je marchais au hasard d'une ruelle. Rien ni personne ne m'avait répondu. Contrairement aux mille questionnements et au vacarme intérieur qui auraient dû m'habiter, un étrange silence régnait même dans ma tête.

Comme vous, le matin de sa mise à mort, les soldats m'ont laissée me faufiler jusqu'au coin de caillasse où tout allait se passer. Je leur ai annoncé que j'étais de sa famille et ils m'ont crue sans rien me demander de plus.

Si j'ai besoin d'évoquer avec vous ces heures épouvantables, c'est seulement parce qu'il s'y est passé pour moi quelque chose d'incroyable, quelque chose dont je n'ai singulièrement jamais parlé à qui que ce soit, pas même à toi, Salomé, avec qui je viens pourtant de passer tant d'années...

Lorsque j'ai senti le Maître monter au bout du sentier avec son bois sur les épaules et encadré de soldats la lance au poing, je me suis préparée à chercher ses yeux pour Lui crier tout mon amour... Mais quand son visage m'est apparu puis sa silhouette tout entière avec sa robe déchirée, je suis entrée dans un état... qu'il est bien difficile de décrire.

Tout d'abord, ce n'est pas vraiment Lui que j'ai vu. Je veux dire pas sa personne avec les traits que nous lui connaissions. À sa place, je ne distinguais qu'une immense silhouette qui s'étirait vers le haut en une brume de Lumière immaculée... Ce n'est pourtant pas de cela dont je veux vous parler car la vision en a été fugace.

Ce qui m'a particulièrement saisie et dont je me souviens avec tant de précision, c'est que mon attention s'est aussitôt élargie à tous ceux qui se trouvaient là.

L'idée que je les connaissais tous, absolument tous, s'est imposée à moi avec une force troublante. C'était d'ailleurs bien plus qu'une idée... une certitude, celle qu'ils appartenaient à une famille d'âmes à laquelle j'étais moi-même intimement et viscéralement liée.

Il y en avait qui priaient, bien sûr, qui pleuraient, d'autres qui étaient figés, le regard hébété mais il y en avait aussi qui grimaçaient, qui hurlaient, qui insultaient... Eux également, malgré tout, étaient de ma parenté, je le savais comme un fait indubitable, sans même en avoir honte et sans les maudire non plus pour leur triste rôle en cet instant. C'est cela...

En fait, je les voyais, je *nous* voyais tous jouer un rôle dont chaque parole, chaque détail, chaque élan du cœur et jusqu'à chaque simagrée était écrit depuis toujours. Chacun tenait sa place et fusionnait avec l'autre sans s'en apercevoir. Nous ne formions tous qu'un seul être qui s'était démultiplié.

Le plus fulgurant aussi, voyez-vous, c'est que cette certitude s'est très vite étendue dans ma conscience à tout Jérusalem puis au pays dans son entier... Je ne pouvais pas aller plus loin... je ne savais comment l'imaginer.

Oui, mes amies... et cette sensation de parenté, de profonde unité a fait monter en moi une telle vague de compassion que j'ai éclaté en sanglots.

Une vieille femme que je ne connaissais pas m'a alors prise dans ses bras, persuadée que c'était la vue du Maître ainsi maltraité qui me détruisait. Mais non... inexplicablement ce n'était pas cela.

Je découvrais pour la toute première fois la compassion, la vraie compassion, celle qu'Il avait toujours cherché à faire naître en nous.

Ainsi, ce n'était aucunement des torrents de larmes de douleur qui s'écoulaient de mes yeux ; mes larmes criaient à leur façon le contraire de la souffrance ; elles parlaient de l'incroyable félicité que je découvrais soudainement là... au comble de l'horreur.

Oh, comme il était stupéfiant et merveilleusement beau ce sentiment de ne plus faire qu'un avec l'humanité tout entière ! Pourquoi ne l'avais-je pas éprouvé auparavant ? Je n'avais donc pas su ce que c'était que vivre !

J'avoue que je n'ai même pas vu le Maître s'allonger sur le sol afin qu'on le cloue sur le bois. J'en ai été protégée par la façon dont le regard de mon cœur embrassait tous ceux qui étaient là.

Était-ce Lui qui l'avait voulu ainsi dans un ultime cadeau d'éveil proposé à mon âme ? J'avais la sensation de pouvoir entrer dans l'histoire de chacun, d'être invitée à toucher du dedans ses peines et ses joies, ses chutes, ses peurs et ses bonheurs à travers le Temps, de vie en vie...

Oui, le Temps lui-même ne me semblait plus être un obstacle, je voyais au-delà de son principe parce qu'il n'avait pas de consistance. Était-ce lui, ce complice de l'oubli, qui nous rendait aveugles jusqu'à ne plus distinguer la trame du grand Jeu qui nous reliait tous ?

Je me souviens du cri rauque poussé par le Maître au premier clou que l'on enfonça dans sa chair. Il a dispersé cette sorte de compréhension dorée qui m'avait enveloppée à la manière d'un voile protecteur. Sur l'instant, j'ai sursauté et je n'ai pas cru ce qui se passait. C'était trop invraisemblable, trop horrible, trop en décalage avec ce que je venais de vivre.

Quand j'ai réalisé qu'on L'avait finalement hissé sur le poteau, j'ai hurlé, vous vous en souvenez peut-être. Je me suis détournée et il a fallu que je sorte de la foule. J'étais incapable de croire en ce cauchemar. Pourquoi la Lumière s'était-elle enfuie ? Pourquoi m'y avoir fait goûter pour ensuite me l'enlever ?

Un peu en contrebas de la petite esplanade où tout se déroulait, il y avait un gros buisson sec. Je me suis blottie derrière lui, en attente de je ne savais quoi, peut-être de la cessation de toute pensée. Alors, le vent s'est mis à souffler peu à peu, comme s'il montait de la terre elle-même et j'ai eu l'impression de devenir sourde à tout.

Ensuite, eh bien, nous savons ce qui s'est passé au bout de quelques heures interminables... Un étrange orage a éclaté et il y a eu cette sorte de pagaille à laquelle je n'ai rien compris. Quelqu'un m'a ensuite pris par le bras et je me suis retrouvée je ne sais trop comment au bethsaïd, les vêtements trempés par la pluie. J'ignorais où vous étiez toutes les deux. Peut-être avec Meryem et d'autres... C'est ce que j'ai supposé.

J'ai vite appris tout ce qui s'était joué de tellement décisif durant ces moments où mon être n'avait pu faire autrement que de se placer en retrait. Je me suis reproché ma passivité pendant de cruelles journées... Il n'y eut que la douceur ineffable d'une nouvelle vague de compassion pour venir déraciner en moi la culpabilité qui déjà me rongeait. C'est toi, Myriam, qui en a sans doute ouvert la porte. T'en souviens-tu ? »

– « Bien sûr... Il y a des heures que l'on ne peut effacer, ma sœur... »

Myriam vient de saisir la main de Jacobée. Maintenant accroupie auprès d'elle, je ne peux me retenir de l'imiter dans son geste. C'est bon de sentir ainsi nos trois mains unies. Je crois que c'est un geste que nous n'avions jamais fait. Pourquoi donc ? La crainte de se toucher ? Le Maître nous parlait pourtant si bien de la tendre proximité de l'âme et du corps... Avions-nous encore peur de celle-ci jusqu'à cet instant ? Il y a tant et tant à labourer...

– « Oui... reprend Jacobée à l'issue d'un long soupir de soulagement. J'avais le front collé sur ma natte dans un angle de la pièce commune où nous étions quelques uns à nous être entassés. J'ai soudain perçu la chaleur d'une main au sommet de ma nuque puis au centre de mon dos... Était-ce une façon de me dire que je devais descendre de ma tête jusqu'à mon cœur, un peu comme aurait osé le faire Jeshua ?

Je n'ai pas immédiatement compris que c'était toi, Myriam qui cherchais à m'aider et je ne sais toujours pas ce que tu as fait. Je peux seulement dire que j'ai eu l'impression que la main qui venait de se poser sur mon dos s'enfonçait en lui pour caresser mon cœur... Et elle y est parvenue, vois-tu, au-delà des mots que je pourrais trouver.

À nouveau, c'est cet incroyable et bouleversant sentiment de compassion qui est réapparu en moi. Il m'a dilatée tout autant que la première fois et peut-être même davantage parce que son chemin en mon être était déjà débroussaillé, des pieds à la tête.

Il n'avait rien de brumeux, ce sentiment. Il s'appuyait sur ma chair, j'en étais consciente. C'était même ce qui faisait sa puissance car je sentais l'entièreté de mon corps se prolonger à l'infini... non pas vers les autres seulement, ni vers tout ce qui vivait à la surface de notre monde... C'était bien plus ! J'étais... en tout ! Même dans cette minuscule araignée dont je m'acharnais à détruire la toile tous les matins dans l'angle de la porte. Celle-ci avait soudainement perdu de son insignifiance ; elle faisait partie non pas de mon décor mais de moi. Elle était devenue une autre expression de la vie qui circulait à travers mon être, ma parenté sous le soleil de Jérusalem et du monde !

Mais ce que j'ai vécu ne s'est pas arrêté là, mes amies. J'ai éprouvé le besoin de placer ma tête sur le côté comme pour me persuader que je ne rêvais pas ma plénitude présente.

Les yeux grands ouverts, j'ai alors aperçu les pieds des quatre ou cinq personnes qui se tenaient là, dans notre pièce commune. Les pieds ! Encore eux ! Que ne m'ont-ils pas révélé dans cette vie ! Eh bien ces pieds, voyez-vous, me sont apparus tels des visages avec leur histoire sculptée dans leurs callosités et leurs rides. Par eux, et sans le moindre désir de ma part, j'ai alors commencé à remonter le temps de ceux à qui ils appartenaient.

Je vous l'affirme, j'ai vu mille regards différents à travers eux ; des regards qui se chevauchaient, qui s'engendraient les uns les autres avec les horizons qu'ils avaient rencontrés et leurs invraisemblables pérégrinations. Je découvrais leurs amours, leurs détresses, leurs haines également, leurs joies et leurs grâces... Tout cela jusqu'à leurs plus petites errances et dans une logique si implacable qu'elle me faisait tout comprendre des comment et des pourquoi.

Et puis... et puis il y eut l'expérience totale, celle qui, même seule, pourrait justifier ma présente vie.

J'ai... Il m'a semblé que toutes les personnes à qui appartenaient ces pieds finissaient, en haut de la pyramide de leurs vies, par fusionner et fusionner encore... par ne plus en former qu'une seule... Un seul Être, ou plutôt une unique Présence qui, à l'origine, avait désiré se démembrer puis éparpiller tous les aspects de Sa réalité... juste pour vivre, pour inventer la vie, le soleil, la lune, les étoiles, tout !... Jusqu'à la plus discrète des araignées.

Me croirez-vous si je vous dis que ce jour-là, en ces instants d'écarquillement des yeux de mon âme, j'ai cru... approcher un peu l'Éternel ? Est-ce un orgueil de plus que de supposer cela ? Est-ce l'illusion d'une petite femme de Bethsaïda qui n'a toujours pas compris pourquoi elle a été admise à vivre tant de choses ? »

Cette fois, le jour a percé le voile de la nuit. Je le réalise seulement tandis qu'un silence cristallin s'immisce en nous comme pour y faire perdurer le récit de Jacobée... Qui osera le briser ? Même le ressac nostalgique des vagues sur le sable invite à ne plus rien dire.

Longtemps je laisse mon regard se promener sur la ligne argentée de la mer. Une première mouette pousse son cri et notre compagnon le chien se décide à aller patauger sur le rivage.

C'est Myriam qui ose, finalement. Elle seule le pouvait. N'a-t-elle pas été au plus proche de Jeshua, de ses jours comme de ses nuits ? Son sourire révèle la fatigue mais ses yeux pétillent malgré tout sous la frange effilochée de son voile.

– « Je crois que nous savons toutes deux ce dont tu parles, ma petite sœur... et aussi ce que tu cherches encore à nous dire mais dont les mots sonores ne viendront jamais.

Oui, sans doute as-tu approché la mystérieuse Présence du Père... ou du moins Son ombre portée car aucun humain ne saurait La contempler. Vous souvenez-vous de ce que le Maître nous a enseigné un matin tandis que nous allongions le pas sur le sentier menant au sommet du Thabor ?

Plusieurs d'entre nous Lui avaient demandé ce qu'Il pouvait nous apprendre relativement à son Père. Comment était-Il et comment pouvait-on espérer L'atteindre ?

Le Maître les avait d'abord appelés naïfs en reprenant les mots qu'ils avaient utilisés.

– « *Comment* est mon Père, votre Père ? Voilà une étrange question ! Quel âge avez-vous ? Pourriez-vous me dire quel visage a l'Amour, de quelle couleur sont ses yeux, s'il marche sur deux ou quatre pattes et ce qu'il mange ? »

Souvenez-vous, nous nous sommes tous mis à rire...

– « Mon Père n'est personne, a-t-Il aussitôt repris. Il peut prendre le visage que vous Lui donnez autant de temps que cela peut vous aider à sortir de l'enfance mais ce ne sera jamais le Sien... parce qu'Il n'en a pas.

Pourquoi voulez-vous tout mesurer à l'aide de votre seul regard et de ce qui le contrôle en vous ? Ce n'est aucunement votre cœur qui a soif de définitions, c'est votre tête parce qu'elle a constamment besoin de se rassurer. Quant à moi, je m'adresse au trésor qui se cache dans le creux de votre poitrine. Ainsi, mes amis, écoutez-moi... »

– « Ah oui... j'avais oublié ! »

Jacobée a presque sursauté en s'écriant cela. La voilà maintenant qui s'accroupit joyeusement telle une enfant surprise par une révélation.

– « J'avais oublié ces si beaux moments... Pourquoi donc ? Peux-tu me les rappeler ? »

– « On oublie souvent ce qui est trop immense pour nous... mais tu as tellement changé, Jacobée ! J'ai bien vu en arrivant ici que la vastitude du monde était entrée en toi et y avait commencé son œuvre...

Oui... je vais tenter de me remémorer au mieux la suite de ce que Jeshua nous a enseigné sur les pentes de la montagne au sujet de son Père. Si ce ne sont pas les mots exacts qui me reviennent, ce sera au moins leur essence. Cette fois, tu sauras l'entendre, j'en suis certaine...

Il nous a dit :

– « Mon Père est semblable à l'eau, à toute l'eau qui circule sur cette Terre. Celle-ci jaillit du sol en une multitude de sources... qui deviennent des ruisseaux puis des rivières allant se mêler à la mer. Cette eau tourne et tourne sans cesse. Elle crée des nuages porteurs de pluie et des fleuves souterrains ; elle offre la vie puis la reprend pour l'offrir à nouveau, indéfiniment... Elle est glace, neige, vapeur et plus encore car elle emprunte cent mille visages au sein de tout ce qui est. Mais de quoi est-elle donc faite toute cette eau si fuyante et si volatile ?

Elle est l'océan de promesses né du mariage d'un nombre infini de gouttelettes de vie... Et je vous le dis, chacune de ces gouttelettes correspond à l'un de vous. Ainsi, sans le savoir, vous participez à la réalité de mon Père ; ainsi aussi, sans le savoir, êtes-vous un peu de mon Père qui s'offre en chaque instant.

Alors, de la même façon qu'il est impossible de dire quand et où commence une goutte d'eau et qu'il est tout aussi impossible de l'empêcher de se mêler aux autres gouttes pour ne pas faire partie du corps unique des océans, chacun de vous ne peut se penser coupé de ses semblables et extérieur à mon Père.

Certains de vous sont des vapeurs, d'autres de la glace, de la neige, de l'eau trouble ou, au contraire, de l'eau de source... mais, que vous l'admettiez ou non, vous êtes tous de l'eau et, en cela, vous faites partie de la Réalité de l'Éternel. Entre vous et moi, je vous l'affirme donc, il n'y a qu'une seule différence et c'est celle-ci : Je vis cette Vérité jusque dans ma chair ; j'ignore la moindre frontière non pas parce que je l'ai décidé... mais parce que je vis le fait qu'il n'y en a effectivement pas.

Voilà pourquoi, chacun de vous porte en lui l'humanité entière et l'ineffable Principe de la Flamme de Vie.

Ainsi aussi, aucun de vous ne pourra jamais se dissocier de l'autre, même pas de celui qu'il dit ne pas connaître car vous êtes tous du même Corps, de la même Âme et du même Esprit.

Vos différences, dites-vous ? Elles sont semblables aux saisons que traverse l'eau dans sa ronde ; elles racontent votre Père qui vous appelle dans toutes les langues ainsi que votre opportunité d'apprendre à L'écouter ; elles disent enfin, plus que tout, le Rêve qu'il vous faut traverser. »

Je me souviens que nous étions restés sans voix. Qui d'entre nous pouvait réellement se flatter de comprendre ? Peut-être pas un seul. Les images et les mots essayaient de s'assembler, cependant... nous étions si loin des synagogues et des vieux Écrits qu'il nous fallait respecter à la lettre ! »

Mais reprends ton récit, ma sœur, si tu en as encore la force et si ton cœur demeure chargé de mots. »

– « Il y aura toujours des mots, Myriam, murmure Jacobée, toujours... Quant à l'épuisement que mon corps ressent

114

en cette aube, qu'est-il en vérité à côté de la légèreté dont il vient d'hériter ?

Non... je ne vous retiendrai pas captives de mes souvenirs une prochaine nuit si vous me permettez de me délivrer encore des quelques dernières lourdes pages de ma vie...

Je ne vous dépeindrai pas le bonheur qui a été le mien à l'heure où j'ai vu, de mes yeux vu et en votre compagnie, que le Maître avait survécu aux blessures de son supplice. Comment oublier son départ de l'emplacement du tombeau au petit matin sous la pluie, son regard, sa silhouette accrochée à l'encolure d'un cheval qui s'éloignait[1] ? Vous connaissez ce bonheur, nous avons toutes vécu le nôtre, merveilleusement, intensément... mêlé aussi à la folle inquiétude de ce que nous craignions du futur.

S'arrêter au trésor de l'instant présent, ce n'était pas encore pour nous, tout au moins pas encore pour moi.

Le Maître miraculeusement vivant, il Lui fallait disparaître ou presque... J'en ai vite compris toutes les raisons et aussi *la* Raison ultime qui dépassait nos simples existences. Cependant, son entrée volontaire dans le silence signifiait, vous le savez, notre premier vrai défi. Je l'ai mal vécu, je dois vous le dire.

Je me suis sentie... orpheline. J'avais eu beau user mes talons partout et m'offrir en labour à ses paroles, j'avais eu beau connaître la grâce de goûter à des instants de sublime compassion, la sagesse de l'âme adulte me faisait toujours défaut.

Que me fallait-il donc ? Puisque le Maître vivait encore et puisque j'avais eu le privilège de le constater moi-même, pourquoi semblait-Il ne plus vouloir continuer sa révolution en moi ? N'avais-je pas tout abandonné pour Lui, n'est-

---

[1] Voir "De mémoire d'Essénien", 2ᵉ partie, chapitre XV.

ce pas ? C'est toi, ma sœur, Salomé, qui m'a envoyé au visage l'absurdité de cette réflexion dès qu'elle eût franchi mes lèvres tandis que nous quittions Jérusalem avec l'intention de ne plus jamais y pénétrer. Tu m'as dit :

– « Tout quitter pour Lui ? Tu n'as donc rien compris Jacobée ? Lui, toi... toi... Lui ! Ne peux-tu pas te détacher de ta propre personne ? Ne me dis pas que c'est pour Lui que tu as tout risqué... C'est pour toi et pour personne d'autre ! Et nous en sommes encore tous là... C'est cela notre problème, ne le crois-tu pas ? »

C'était une gifle encore une fois, une vraie et je ne t'ai rien répondu, Salomé, parce qu'il était clair que tu avais infiniment raison. J'avais toujours voulu *ma* paix intérieure, sans vraiment admettre que cette paix ne pouvait pas passer par un autre chemin que celle du don total.

Le Maître cherchait des révélateurs et des semeurs de paix... pas des hommes ni des femmes pour vivre paisiblement autour de sa personne.

Nous l'avons tous parfois entendu déclarer qu'Il allait souffler la tempête... Après ta juste réflexion, j'ai su un peu plus ce que ces mots signifiaient : il n'y avait aucun espace dans notre coeur pour nous endormir dès lors que son regard avait pénétré en nous.

Je crois maintenant que pour la plupart de ceux qui L'ont suivi pas à pas durant des années, le Maître n'est apparu dans son ampleur qu'après son départ. Il faut souvent qu'un gouffre se creuse dans notre cœur pour comprendre la pleine mesure de ce qui auparavant l'emplissait tant.

Non... le rabbi Jeshua n'avait décidément rien à voir avec ceux qui prophétisaient à droite et à gauche. Tous ceux dont j'avais entendu parler et que j'avais aussi parfois eu l'opportunité d'écouter n'avaient jamais fait qu'attirer quelques hommes autour d'eux dans le but de nourrir leur petite personne. La "quête du Sans-Nom" n'était qu'un prétexte pour qu'on les vénère.

Quant au Maître, même s'il Lui était parfois arrivé de venir nous chercher, Il avait toujours tout fait, très régulièrement, pour nous libérer de sa présence charnelle.

Il ne voulait pas que nous forgions nos propres chaînes autour de Lui. S'Il en remarquait une, fût-elle d'or, Il s'arrangeait aussitôt pour la rompre, quitte à faire naître une sensation de rejet. « <u>Un feu, disait-Il, est là pour diffuser la lumière et la chaleur. Il est là pour communiquer la vie, non pas pour la retenir. Devenez vous-mêmes les flammes par lesquelles je vous calcine puis ne craignez pas de devenir, vous aussi, porteurs de feu !</u> »

En ce qui me concerne, l'effort qu'il m'a fallu faire pour intégrer cela a été... démesuré, presque au-delà de mes forces.

Accepter l'absence de Jeshua – tout en sachant Celui-ci toujours vivant quelque part – a pris l'allure d'un rejet venant de sa part et m'a plongée, au bout de quelques mois, dans la plus profonde détresse. Devenir moi-même un feu alors que son regard n'alimentait plus le mien ? Impossible, me semblait-il. Inconcevable !

Je me suis alors mise à ne plus vouloir voir personne. Vous avez été patientes en respectant cela, sans rien forcer... Tu m'as même prêté pendant quelques semaines ta petite maison à Migdel, Myriam. Plus personne n'y vivait et les ronces en avaient un peu fait leur domaine...

Vous l'ignorez... entre ses murs j'ai été tentée de mettre fin à mes jours... Comprenez-moi, le Maître avait déposé un trésor entre mes mains jusqu'à l'instant même où Il avait été au seuil de la mort et moi... moi je me tenais là à ne rien savoir en faire ! Je continuais, par vagues épuisantes, à me cabrer contre tout. Je me reprochais de n'être qu'une fourmi à l'échelle du Divin... d'autant plus que Celui qui m'avait tendu la main paraissait maintenant attendre *quelque chose de moi*.

Je suis restée ainsi prostrée de très longues journées, me répétant sans cesse que j'étais sèche et que je n'avais rien à donner.

Et puis, voyez-vous, j'avais peur aussi... Je n'ignorais pas que la nouvelle de la mise à mort du Maître avait déclanché un peu partout des émeutes et que, même parmi les nôtres, ses proches, il s'en trouvait pour semer la division. Alors à quoi bon ? Si le feu réchauffait, il brûlait également... jusqu'à calciner. Jeshua ne l'avait-Il pas annoncé Lui-même ?

Une nuit entière, je vous l'avoue, j'ai regardé à la clarté de la lune les veines saillantes de mes poignets. Il y avait un vieux couteau dans ma besace, celle que j'avais traînée tout au long des chemins.

Le Maître s'en était servi une fois pour ôter une épine de je ne sais plus quel talon. Une épine ! Je voyais fort bien le symbole ! La mienne devait décidément être trop profonde et indélogeable.

Je ne sais pas ce qui m'a empêchée de passer à l'acte. Peut-être ces paroles qu'Il avait un jour distillées lentement à l'un d'entre nous :

— « As-tu entendu parler de ces spectacles que l'on nomme pièces de théâtre et qui se jouent chez les Grecs ? Ce sont d'étranges histoires, souvent bien compliquées, auxquelles tous ceux qui sont là font semblant de croire pendant un court laps de temps.

Eh bien... la vie est semblable à elles... Nous y interprétons tous un rôle. Ne prends aucun d'eux très au sérieux car, les uns comme les autres, ces rôles ne savent souvent que traduire l'incompréhension, la trahison et l'injustice...

Ce qui te paraît être interminable et insupportable à la mesure d'une existence n'est pourtant qu'insignifiance en regard du Temps de mon Père... ce Temps qui est aussi, je te le dis, celui de ton esprit.

118

Laisse donc les mauvais acteurs s'épuiser à leur jeu absurde et cultive, toi, le non-jeu, c'est-à-dire la vérité de ton cœur... »

Voyez-vous, c'est peut-être le souvenir de ces paroles qui a fait son travail en moi... Je le pense...

Lorsque le soleil a finalement remplacé la lune, j'ai trouvé la force de rassembler le peu de biens que j'avais avec moi puis j'ai repris la route pour tenter de vous retrouver.

J'ai questionné au hasard des villages et, au bout d'une dizaine de jours, cela m'a amenée jusqu'à cette bergerie de Beth Shean où vous viviez discrètement avec quelques autres. J'étais allée jusqu'à la limite de moi-même, seule, comme Il me l'avait toujours dit clairement.

Après... vous connaissez la suite. Quelques errances encore, des hésitations puis enfin la mer, les bateaux et ici...

Voilà, mes amies... Je suis épuisée mais on dirait que mon cœur bourgeonne comme s'il était à son printemps. »

Oui, voilà... Jacobée retourne au silence. Je ne vois plus que le bleu du ciel au-dessus de nos têtes.

Sans parvenir à nous lâcher les mains nous nous allongeons maintenant toutes trois sur le sable encore frais du matin naissant.

Je prie pour que personne ne vienne, pas un pêcheur, pas un enfant... Juste la mer et nous... pour continuer à écrire dans l'Invisible.

Le livre de Salomé

Chapitre V

La géométrie de l'éveil

Une journée entière s'est écoulée depuis que Jacobée nous a initiées aux secrets de son âme. Une journée que nous n'avons pas vraiment vécue sur Terre, je crois.

Pour ma part, je ne cesse de me sentir suspendue entre deux mondes, celui d'autrefois – dont je ne peux me persuader qu'il n'existe plus – et celui de l'instant présent qui ne fait que fuir. C'est justement l'état dans lequel Jeshua souhaitait ne pas nous voir stagner... Où se trouve donc la clef que je cherche et que nous cherchons sans doute toutes trois ?

Jacobée, elle aussi, semble un peu perdue. Quant à Myriam, je ne sais trop au juste mais elle a tenu à passer de longues heures à aider les pêcheurs qui rapiéçaient leurs filets.

Nous n'avons pas réussi à passer la dernière nuit ensemble sur la plage, ainsi que nous nous l'étions promis. Nous avons seulement partagé la même hutte, aspirées par le même sommeil... Il n'y avait cependant pas que nos corps qui criaient leur fatigue. Avec tous ces souvenirs évoqués, nos têtes étaient... comme trop pleines de Lui. Est-ce possible ?

Je me suis interrogée jusqu'en milieu de journée à ce propos. J'ai fini par me dire que, tant que nous serions en ce monde, il n'y aurait jamais d'espace assez grand en nous pour L'y accueillir sans que nous sentions tout craquer en nous.

Enfin voilà... Dans quelques instants, ce sera à moi de "dire les choses". C'est ainsi que nous en avons décidé tout à l'heure, en mangeant notre habituelle soupe aux fèves.

Nous avons espéré un moment pouvoir convier Sarah à se joindre à nous afin de vivre cette autre nuit qui s'annonce mais nul n'a pu nous dire où elle est. Depuis l'arrivée de Myriam, nous l'ignorons... Elle se montre toujours aussi étrange qu'autrefois, apparaissant ou disparaissant sans que nous sachions trop où elle dirige ses pas dans la campagne environnante. Jacobée m'a parfois confié qu'elle lui faisait un peu peur avec ses chants fredonnés à voix basse et dont elle seule connaît le sens. Sarah a toujours été comme un silence entre nous, une zone de non-dit.

Tandis que mon regard ne parvient pas à s'arracher au sable du petit coin de plage que nous venons à peine de retrouver, je prends conscience du sourire qui s'est installé sur mon visage. Traduit-il cette partie de moi qui s'apprête à faire voler en éclats ses inhibitions ? Je le souhaite de toute mon âme car c'est à son apparition qu'a longtemps travaillé le Maître. Le sourire... J'ai passé ma jeunesse à croire qu'il ne pouvait que me fragiliser et me rendre vulnérable...

Un bruit de pas étouffés et de vêtements que l'on froisse me fait lever la tête. C'est Myriam et Jacobée ; elles s'assoient face à moi après s'être assurées que, cette fois-ci, nous aurions suffisamment de bois pour la nuit.

– « Salomé ? »

Myriam vient, dirait-on, de lancer mon nom dans le crépuscule à la façon d'un défi. Elle a raison... C'est un réel défi pour moi d'ouvrir le coffre de mes secrets ainsi que je m'apprête à le faire.

– « Tu n'as pas encore lancé tes herbes dans le feu, Myriam... »

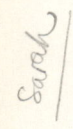

122

Ultime prétexte... Offrir des herbes à la flamme puis aux braises a toujours été un rituel incontournable chez nous mais, ce soir, c'est surtout mon dernier rempart de pudeur.

Les herbes volent, le feu crépite... Myriam trace rapidement quelque chose dans l'invisible. Elle dessine le sceau de son âme. Toutes les trois nous en avons reçu spécifiquement un ; il nous a été révélé par Jeshua lui-même peu avant son départ. Ce signe est un pont entre notre nature profonde, le Sans-Nom et nous-même dans notre corps à chaque fois que nous le traçons.

– « Comment j'ai connu le Maître ? En vérité, mes amies, je ne le sais plus exactement. Je crois qu'Il a toujours fait partie de ma vie, avant même que je ne m'en aperçoive. Moi aussi, vous le savez, je suis de Bethsaïda. J'ai passé toute mon enfance au cœur même du village.

J'y ai toujours entendu affirmer que Jeshua était, par alliance, de la parenté de ma mère. C'est ainsi que très vite j'ai entendu ce qu'on racontait d'étrange à son sujet. J'avoue que je n'y prêtais pas vraiment attention.

Alors que nous étions encore enfants, c'était une sorte de cousin éloigné et on se croisait rarement car il habitait un tout petit village dans les collines. Un jour, il a complètement disparu des conversations et je ne me suis même pas posé de questions. Il s'est écoulé des années avant que je n'apprenne qu'on l'avait envoyé étudier dans un grand temple et qu'il était ensuite devenu rabbi. Ma mère et ses parents étaient de la même Communauté [1], c'est ainsi que je l'ai su.

Encore toute jeune adolescente, je me souviens avoir pensé qu'il avait de la chance. Apprendre... cela avait toujours été mon rêve... mais il ne fallait pas rêver, je n'étais

---

[1] La Fraternité essénienne.

qu'une fille et ma famille était plus que modeste. Mon père travaillait dur à construire ou à réparer des barques pour les pêcheurs du lac et nous avions simplement de quoi vivre.

Afin de nous aider – du moins l'ai-je cru – un oncle a proposé à mon père de me prendre à son service dans la petite échoppe où il fabriquait et vendait toutes sortes de parfums. C'était une occasion inespérée de ramener quelques pièces à la maison et aussi d'apprendre quelque chose qui parlait à mon âme : l'art de ce qui sentait bon.

Hélas, mon apprentissage n'a pas duré plus d'une année. Tandis que je passais des heures à broyer des plantes et à en faire macérer d'autres dans le fond de son appentis, l'oncle posait sur moi un regard bien différent de celui que chacun s'imaginait. J'étais plus que naïve et j'ai mis longtemps à comprendre la nature de la troublante proximité qu'il m'imposait sous prétexte de m'enseigner.

Oh, mes amies, si vous saviez... Aujourd'hui encore il arrive que ressurgisse en moi l'odeur lourde de sa robe maculée d'huiles et chargée de transpiration. Il me souriait d'abord comme un oncle, me parlait ensuite comme un maître puis me quittait tel un animal. Était-ce cela que voulait dire "apprendre" et "entrer dans la vie" ?

J'en ai été marquée à jamais au fer rouge, d'autant plus souffrante que je croyais que ce que l'oncle me faisait vivre était le juste retour du service qu'il nous rendait à ma famille et à moi.

C'était donc ainsi qu'étaient les hommes ? C'était donc à cela que se réduisait la condition des femmes ? Je l'ai pensé pendant trop longtemps !

Moi, je ne disais rien. La soumission était dans les modèles que l'on m'avait inculqués et la résignation faisait sans doute partie de ma nature.

Oh, bien sûr, j'ai appris les plantes et les parfums, mais pour longtemps j'ai également appris à fuir le contact d'une peau avec la mienne.

Il a fallu une visite impromptue de mon père dans l'appentis où je travaillais pour que je puisse sortir de mon esclavage honteux. Il a surpris un geste ou deux derrière une tenture mal tirée et a aussitôt tout compris.

J'ai souvenir de son regard glacial lorsqu'il est apparu mais pas des mots qu'il prononça. Il m'a ensuite prise par la main et je ne suis plus jamais entrée chez l'oncle.

Alors, voyez-vous... pendant des saisons entières j'ai tout tenté pour ne plus jamais être obligée de sortir de chez moi. Mes parents voulaient savoir... mais moi je ne parlais pas. Je ne voulais plus qu'une chose : filer la laine auprès de ma mère tandis que mes frères et mes sœurs, plus jeunes, exprimaient toute leur insouciance.

Désespéré tout autant que furieux, mon père m'a emmenée voir un vieux rabbi qui avait la réputation de connaître des prières pour chasser les démons qui s'acharnent parfois sur les humains et leur aspirent la vie.

Oui... Il avait fini par convaincre ma mère que c'était de cela dont je souffrais vraiment parce que nul ne pouvait demeurer ainsi enfermé et presque prostré sans qu'il y ait un mauvais esprit qui soit entré en lui.

J'ai accepté de croire qu'il avait raison, c'était mon père... Alors je l'ai suivi chez le rabbi. Celui-ci a crié toutes sortes de prières et m'a fait avaler bien plus que respirer une épaisse fumée d'herbes qui a fini par me faire vomir. Tout cela n'a rien donné...

Y avait-il des démons qui s'accrochaient à ce point à moi ? Dans les tréfonds de mon être, je savais bien que c'était faux. J'étais seulement malade de moi-même.

Toute jeune encore, j'étais déjà lasse de ma nature terrestre. Je veux dire que, bien que mon corps fût "presque transparent", aux dires de ma mère, je m'étais mise à éprouver une sorte de répugnance pour lui. À franchement parler, l'oncle n'était pas responsable de tout, il n'avait fait qu'exacerber une pensée, une attitude qui étaient déjà là en moi depuis toujours.

Oui, voyez-vous... Aussi loin que remontent mes souvenirs, j'ai toujours été surprise qu'il me faille marcher pour aller d'un lieu à un autre et par l'apparente évidence que mon corps finirait par vieillir à la façon de celui de ma mère.

Alors lorsque, pour la première fois, mon ventre a commencé à rendre du sang à la terre ainsi que cela arrive à toutes les femmes, cela a été un drame. À mes yeux, c'était le signe définitif que non, décidément, je n'étais pas un esprit mais que j'étais lourde... exactement comme tout le monde !

En même temps que de filer la laine, j'ai donc filé ma nostalgie durant deux ou trois années maussades. Les printemps avaient beau défiler avec le parfum des orangers et la tendresse des amandiers en fleurs, je rêvais d'une autre terre que je portais en moi et d'une lumière que je savais exister mais qu'aucun temple humain ne saurait m'offrir...

Vers ma seizième année, mes parents estimèrent que, pour remédier à la "maladie de mon âme", il était plus que temps de me trouver un époux. Un homme plus âgé que moi et donc rassurant serait l'idéal, pensèrent-ils... et avec un peu de bien, si possible, pour me réconcilier avec notre monde.

C'est ainsi que la nouvelle se répandit tranquillement : La petite Shlomit était à donner en mariage !

J'ignore par quel concours de circonstances mon père entra alors en rapport avec un homme de Jéricho de passage sur les rives du lac. À vrai dire, il n'aurait jamais dû le rencontrer car l'homme en question n'était pas du même milieu que le nôtre.

Il était riche et se nommait Zachée. Dans la jeune trentaine, il avait l'âge de mon père et faisait donc figure, pour moi, de vieux. Il possédait apparemment une jolie propriété et sa fonction essentielle était de recueillir les taxes auprès de la population.

De toute évidence, dès sa première visite chez nous, je fus de son goût. Au bout de deux ou trois rencontres les noces furent décidées, comme pour toi Jacobée, sans que j'aie eu l'occasion d'ouvrir la bouche.

Zachée avait besoin d'une femme jeune et docile, je faisais par conséquent l'affaire. De ma pauvreté il n'avait que faire car ma silhouette et l'ovale de mon visage, disait-il, lui plaisaient.

Les noces eurent lieu à Jéricho... fort généreuses m'a-t-on dit. Je ne me souviens de rien ou presque tant j'étais comme ces petits animaux qui se cachent sous leur carapace.

Je ne sais qu'une chose... Je n'ai jamais pu laisser Zachée m'approcher en tant qu'époux. Avec sa longue barbe, son turban toujours noué à la hâte et ses grosses sandales de cuir ouvragé à l'excès, je le voyais tel un oncle de plus. Zachée n'était certes pas un mauvais homme, il laissait même transparaître de belles aspirations mais... quelque chose en lui parlait malgré tout d'une certaine... avidité. En vérité, mes amies, il était incarné et moi je ne l'étais pas.

Au-dedans de mon être, je ne vivais que pour un Soleil dont je ne connaissais même pas le nom tandis que lui, Zachée, se préoccupait surtout de l'état de ses orangers et de ses revenus. Je l'ai donc fui...

Frustré et humilié, il m'a répudiée au bout d'une petite année. C'est ainsi que j'ai dû rejoindre notre modeste maison de Bethsaïda, humiliée moi aussi et plus que jamais réfugiée dans mon esprit au grand désespoir de ma famille.

Convaincue de mon anormalité, ignorée par celles de mon âge que je croisais par force autour du puits, je profitais de n'importe quel prétexte pour aller prier quotidiennement, les pieds sur les galets du bord de l'eau et les yeux rivés sur la ligne ambrée des montagnes.

Je rêvais d'un pays où l'on pouvait mettre son cœur à nu, où l'on ne mentait pas, où l'on ne se battait pas et où nos bras étaient des ailes. Je me répétais que je le connaissais ce pays-là, qu'il existait et que je m'étais simplement égarée. Peut-être que ces prières m'ont apaisée et rendue moins farouche, je ne sais... mais toujours est-il que l'été suivant mon père m'avait déjà trouvé un autre époux.

C'était un simple pêcheur de notre village ; il était veuf et avait deux enfants presque aussi âgés que moi. Il se nommait Zébédée. Je l'ai bien aimé tout de suite. Il me rassurait vraiment, d'abord sans doute parce qu'il connaissait les bateaux et les filets, ensuite parce qu'il n'exigeait pas de moi ce que je ne pouvais toujours pas donner.

J'ai vécu une douzaine d'années à ses côtés. Des années sans histoires, pourrais-je dire... Zébédée me respectait dans ce que j'étais et m'offrait une existence honorable aux yeux de tous.

Heureuse ? J'ignore si je l'ai été. Mon âme avait trouvé une sorte de compromis avec mon corps même si l'ennui était son lot de chaque instant. L'ennui... de *Ce* qui n'avait pas encore trouvé de nom ni de visage pour elle. L'ennui que vivent ceux qui ont "oublié" et qui savent parfaitement qu'ils ont oublié ! »

— « Jeshua n'était toujours pas de retour dans notre pays ? »

La voix un peu rauque mais tendre de Myriam me fait émerger de mon univers intérieur. Comme la nuit n'est pas encore totalement tombée, je capte le regard de celle qui fut la compagne du Maître. Il me fixe intensément. J'ignore par quel miracle tant de douceur et de fermeté parviennent à en habiter simultanément l'éclat. Il n'y a que Lui, Jeshua, pour avoir pu le contaminer à ce point...

— « Je ne sais pas s'Il était déjà de retour, Myriam... mais nul n'en parlait. Zébédée était un homme pieux cependant, à chaque fois que je pouvais assister à ses discussions avec des pêcheurs qu'il invitait, seuls les troubles qui affectaient notre pays étaient au centre de la conversation. On parlait rarement d'autre chose que des escarmouches avec les Romains, puis des Iscarii[1] et de leurs promesses de trouver un libérateur pour notre peuple.

Quant à ce qui pouvait se passer dans notre cœur et à l'attente de notre âme face à l'Éternel, c'était le silence. Nous récitions des psaumes, nous respections la Loi... mais guère beaucoup plus. De tout cela je souffrais comme d'une fatalité... »

– « Mais comment et quand as-tu donc rencontré le Maître, ma sœur, intervient Jacobée. Curieusement, je n'ai pas souvenir que tu m'en aies jamais parlé. Je réalise ce soir que tu as toujours évincé le sujet... »

Je ne peux retenir le mouvement de ma main qui vient se poser, comme souvent, sur le bas de mon visage à la manière d'un voile. Pourtant, sous cette main, je souris. C'est si bon de pouvoir parler ainsi... Ce sera peut-être la seule fois...

– « C'est vrai, Jacobée... J'ai toujours contourné cela. Je me disais que ce ne serait pas crédible ou pas intéressant pour qui que ce soit. Mais maintenant voilà, c'est l'heure...

Il faisait si chaud que Zébédée, l'un de ses fils et moi dormions sur la terrasse de notre petite maison du quartier des pêcheurs de Bethsaïda.

J'avais mis longtemps à trouver le sommeil mais, au creux de celui-ci est venu se loger un rêve... un de ces rêves qui modifient la direction d'une vie entière.

J'en parle en ces termes parce que je ne sais pas comment nommer exactement ce qui s'est passé.

---

[1] Autre nom des Zélotes, les résistants armés face à l'occupation romaine.

Je me trouvais au bord du lac, debout sur cette grosse pierre qui m'attirait souvent pour prier. Venant de derrière moi, j'ai aussitôt entendu une voix qui m'appelait.

– « Shlomit... Shlomit... ».

Je me suis retournée et là, dans les broussailles à dix pas environ, j'ai aperçu un homme aux longs cheveux bouclés et à la barbe forte. Il portait la grande robe blanche de ceux qui soignent et le regard qu'il posait sur moi ne paraissait pas vouloir être contredit. Il exprimait une sorte d'urgence.

– « Shlomit, a repris l'homme, tiens-toi près du puits demain, là où le jasmin fleurit et à l'heure où le soleil se montre le plus haut. C'est là... »

Je ne me souviens pas avoir eu le temps de répondre le moindre mot ; je me suis réveillée instantanément, en sueur et le cœur palpitant... Toutes les trois nous connaissons cet état... ainsi que ce genre de "rêve".

Singulièrement, il m'a semblé que l'air de notre terrasse embaumait le jasmin. Nous n'en avions pourtant pas, il ne poussait pas chez nous... Je me suis alors discrètement levée pour reprendre mon souffle.

Assise sur le muret qui ceignait notre toit en terrasse, je ne parvenais pas à extraire de moi l'émotion de ce que je venais de vivre. C'était si... intense et tellement vrai !

Qui venait ainsi de me parler et de me donner un tel ordre ?... car c'était bien d'un ordre dont il s'agissait. Je n'avais jamais rencontré cet homme.

Il m'a fallu attendre l'aube et que passe au pied de la maison une première caravane de mulets avec leur chargement pour que je retrouve un semblant de quiétude puis que je retourne m'allonger.

C'était déjà l'instant où Zébédée et son fils allaient se lever pour la pêche. Nous nous sommes simplement croisés du regard ; je n'ai rien pu dire.

À l'heure où le soleil parvient à son zénith, j'étais bien au lieu dit, près du puits. Pas un seul moment je n'avais imaginé ne pas m'y rendre.

Un homme en longue robe blanche se tenait effectivement là. Avant de m'en approcher, je l'ai bien observé de loin. C'était facile, il me tournait le dos. Était-ce réellement lui, l'inconnu de mon rêve ? Je n'ai pas pu en douter lorsqu'il a pivoté dans ma direction. Les mêmes cheveux sombres et bouclés, la même barbe un peu sauvage.

Lorsque j'ai osé quelques pas vers lui, je l'ai vu sourire. Il n'y avait plus de doute, alors je me suis demandé un instant si c'était un ange que l'Éternel m'avait envoyé. Quelques pas plus tard, j'ai compris que non, évidemment... L'homme était parfaitement de chair, il avait même la peau très burinée de ceux qui ont l'habitude de parcourir les chemins ou qui travaillent la terre.

Quand j'en ai été suffisamment proche, il m'a seulement dit :

– « Suis-moi... Il t'attend... ».

Je n'ai pas discuté, une force intérieure dont je ne m'étonne plus aujourd'hui m'avait prise et me poussait de l'avant. À quelque distance de lui, j'ai donc suivi l'homme en blanc dans le dédale populeux des ruelles, sans même me soucier de savoir si quelqu'un pouvait me suspecter de quoi que ce soit.

Je n'ai jamais compris pourquoi il m'avait fait faire cette marche au cœur du village car il a fini par me ramener pas très loin de chez moi, sur le bord de l'eau. C'était cependant un endroit où je ne venais que rarement. Envahi par les plantes aquatiques, il fallait se mouiller les pieds pour y parvenir car il ressemblait à une petite presqu'île à l'abri des regards.

Lorsque l'inconnu m'eut fait passer une dernière barrière de roseaux, je me suis soudainement étonnée d'être si imprudente. En effet, qu'allais-je faire là ? Mais je vous le dis, mes amies, la crainte n'a pas eu le temps de m'envahir. Sur un amoncellement de galets, j'ai tout de suite aperçu un homme assis. Il semblait méditer tout en contemplant l'eau du lac.

– « Voici Celui qui a souhaité te voir... » m'a alors dit à voix basse mon guide avant de s'estomper discrètement dans la végétation environnante.

Je suis restée figée un instant, jusqu'à ce que l'homme assis qui portait, lui aussi, les cheveux longs, la barbe et la robe blanche tourne enfin la tête dans ma direction.

– « Viens, ma petite sœur, a-t-il fait d'une voix bien timbrée. Approche-toi et assieds-toi... »

Sans la moindre hésitation, je me suis immédiatement assise sur les galets face à lui, ainsi qu'il me le demandait. C'est seulement à cet instant que j'ai découvert son visage. Oh, son visage... ses yeux surtout, devrais-je dire. Mais vous les connaissez, vous savez à quel point leur éclat émeraude nous rentrait dans l'âme. Je ne vous décrirai pas non plus dans quel état de conscience ils m'ont aussitôt fait plonger, vous avez vécu cela...

Presque instantanément j'ai compris que c'était eux que je cherchais depuis toujours, comme s'ils avaient été gravés en moi avant même ma naissance.

– « Je m'appelle Jeshua, a-t-Il fait très simplement. Tu ne te souviens pas de moi ? Il y a longtemps... Moi, je me souviens de toi... »

Je n'ai rien trouvé à répondre, je ne touchais plus terre.

– « <u>C'est pour ta mémoire que je t'ai demandé de venir, a-t-il alors poursuivi, car c'est d'elle que tu souffres, n'est-ce pas... Je l'ai vu. Veux-tu en guérir ?</u> »

Toujours aussi médusée, je crois avoir seulement murmuré un timide oui sans imaginer ni comprendre comment il savait, ce que cela signifiait et enfin ce que cela impliquait.

– « Pourquoi est-il si petit, ce oui ? dis-moi... Serais-tu attachée à ton mal ? Si tu es lasse ainsi que je le vois, pourquoi hésiter à déposer ton fardeau ? Que cherches-tu au juste ? L'Éternel ? Sais-tu au moins *Ce* qu'Il est et *où* Il vit ? Et toi, où et comment veux-tu vivre ? Préfères-tu mourir ? Mourir n'existe pas... Le sais-tu aussi ?... »

L'avalanche de ses questions n'en finissait plus... Elle m'a totalement assommée, un peu à la façon d'une lourde pierre qui serait venue me frapper la nuque. Plus muette que jamais, j'étais incapable de la moindre réaction.

C'est alors que Jeshua a repris, beaucoup plus doucement.

– « Vois-tu, Shlomit – c'est ainsi que tu te nommes, n'est-ce pas ? – vois-tu, c'est ton âme qui se présente à moi ici, en cet instant... Or, comprends-moi, ce n'est pas ton âme que je cherche, c'est ton esprit... parce que lui, ton esprit, il me parle de toi quand tu ne te confonds pas avec la mémoire qui fait pleurer ton corps.

Oui ton âme se souvient, je le vois bien... mais elle se souvient mal, elle n'a pas *le* Souvenir. C'est pour cela que je te demande : « Veux-tu la guérir » ? C'est pour cela aussi qu'il me faut un oui profond car, en vérité, tant que ton âme ne sera pas en paix, elle t'empêchera de reconnaître ton esprit. »

Je m'entends encore laisser sortir de ma poitrine le oui le plus intense que j'aie jamais éprouvé et prononcé. Je n'avais aucune idée de ce à quoi un tel acquiescement pouvait aboutir ni, évidemment, de qui était cet homme qui s'adressait ainsi à moi. J'étais seulement submergée par une évidence. Celle-ci m'emportait tout entière et saturait mon cœur jusqu'à l'écartèlement. Cette évidence s'appelait... la Lumière. Elle naissait dans le regard de Jeshua et se déversait sur moi.

Jeshua ne m'en a pas dit plus, ce jour-là. C'était à la limite de ce que je pouvais supporter. Je me suis répandue en une rivière de larmes, Il m'a posé doucement une main sur le sommet de la tête puis m'a invitée à me relever. Je L'ai ensuite entendu appeler quelqu'un parmi les roseaux et les hautes herbes et l'homme qui m'avait servi de guide est réapparu.

Sur le chemin du retour, il m'a dit se nommer Simon et être du même village que Celui qu'il appelait déjà "le Maître", apparemment le Simon dont tu nous as parlé toi aussi, l'autre nuit, Jacobée... »

Mon récit s'interrompt de lui-même... comme si ma mémoire était essoufflée. Encore et toujours ma mémoire !
— « Prends cela, ma sœur... C'est bon pour ce que nous avons... »

Jacobée me tend un petit bol de terre cuite. Je le saisis du bout des doigts ; il est tout fumant d'une boisson qui dégage une forte odeur de romarin dans l'air nocturne.
— « Et qu'est-ce que nous avons ? »
— « Nous nous ennuyons... »
— « C'est bien cela... intervient Myriam. Jeshua n'a jamais été aussi proche et nous L'évoquons toutes comme s'Il appartenait au passé ! Il a pourtant toujours été Celui de l'instant présent... Tant que nous n'aurons pas compris cette vérité jusque dans notre chair, nos souvenirs seront tissés de nostalgie... et ce n'est pas ce qu'Il cherche à faire monter en nous. N'oublions pas que nous ne sommes pas trois ici, Salomé, Jacobée, mais quatre ! »

Myriam dit vrai car un feu est monté en moi depuis que j'ai commencé à raconter. Il n'appartient pas à autrefois mais révèle plutôt ce qu'est devenue ma vie en cette heure précise. C'est le Principe du Maître qui y prend sa place, il me transporte... Il fait exploser les mots sur mes lèvres...

— « Sur le sentier qui me ramenait chez moi, je me suis promis de ne rien dire à mon époux de ce que je venais de vivre. J'étais convaincue qu'il en aurait été très fâché, sachant qu'on m'aurait peut-être remarquée et soupçonnée de choses honteuses. Pourtant, lorsque exténué il est réapparu sous notre toit, mon cœur s'est ouvert tout seul face à lui. Spontanément et à la façon de celui d'une petite fille qui ne peut taire un secret.

Zébédée m'a écoutée sans sourciller dans un coin de la pièce. Il a attendu que j'aie terminé le récit de ma rencontre clandestine et m'a dit :

– « Ainsi, ma femme, ce que l'on raconte est donc vrai... Cela fait plusieurs semaines que j'entends parler d'un homme, un rabbi paraît-il, qui parcourt les villages environnants avec quelques disciples et qui serait doté de grands pouvoirs. On dit qu'il parle bien de l'Éternel... mais fort étrangement aussi. »

– « Oh, je ne pense pas qu'il ait de grands pouvoirs, lui ai-je répondu comme pour minimiser ma rencontre. Il n'a fait que me dire quelques mots. »

– « Il a nécessairement de grands pouvoirs à en juger par l'état dans lequel je te vois. Tu n'es jamais ainsi... »

Zébédée avait l'œil juste. Je tremblais comme une feuille au vent et les mots qui sortaient de ma bouche s'emballaient. Ils étaient propulsés par quelque chose qui échappait à mon contrôle.

J'ai voulu m'excuser et je lui ai dit qu'il avait le droit d'être fâché parce que j'avais agi à la manière d'une insensée... Mais mon époux était un homme bon. Il a simplement posé sa main sur ma bouche pour que je cesse de m'accuser puis il m'a dit que nous irions rencontrer ensemble celui qu'il a alors nommé "le rabbi des bords du lac". Il voulait le connaître. Selon lui, cela ne devait pas être très difficile car il commençait à alimenter bien des conversations.

Je ne sais pas comment vous décrire l'état de mon âme durant les jours qui suivirent mais je me souviens d'un étonnant contraste... Le temps s'était mis à la pluie, l'eau perçait même à travers le toit de notre modeste maison cependant, inversement, un incroyable soleil intérieur semblait s'être installé en moi et me réchauffait. J'en étais consciente, je m'en sentais presque coupable comme si ma joie était une anomalie. Simultanément, je ne cessais de m'interroger sur ce qu'avait bien pu toucher le rabbi Jeshua en mon être pour me rendre ainsi. Sur le moment, je m'étais plutôt sentie transpercée qu'aidée...

Dix jours plus tard, Zébédée et moi attendions parmi une petite foule d'hommes et de femmes au bout d'une ruelle et face à la maison d'un vieux Sadducéen. Le bruit avait couru que le rabbi s'y tenait, qu'il y recevrait ceux qui étaient souffrants ou avaient besoin de conseils.

Nous sommes restés là une bonne partie de la journée, trompant notre attente par des dattes et des olives à l'ombre des lauriers. La foule de ceux qui attendaient comme nous semblait ne pas dégrossir.

À un moment donné, alors que nous songions à nous en retourner chez nous, quelqu'un s'est approché en nous priant de le suivre. L'instant d'après, nous étions face au Maître dans le fond d'une minuscule cour intérieure baignée de lumière.

Pour la toute première fois, je Le voyais vraiment, je veux dire que je pouvais distinguer ses traits, observer ses pieds, ses mains. Ses mains... Curieusement, ce sont elles qui ont d'abord retenu mon attention. Il en a tendu une dans notre direction afin que nous prenions place sur une natte devant Lui. Son poignet m'a paru tellement fin !... presque incompatible avec la stature que l'ensemble de sa silhouette suggérait.

Tout d'abord, Jeshua n'a semblé s'adresser qu'à Zébédée.

– « Pourquoi es-tu venu me voir ? »

– « Je ne le sais pas, Rabbi... »

– « Alors c'est pour elle, n'est-ce pas ?... »

– « Oui, Rabbi... »

Je me suis mise à trembler comme une feuille au vent. Embués de larmes, mes yeux étaient toujours attirés par la main de Jeshua.

– « Serais-tu prêt à me l'offrir ? »

– « Te l'offrir ? »

– « Oui... »

Il y eut un long silence.

– « Je ne comprends pas, Rabbi », finit par bredouiller Zébédée.

– « Tu ne comprends pas ? Ton épouse a besoin de l'Éternel, Zébédée... et on ne va pas à moitié vers l'Éternel. Si tu me la donnes, si je la prends avec moi, sauras-tu te réjouir pour elle ? »

– « Parles-tu... pour l'Éternel, Rabbi ? »

– « Tu l'as dit... »

À nouveau, mes amies, ce fut le silence, plus long, plus troublant encore. Seul un oiseau est venu le rompre en se posant sur le sol, juste à côté de mon pied. Peut-être était-ce le signe qu'avait espéré Zébédée pour aider son âme à comprendre car il demanda alors :

– « Je ne te connais pas, Rabbi... »

– « Tu ne peux pas ne pas me connaître puisque c'est mon Père qui te donne les poissons du lac... »

– « C'est mon épouse... »

– « Crois-tu que l'on puisse soustraire une fille à son père ? »

– « Mais le père la donne en mariage, Rabbi... »

– « Je te le demande, mon ami, mon fils, es-tu vraiment marié ? »

Zébédée s'est mis à pleurer à chaudes larmes. Je ne l'avais jamais vu ainsi.

137

– « Tu comprends, je ne suis qu'un pêcheur, finit-il par murmurer en émergeant de sa peine. Comment sais-tu tout cela et pourquoi me demandes-tu tant ? »

– « Ce n'est pas au pêcheur que je m'adresse. C'est à son cœur et à ses yeux du dedans. Je les appelle simplement à regarder *ce qui est déjà* et à l'accepter.

En vérité, ton épouse ne vit pas vraiment là ou tu penses qu'elle vit. Elle est un rosier déraciné. C'est de mon terreau dont elle a besoin. »

– « Ainsi, tu veux vraiment me la prendre ? »

– « Oh non, Zébédée... je ne te demande rien pour moi. Je te montre seulement son chemin et le tien... Pries-tu, chaque jour ? »

– « Oui... »

– « Mais tu pries pour toi, n'est-ce pas, pour que ta pêche soit bonne... Moi aussi, je pêche, vois-tu... et si tu es là c'est parce que je voudrais t'enseigner ma façon de pêcher. Cette façon-là, crois-moi, n'a pas besoin d'être soutenue par des prières. Pourquoi ? Parce qu'elle est elle-même prière. Je te regarde et c'est une prière, je te parle et c'en est une autre... Je vous vois tous deux et j'aperçois l'appel à la même prière en vous... Pourquoi y résister ? »

– « Je ne peux pas passer ma vie à prier, Rabbi. Il me faut bien vivre et nourrir mon épouse... »

– « Alors, je te le demande : Votre vie à tous deux est-elle la vie ? Si ta vie à toi était prière, tu la vivrais, elle ne serait pas un inexorable voyage vers la vieillesse. Regarde Shlomit... elle, elle ne veut pas vieillir. »

Sans réfléchir, je me suis tournée vers Zébédée. Il était déconcenancé. Manifestement, le véritable sens des paroles de Jeshua lui échappait.

Quant à moi, je me serais enfuie si cela avait été possible.

– « Allons, Zébédée... je ne te parle pas de ces petits plis qui ont fini par s'imprimer à l'angle de ses yeux, je ne te parle pas non plus de la nourriture que vous partagez. Je cherche à vous dire *l'autre vie* qui est inscrite en vous. Toi, tu ne la vois pas assez tandis qu'elle, elle ne fait que la lire... mais une ligne sur deux.

Tu voulais me connaître ? Eh bien maintenant tu me connais et tu sauras ainsi que j'ai l'amour... tenace. Je ne te l'impose pas car le don de liberté est le premier que le Très-Haut a offert à chaque homme et à chaque femme. Cependant, cet amour que je te propose, ce lien avec ta vraie vie, tu le réclames déjà à ton propre insu. Regarde-le à l'œuvre en ton cœur...

Maintenant, je te le demande, acceptes-tu de me laisser seul avec ton épouse ? »

Zébédée est resté dans le silence. Du coin de l'œil, je l'ai vu se lever et je l'ai senti sortir de la petite cour à reculons. Il faisait chaud mais j'étais glacée...

Sans attendre, le Maître a d'abord pris l'un de mes pieds dans sa main. Je n'ai pas compris pourquoi il faisait cela car c'était un geste indigne d'un rabbi. Aujourd'hui seulement, je me dis qu'Il devait le lire, en déchiffrer toutes les énigmes.

– « Oui... a-t-Il fait enfin, pourquoi portes-tu ce nom ? C'est ton âme qui l'a choisi et non tes parents, le sais-tu ? Shlomit, cela veut dire "la pacifique"... Alors peux-tu me dire pour quelle raison tu es en guerre ? »

– « Je ne suis pas en guerre, Rabbi, ai-je répondu en sentant une terrible rougeur me monter au visage. Je ne suis pas en guerre... »

– « Mais oui, tu l'es... Tu l'es contre ton état, contre ton passé... et tu en condamnes ton présent. »

Comment réagir face à une telle affirmation qui n'était que trop vraie ? J'ai baissé la tête et mes yeux se sont une nouvelle fois fixés sur sa main qui enveloppait toujours la plante de mon pied.

– « C'est le passé qui te fait mal ? Ne me dis pas qu'il y a encore les restes d'une esclave en toi... Regarde-le en face, ce passé ! Quel qu'il soit, c'est la seule façon de t'en affranchir. Oui, je sais... tu vas me répondre que tu ne le regardes que trop et que c'est justement pour cela qu'il te fait souffrir.

Mais moi, vois-tu, je te dis non... Tu ne le regardes pas. Tu te fixes sur sa plaie et tu la grattes ; tu la grattes si bien qu'elle s'infecte et ne peut jamais cicatriser. Alors, elle te fait davantage mal et tu y plantes ton regard de souffrance, celui qui l'infecte toujours plus.

Je te l'affirme, ma petite sœur, ce n'est pas cela regarder. Ce que tu fais s'appelle pétrifier. Si tu pétrifies le passé en toi, tu te pétrifies en lui et tu n'avances pas. Tu crois marcher cependant que tu t'enlises.

Alors voilà... À compter de cet instant, tu vas *décider* le bonheur. Tu vas en replanter le rosier dans ton âme. C'est la première étape à accomplir avant qu'il ne parvienne à plonger ses racines dans ta chair. Mon Père va t'offrir son terrain... parce que tu n'as cessé de L'appeler et que je t'ai entendue.

Le bonheur te fait presque peur, n'est-ce pas ? Comme un inconnu que tu croiserais pour la première fois... Aller au devant d'un inconnu, c'est bien le geste que tu as pourtant osé en t'aventurant à ma rencontre parmi les roseaux.

Qu'est-ce que le bonheur ?

Le bonheur, sache-le, n'est pas la résultante d'un certain nombre d'événements ou de circonstances mais la conséquence naturelle et spontanée d'un état de l'être. Il est une décision à prendre, celle d'un coup d'aile supplémentaire à donner pour monter plus haut que les nuages.

Tu me diras que seuls les aigles peuvent voler plus haut que les nuages et que tu n'es qu'un petit oiseau des bords du lac... »

– « Oui, Rabbi, c'est ce que je venais de penser... »

— « Eh bien, Shlomit, retiens ceci : Tout être humain peut et doit devenir aigle s'il veut rejoindre son Père, c'est-à-dire s'il veut se rejoindre lui-même en Son Royaume.

— « Comment parvenir à m'élever, Rabbi, alors que la terre m'alourdit tant et que je m'ennuie d'une autre vie ? »

— « Écoute-moi bien... Tu crois avoir les deux pieds rivés à la glaise et à la vase des rives du lac mais, en vérité, si trop peu de toi est planté en ce monde c'est parce que trop de toi s'y refuse. Ce n'est pas d'une autre vie dont tu t'ennuies, c'est du chemin qui unit ce monde à celui de l'Éternel. »

— « L'ai-je connu ce chemin ? Est-il long à parcourir ? »

— « Il est inscrit au fond de chacun... même en une pierre qui sommeille dans l'obscurité silencieuse des eaux. Celui qui parvient à se regarder vraiment devient maître de la longueur de ce chemin. Il parvient à le réduire jusqu'à le confondre avec l'instant présent. Ainsi, voilà ce que je suis venu t'apprendre : le juste regard.

L'être humain est un arbre, Shlomit. Chacun veut considérer son feuillage et surtout, surtout, en ignorer les racines mais, en vérité, le regard juste, celui qui unit, c'est celui qui s'attache au tronc. En lui naît l'idée des fruits... C'est en lui que se développe la Force, la Réconciliation. Il est le cœur de l'arbre. Ce que je suis ?... Un tronc ! Un réconciliateur venu enseigner le juste regard... »

— « Mais qu'est-ce que se regarder vraiment, Rabbi ? »

— « Demande-moi plutôt ce qui n'est pas vraiment se regarder... Ce qui n'est pas se regarder, c'est vivre comme on le fait en ce monde. C'est y dormir en marchant, en y dévorant, en y bavardant, en y gesticulant à tout instant ; c'est être séparé de soi en croyant être le centre de tout. En quelques mots, c'est tracer des frontières à chacune de nos respirations.

Retiens bien ce que je vais te montrer maintenant...

Jeshua s'est tu quelques instants et je L'ai vu chercher quelque chose sur le sol. Finalement, Il a trouvé un petit caillou qui a semblé Lui convenir. Après l'avoir saisi, Il a commencé à tracer un signe à l'aide de sa pointe sur l'étroit espace de terre sablonneuse qui séparait nos nattes respectives. Ce signe était un carré.

– « Tu vois ce que je viens de dessiner, Shlomit ? Cela représente notre monde en cet instant avec sa pesanteur, bien sûr, mais aussi sa stabilité, son équilibre. C'est la Matière mais en même temps ta maison avec ses quatre murs et également ton corps puisqu'il est la demeure de ton âme. Évidemment, tu peux faire de ce carré une prison ; cela dépend de quelle façon tu le considères, c'est-à-dire de la couleur que tu places en arrière de ton œil. »

Après une très courte pause comme pour s'assurer que je Le suivais bien, le Maître a alors dessiné une seconde figure sur le sol, un triangle parfaitement régulier.

– « Ce signe aussi représente l'équilibre. Cette fois pourtant, il ne s'agit pas de celui de la Terre mais de celui de l'Esprit. Il traduit d'abord la Force qui conçoit, puis celle qui manifeste et enfin celle qui sublime. Mais ce n'est pas tout... Le triangle parle également de l'homme et de la femme puis de l'amour qu'ils font naître entre eux et qui les magnifie de multiples façons. Il parle du mâle et de la femelle en chacun de nous, du soleil et de la lune qui les habite et du nécessaire mariage auquel ils sont promis.

Maintenant, sois plus attentive encore...

Lorsqu'on vit dans le carré de notre monde – que l'on s'y sente heureux ou malheureux – quelque chose en chacun de nous perçoit malgré tout celui-ci comme un enclos. Chacun de ses côtés nous renvoie vers les autres. Tout en lui parle d'opposition. Est-il alors néfaste ?

Beaucoup le croient et voient ainsi dans sa forme les quatre barreaux d'une prison qui les oblige à l'horizontalité. Mais, je te le demande, Shlomit... Qu'est-ce que des barreaux à l'horizontale si ce ne sont pas les degrés d'une échelle ?

Peu, parmi les hommes et les femmes, parviennent à poser un tel regard sur leur vie. Ils ne comprennent pas que, pour résoudre l'énigme du Quatre, c'est-à-dire de tout ce qui semble s'y opposer en une sorte de fatalité épuisante, il n'existe que la force du Trois.

Ainsi, le sage aux yeux de mon Père est celui qui parvient à faire absorber en lui la nature du Quatre par celle du Trois. Non pas par une lutte mais, au contraire, par un abandon des réflexes qu'induit l'adversité. Celui-là se place au centre du Carré et, au lieu de porter *ses* regards vers les frontières qu'il y voit, il projette *son* regard juste au-dessus de lui. C'est alors qu'il passe de l'univers du Carré à celui du Triangle et que son âme commence à se souvenir de son nom... Il n'y a plus seulement le monde et lui, il y a aussi l'espace céleste qui les englobe.

Est-ce tout, ma petite sœur ? Certainement pas ! Car, à force de maintenir son regard en altitude, le sage aux yeux de mon Père devient lui-même un point dans l'altitude. Sais-tu ce qu'il voit alors à partir de ce point qui ressemble en vérité à celui de son cœur ? Il voit que le triangle qui lui a permis de se dresser à la verticale se laisse lui-même peu à peu absorber par un autre signe... Celui-ci... »

Troublée par cette forme de discours que je n'avais jamais approchée, j'ai aussitôt cherché la main du Maître qui, déjà, traçait un autre symbole sur le sol. C'était celui d'une croix aux quatre bras égaux, un signe apparemment aussi anodin que les autres.

– « Oui, Shlomit... Cela te surprend, n'est-ce pas ? Apparemment, la Croix, c'est le Deux, c'est le Ciel et la Terre, ceux de l'Univers comme ceux de ton être. La Croix émerge pourtant de la lumière du Trois.

Son Deux apparent ne révèle pas une nouvelle opposition en célébrant la suprématie du Triangle sur le

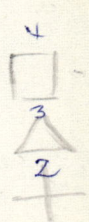

Carré. Il parle de leur mariage définitif en ce point ultime où la Rencontre se forme et où s'épanouit le cœur libéré de celui qui a reconnu mon Père.

Regarde-le maintenant, ce point... Essaie de te tenir en son centre... Laisse-le s'expanser avec une équanimité et un amour sans limites dans toutes les directions suggérées par ses rayons...

Que finit-il par créer ? Un Cercle ! Un seul fil qui réunit tout ! Ainsi donc, voici le chemin que tout être doit reconnaître puis emprunter en lui pour retourner à l'Un.

La souffrance du Carré s'apaise par l'appel à la Présence du Triangle, le Triangle enfante ensuite de la Réconciliation par la vision du centre de la Croix... jusqu'à ce que ce centre, par son cœur palpitant, dessine dans l'Infini le Cercle parfait de l'Unité... »

– « Rabbi, ai-je balbutié très timidement en parvenant moins que jamais à capter son regard, je ne suis pas certaine d'être à la hauteur de ce que tu m'enseignes. Je ne suis qu'une femme de pêcheur qui passe beaucoup de temps à filer la laine...

Si j'ai un peu compris malgré tout le sens de ce que tu as dessiné, ce que tu devines en moi dit nécessairement que je suis emprisonnée dans le Carré des souffrances... Et c'est vrai car mon corps et cette vie me sont une prison.

Pourtant... pourtant il y a longtemps, longtemps que la Présence du Triangle ne cesse d'emplir toute mon âme. Je ne vis que dans l'espoir d'être appelée à rejoindre l'Éternel. Alors, pourquoi ? Pourquoi mon regard ne peut-il pas monter et effacer les murs et les barreaux de tout ce qui me fait si mal ? »

Sous ma chevelure qui s'était échappée de mon voile, j'ai cru apercevoir un sourire qui s'esquissait sur les lèvres de Jeshua. Il était tendre, m'a-t-il semblé, tendre comme un éclat de lumière venant adoucir sa barbe sombre et bien taillée.

— « Et la Réconciliation, Shlomit, l'as-tu demandée ? »

— « J'ai demandé l'Oubli, Rabbi. Je prie le Sans-Nom pour l'avoir... »

— « Sais-tu qu'on n'oublie jamais ? L'oubli n'est pas le but de la vie. Ce qu'on croit parfois avoir oublié n'est jamais qu'engourdi au fond de nous. Les souvenirs demeurent et ne se gomment pas. Ils forment une couronne qui ceint le front de chacun de nous et en font la beauté. Ceux d'entre eux qui ont dans un premier temps le goût du poison ont cependant pour destin de se transformer en joyaux dès lors qu'ils sont lavés par la Mémoire. »

Ne pas oublier ! Ne pas pouvoir même envisager l'oubli... Cela me semblait trop terrible, mes amies. Cela sonnait à la façon d'un verdict. La Mémoire qui apaise et qui transmue les souvenirs... Il me semblait pourtant que je la méritais !

— « Tu incarnes la nostalgie, pas la Mémoire, je te l'ai déjà dit, intervint soudainement le Maître qui, de toute évidence, avait pénétré mes pensées. Cesse de tourner en rond ! On jurerait un âne qui creuse un sillon à force de faire tourner la meule à laquelle il est attaché. Personne pourtant ne t'a posé un bât. Si tu veux sortir de l'ornière de ton mal de vivre, Shlomit, tu vas me suivre... Tu as déjà des ailes... Laisse-moi te faire pousser des pieds sinon sur quoi pourras-tu jamais te poser ? »

J'ai été prise d'une sorte de panique. Ainsi donc, le rabbi voulait vraiment m'enlever à Zébédée ? Il n'en avait pas le droit !

J'ai senti tout mon être se cabrer et j'ai pensé m'enfuir. Cela m'a fait relever les yeux... Juste assez pour qu'Il y plonge les siens !

Je vous avoue que j'aurais aimé pouvoir me cacher derrière un rideau de larmes afin de tout contourner et de me réfugier dans le petit trou de mon âme où j'avais l'habitude d'aller me mettre en boule mais... impossible ! Les larmes ne venaient pas et le regard du Maître ne me lâchait pas.

Il n'était pas sévère pourtant, ce regard, il se montrait au contraire tout Amour... C'était justement cela le "problème" ! Jeshua n'avait-Il pas dit Lui-même qu'Il avait l'Amour tenace ?

– « Tu sais Shlomit... On peut se contenter longtemps de ne vivre que dans le Carré ou encore en se maintenant dans le Triangle mais cela devient douloureux, vois-tu, quand on est pris au cœur d'un peu de chacun de ces états sans pouvoir s'arrêter dans aucun d'eux.

Ta souffrance vient de là... Ton être accueille depuis longtemps des percées de Lumière qui l'attirent vers le haut. Tu connais le monde du Triangle, tout t'y appelle mais ce qui t'empêche d'y pénétrer pleinement c'est que tu veux fuir celui du Carré. Tant que l'âme se raidit face à la Matière, elle ne peut s'en dégager ; elle y demeure enchaînée. C'est alors qu'elle attire à elle des épreuves qui vont l'obliger à se dépasser plus encore. Le Monde du Trois, n'est pas un refuge mais un espace conquis sur soi-même et en soi-même. Les deux clefs en sont le Pardon et la Compassion.

Comprends-tu mieux ce qui te rive encore en ce monde et pourquoi ? Aller de bas en haut et de haut en bas aussi simplement que tu inspires et que tu expires, voilà ce que je suis venu t'apprendre. »

J'ignore si ce sont ces derniers mots qui ont eu un impact sur moi mais le désarroi qui m'avait gagnée est soudainement tombé. Je me suis mise à contempler les quatre figures géométriques que le Maître avait tracées sur le sol et tout s'est éclairé...

Derrière la femme soumise et victime de ce monde, il y avait en moi une révoltée qui avait creusé un fossé autour d'elle pour se protéger. Seul le Pardon, effectivement, pouvait combler un tel fossé et briser la solitude qui en était née.

J'ai l'impression d'être restée longtemps ainsi à observer les quatre petits dessins alignés dans la poussière du sol. Je me souviens m'être dit qu'ils racontaient le chemin qui mène de l'écartèlement à l'Unité, des fractures de nos existences aux retrouvailles guérissantes avec la Vie.

C'est la main du Maître qui m'a fait sortir de cet état. Elle s'est doucement posée sur la mienne qui se dissimulait dans un repli de ma robe. Elle l'a saisie puis l'a ouverte afin d'en exposer la paume au grand jour.

– « Montre-moi cette main, Shlomit... Elle me dit qu'elle pourrait servir à bien plus qu'à filer la laine des moutons. Tu crois sans doute que je tente d'en lire les lignes... Ce n'est pas nécessaire. C'est leur lumière qui m'intéresse. Oui, je dis bien qui m'intéresse... car c'est par elle que tu peux te réconcilier avec cette Terre. Je t'apprendrai à t'en servir. »

Sur ces mots, Jeshua m'a invitée à me relever. Comme Il m'accompagnait dans mon mouvement, je me suis imaginé qu'il fallait que je quitte les lieux, cependant ce n'était pas cela... Il m'a prié de faire trois pas avec Lui.

Au creux d'une toute petite alcôve pratiquée dans l'un des murs du jardin, il y avait un modeste pot de céramique verte. Il l'a pris entre ses mains, en a retiré le couvercle puis y a plongé un doigt qu'Il a ressorti couvert d'une huile fortement odorante.

J'en ai aussitôt reconnu le parfum, je l'avais approché autrefois... chez l'oncle... C'était de la myrrhe.

Le Maître en a déposé un peu sur ma gorge en y inscrivant un signe. Ensuite Il m'a dit :

– « Ça, c'est pour la Réconciliation. Le début de ton chemin avec moi... »

Enfin, mes amies, Il m'a demandé de répéter après Lui une prière, une vieille prière qu'on Lui avait, paraît-il, enseignée lorsqu'Il était encore enfant. Si je m'en souviens toujours aujourd'hui, c'est parce qu'Il me l'a maintes fois fait répéter et qu'elle ne m'a jamais quittée depuis ce jour. Il l'appelait... *la prière de guérison*. Peut-être la connaissez-vous mais j'ai du bonheur à vous la dire en cette nuit tellement... libératrice car je ne me la suis jamais récitée que dans le silence de mon cœur.

« *Seigneur, redresse-moi et chasse de moi l'ivraie par tous les vents de la vie.*

Extraie de moi la meilleure semence et aide-moi à la planter, même dans le sol rocailleux.

Seigneur, redresse-moi et donne-moi la force de sourire à la pluie tout autant qu'au soleil.

Conduis-moi là où les sillons de la terre me fortifieront et là où mes pas pourront dire Ta Présence en moi.

Seigneur, redresse-moi et apprends-moi le sourire qui sait parler à ceux qui portent l'orage en eux tout comme à ceux qui pleurent.

Pénètre au creux de mes mains afin qu'en Ton Nom soient guéries les plaies de ceux qui souffrent.

Seigneur, redresse-moi et fais de moi l'oreille qui reçoit Ta Volonté, le Regard qui offre Ton Amour et l'écho qui répercute Ta Parole. »

Le temps s'arrête en moi... Je ne suis pas parvenue à contenir un léger sanglot en prononçant ces derniers mots.

Myriam est touchée, elle aussi. Je la vois se lever silencieusement et se diriger vers le sable mouillé de la rive, là où les vagues viennent s'éteindre dans la nuit.

Il fait frais et Jacobée en profite pour attiser notre feu plus que de coutume. Il crépite et des flammèches s'en échappent haut vers l'encre du ciel.

Saurai-je tenir... saurons-nous tenir ainsi jusqu'à l'aube ? Les émotions, même les plus belles, grignotent nos forces parfois.

Mais voilà la silhouette de Myriam qui émerge de l'obscurité et qui revient vers nous. Myriam claque vigoureusement des mains et ses yeux pétillent face aux flammes.

– « <u>Seigneur, s'écrie-t-elle en nous ouvrant les bras, redresse-nous et fais-nous don de Ta Joie !</u> »

"Seigneur, redresse nous et fais nous don de ta joie."

Chapitre VI

Le commencement du monde

« Allons Salomé, tu ne vas pas rester ainsi sans nous confier la suite de ce que tu as vécu auprès de Jeshua... »

Jacobée me secoue par le bras en me lançant vigoureusement ces mots. Elle n'a pas tort de me brusquer un peu. Cela fait un bon moment que je ne parviens plus à poursuivre mon récit. Non pas que je ne sache où le reprendre mais à cause de l'habitude du silence que j'ai toujours eu facilité à cultiver.

Mon histoire, en fait, je continue à me la raconter en moi-même. Je me fais croire qu'elle ne peut intéresser qui que ce soit. En réalité pourtant, je sais bien que je me mens. Mon histoire, c'est mon intimité... c'est cela la vraie raison. Elle est tout ce que j'ai.

Jacobée continue à me secouer le bras et son « Allons Salomé » qui résonne dans la nuit est repris en chœur par Myriam.

Oui... mon histoire est tout ce que j'ai. C'est peut-être pour cela d'ailleurs qu'il est si important que je l'extraie de là où elle a tendance à se blottir... Il ne faut jamais quitter ce monde sans avoir complètement offert ce qui brille tout au fond de notre coeur... C'est le Maître qui me l'a enseigné mais j'oublie trop souvent ce que cela signifie.

Je me redresse donc et je regarde au cœur des flammes comme pour y trouver le coup de fouet dont j'ai besoin. Parler... ce sera toujours un effort pour moi. Enfin voilà... Je me jette dans le feu de la seule mémoire qui me fasse réellement vivre.

– « Durant la semaine qui a suivi notre entretien avec le Maître, Zébédée et moi n'avons cessé de nous regarder. Je ne veux pas dire de nous observer dans nos menus travaux quotidiens. Je parle de nous regarder vraiment, dans les yeux ; c'est-à-dire de nous voir. C'était la première fois que cela nous arrivait. Notre mariage avait été de convenance et nous nous aimions bien... Lui aurait espéré davantage mais, ainsi que je vous l'ai dit, nous existions simplement côte à côte.

Vous savez, ces regards qui se sont installés spontanément entre nous ont sans doute été la seule marque d'amour jamais partagée jusque là. Elle a pris la forme d'une tendresse que nous ne nous étions jamais autorisée parce que, en réalité, nous n'avions jamais eu l'occasion d'être complices...

Là, il y avait Jeshua entre nous pour nous relier. Pas nécessairement les instants vécus face à Lui et qui ressemblaient à une parenthèse déconcertante dans notre vie, mais plutôt sa Présence qui nous suivait à la manière d'un parfum. Elle nous rapprochait.

Un soir, je me souviens... Zébédée m'a pris la main. C'était une chose qu'il ne faisait jamais. Nous étions assis sur le muret qui entourait la terrasse servant de toit à notre maison. Il faisait doux et nous admirions le léger ondoiement des eaux du lac au soleil du couchant. Cela nous arrivait parfois en attendant la prière. Lui, il racontait alors sa journée et s'étendait sur les petites histoires qui couraient entre pêcheurs ; moi... cela dépendait mais je ne disais jamais mot de ce trop plein de mon cœur qui n'aboutissait finalement qu'à un trop grand vide.

Zébédée a donc pris ma main dans la sienne et m'a dit :

– « Shlomit... que crois-tu que nous faisons de notre vie ? Regarde... mon corps est brûlé par le soleil, mes yeux commencent à se fatiguer et mes mains sont aussi rugueuses que les cordages de ma barque. Oui... Que faisons-nous de notre vie ? Nous travaillons sans cesse, nous mangeons ce qu'il y a, puis nous nous endormons pour mieux travailler encore. Toi, je te vois filer la laine, préparer la nourriture, réparer tout ce qu'il y a à réparer et, pendant ce temps, je cherche le sourire sur tes lèvres... Je devrais dire... sur *nos* lèvres.

Je nous vois mourir chaque jour un peu plus... alors que j'ai des appétits de soleil et que toi, sous ton voile trop souvent tiré sur ton visage, je te devine pleine d'incandescence. Ne me dis pas non, Shlomit... Tes yeux en ont fait l'aveu tous ces jours passés.

Il te voulait le rabbi... Enfin, il voulait que tu le suives. Était-ce, est-ce *ton* souhait, à toi aussi ? Te sentirais-tu davantage dans ta vie à marcher derrière lui ainsi que quelques uns le font déjà ? Dis-moi...

Quant à moi, je te l'assure... Si je le pouvais, je le suivrais. Je suis fatigué de me réveiller chaque matin avec la même journée devant moi. À la synagogue, on ne m'a jamais rien appris de mon âme. J'avais même fini par me dire qu'elle n'était peut-être qu'une histoire pour nous "interdire de" ou nous "obliger à"...

Cela, c'était... jusqu'au rabbi. Je ne sais pas ce qu'il a fait en moi mais... si c'est lui qui peut t'apprendre à respirer et te faire sortir d'ici... suis-le, je ne te dirai rien. »

– « Tu ne viendrais pas, toi ? »

– « Et qui pêchera ? Qui aura quelques pièces à te donner pour manger et te vêtir ? Si c'est cela le bonheur que je peux t'offrir, prends-le avant que je n'aie plus la force de t'ouvrir la porte. Et puis... ce sera moins souffrant que de te voir balayer un sol sur lequel il n'y a rien à balayer. »

Le lendemain de ces mots, j'ai quitté notre maison sans même savoir où était le rabbi Jeshua. Je n'avais rien à argumenter... C'était plus puissant que tout. Je me sentais comme un petit oiseau dont la cage s'ouvre soudain, qui ne sait même pas s'il arrivera à voler mais que tout pousse à se jeter dans le vide.

J'ignore si Zébédée avait un instant imaginé que j'oserais... Il ne s'est pourtant pas dédit. J'ai parfois pensé qu'il était soulagé de ne plus avoir à affronter les soupirs que je contenais... En réalité, j'ai surtout accepté l'idée qu'il me voulait heureuse... si jamais c'était possible en ce monde.

Munie de quelques pièces et de la modeste besace que j'avais moi-même tissée, je suis partie de Bethsaïda au hasard du chemin côtier qui courait vers Caphernaüm.

C'était dans ces environs, disait-on, que le rabbi Jeshua séjournait le plus. J'ignorais bien sûr s'il m'accepterait vraiment dans son entourage et comment je pourrais vivre... Les mêmes interrogations qui ont été les tiennes, Jacobée !

C'est dans ces heures où j'ai dû me mêler aux marchands et aux petits groupes qui empruntaient la route du bord du lac que j'ai réellement pris conscience de l'incandescence – pour reprendre le terme de Zébédée – qu'il y avait en moi. Certes, j'avais peur à la façon d'un petit oiseau mais, en même temps, je me grisais d'une sensation jusque là inconnue, celle de l'absolue liberté

Pour la toute première fois de ma vie, j'étais libre du moindre de mes mouvements, libre de là où j'allais, libre du moment où j'y arriverais ou n'y arriverais pas !

À plusieurs reprises, j'ai osé lever mon voile afin de demander si on avait entendu parler d'un rabbi appelé Jeshua et si on avait une idée de là où il était. Nul n'était certain de qui il était ni de là où il vivait mais tous le connaissaient de renom.

– « Tu vas le rejoindre ? m'a demandé abruptement une vieille femme qui s'était mise à marcher à mes côtés durant un mille. Méfie-toi... On dit tout un tas de choses sur lui. Il paraît qu'il pratique une étrange magie et puis..., surtout, qu'il s'entoure de tout un tas de femmes. As-tu déjà vu un rabbi passer des journées avec des femmes, toi ? Enfin... Tu le trouveras certainement dans une de ces petites maisons de terre qu'on voit à la sortie du village, en allant vers Migdel. On raconte qu'il y dort souvent. »

Je suis arrivée là à la tombée du jour et j'ai aperçu les petites maisons... C'était plutôt des cabanes comme en font les pêcheurs pour y entasser leurs filets et se reposer.

Un petit vent chaud soufflait et l'air sentait bon. En m'approchant un peu des cabanes, j'ai vu que quelques feux avaient été allumés entre elles et la rive. Des silhouettes humaines s'étaient regroupées autour de leurs flammes, un peu comme nous le faisons cette nuit. Il y avait des voix d'hommes, certaines trop fortes pour m'inspirer confiance.

Alors, mes amies, l'angoisse m'a prise et je me suis éloignée. Où aller ? J'avais remarqué une oliveraie non loin de là. Je m'y suis réfugiée en espérant que personne ne m'avait aperçue. Faute d'herbes hautes, il y aurait bien un tronc accueillant quelque part. Que faire d'autre ?

C'était la première nuit de ma vie que j'allais passer ainsi... Seule et dans la nature ! Pendant un bon moment, j'ai cru que j'étais devenue folle pour avoir fait un tel saut dans l'inconnu. Cela n'avait pas de sens ! Était-il possible que Zébédée ait réellement souhaité se débarrasser de moi en me proposant de partir de cette façon ? Vous l'imaginez, je me suis promis de ne pas fermer l'œil de la nuit. Il me fallait tenir jusqu'à l'aube et après j'aviserais...

Dans le lointain, les voix des hommes ont fini par s'éteindre et la nuit noire m'a aidée à me fondre dans le sol à l'abri d'un tronc. Je ne sais si j'étais transie ou si j'avais trop chaud sous le manteau que j'avais sorti de ma besace. Je me souviens seulement que ma tête m'a donné l'impression de s'engourdir peu à peu.

Il m'est difficile de dire combien de temps j'ai passé dans cet état. Ce qui m'en a fait émerger, c'est un bruit ; quelque chose d'indéfinissable accompagné d'une sorte de frôlement au niveau de ma tête... comme si quelqu'un m'avait très très doucement caressé les cheveux. J'ai sursauté en pensant à un animal et je me suis redressée. Étrangement, la peur n'était plus en moi. J'ai même éprouvé le besoin de me lever pour faire le tour de mon arbre.

C'est alors que j'ai remarqué une étonnante lueur qui semblait monter de derrière un olivier se trouvant à quelques pas du mien.

Sans réfléchir, je me suis avancée afin de le contourner et de découvrir ce qui pouvait bien dégager une aussi douce lumière.

Il y avait là un homme. Celui-ci était appuyé contre le tronc de l'arbre. Je n'ai toujours pas eu peur... Son être entier avait la clarté de la lune. J'étais certaine qu'il ne dormait pas mais qu'il priait.

Irrésistiblement attirée, je m'en suis approchée et là, je l'ai aussitôt reconnu. C'était le rabbi Jeshua, avec sa longue robe et sa barbe sombre si bien taillée...

Avant que je n'aie eu le temps d'avoir la moindre réaction, il a ouvert les yeux et m'a considérée sans manifester de surprise, comme s'il était normal que je sois là et lui aussi.

– « C'est bien, Shlomit, a-t-Il enfin fait en se levant. Cette fois, au moins, je n'ai pas été obligé d'envoyer quelqu'un pour aller te chercher. »

Puis en me prenant par le bras, Il a ajouté :

– « Veux-tu me suivre ? J'ai des choses à te montrer. »

Sans me lâcher, Il s'est retourné en direction de son olivier et a tendu son autre bras vers lui comme pour en attraper l'écorce noueuse. Alors, dans un geste très mesuré, Il en a effectivement saisi un pli entre ses doigts et l'a écarté vers la droite puis vers la gauche à la façon d'un rideau que l'on cherche à ouvrir. Et, croyez-moi, Myriam, Jacobée, l'arbre s'est ouvert, tout grand ! Il est devenu une tenture dont les jointures s'écartaient pour créer une sorte de... portail menant je ne savais où.

Je ne peux même pas dire que je sois restée médusée. Je n'étais plus moi-même car tout mon corps avait soudainement pris aussi la couleur de la lune, exactement comme celui du Maître.

– « Alors, tu me suis ? »

Je L'ai suivi... et nous nous sommes enfoncés dans l'arbre qui n'en était plus un.

Il m'est impossible de dire dans quel espace nous nous sommes aussitôt retrouvés, le Maître et moi. L'écorce m'a paru se refermer derrière nous et l'obscurité la plus dense nous a enveloppés. Même nos corps avaient perdu leur radiance laiteuse.

Je me suis instantanément sentie dans une sorte de néant, ne sachant même pas si la plante de mes pieds reposait encore sur quelque chose ou si j'étais suspendue au milieu de rien. Il n'y eut que la voix de Jeshua pour me persuader que j'existais encore.

– « Assieds-toi », fit-elle comme si notre état n'avait pas de quoi créer une surprise.

Je me suis donc assise... Sur quoi ? Je n'en ai aucune idée.

– « Nous allons parler, Shlomit... mais il faut que tu m'écoutes vraiment et que tu me répondes en vérité. »

Le rabbi me donnait l'impression de s'être assis exactement face à moi... Pourtant, sa voix semblait venir de partout autour de moi et peut-être même du centre de ma tête.

— « Pas approximativement, reprit-elle... Vraiment ! Alors, que ton âme réponde sans faute à la mienne... Si tu m'as appelé, si tu m'as entendu, si tu m'as cherché, c'est que tu souffres, Shlomit. Peux-tu me dire comment se nomme ta maladie, au juste ? »

— « Je ne le sais pas, Rabbi... »

— « Pourquoi ne le sais-tu pas ? »

— « Je l'ignore aussi... »

— « Alors tu ignores pourquoi tu ne sais pas ? »

— « Peut-être parce que... je sais que cela me ferait mal de le savoir. »

— « Et pour quelle raison déclares-tu que cela te ferait mal ? On te l'a dit ? »

— « Je le sens... »

— « Et tu ne veux pas avoir mal, bien sûr... Tu préfères continuer à souffrir comme maintenant. Pourquoi donc ? »

— « Peut-être parce que cette souffrance-là, je la connais. »

— « Tu es habituée à elle, c'est cela ? Elle tourne en toi et tu tournes en elle, n'est-ce pas ? »

— « Oui... »

— « Et ne veux-tu pas la briser, cette ronde ? »

— « Bien sûr... je le souhaite de tout mon cœur, Rabbi... mais je ne sais pas comment faire. »

— « Peux-tu me dire pourquoi tu ne sais pas comment faire ? »

— « Sans doute parce que j'ai peur... de ce qu'il y a en dehors de son cercle et dont j'ignore tout. »

— « Tu as donc peur d'un état que tu ignores... Si on te propose un fruit auquel tu n'as jamais goûté, le repousseras-tu ? »

— « Je ne le sais pas... »

— « Et pourquoi ne le sais-tu pas ? »

— « Parce que je ne me suis jamais trouvée dans une telle circonstance. »

– « Le crois-tu ? Que fais-tu donc ici, alors ? N'as-tu pas quitté ta demeure, ce matin ? Peux-tu me parler du goût, tout nouveau, de ce départ ? »

Je me souviens avoir pris le temps de chercher les mots qui demandaient à sortir de moi.

– « Je... respire, Rabbi, et étrangement je n'ai pas du tout peur. »

– « Ce n'est pas étrange, ma petite sœur ; tu n'as pas peur parce que tu commences à connaître. Jusqu'à ce matin tu savais la route, elle était dans ta tête ; cependant maintenant, tu la connais ! Tu l'as invitée dans tes jambes. Tu l'as osée. Tu as osé le chemin qui te rapproche de toi... »

– « De toi, plutôt, Rabbi. »

– « Y vois-tu une différence ? Le chemin de l'audace, c'est celui qui va user la plante de tes pieds. Tu vas le connaître et le reconnaître dans tout ton corps. »

– « Pas dans mon âme ? »

– « Un chemin, c'est d'abord fait de terre et de chair. »

– « Je pense que je me suis déjà usée sur ce chemin-là. »

– « C'est là que tu te trompes ! Tu ne l'as pas emprunté... Tu n'as fait que l'éviter et c'est cela le problème. »

J'ai voulu protester.

– « Tu ne connais pas mon histoire, Rabbi ! »

– « Le crois-tu vraiment ? Je la lis en toi à chaque instant. Elle est écrite partout autour de toi, également. Je vois une petite échoppe... et un homme qui te fait fuir tous les hommes. N'est-ce pas exact ? »

Mon silence fut ma réponse.

– « Bien sûr, Shlomit... T'es-tu demandé pourquoi semblable épreuve s'était présentée à toi ? Nous n'irons pas chercher cela ensemble. Le pourquoi appartient à l'histoire de ton âme et je n'ajouterai pas à ton mal en y creusant trop profondément.

Tu sais comment les choses sont... Quand on laboure une terre, on la fouille afin de la débarrasser de ses pierres et de ses cailloux dans l'espoir de la rendre plus facile à travailler et plus fertile. Cependant, si on y enfonce trop le soc de la charrue, c'est la roche qu'on trouve. On s'y heurte, on voit bien qu'elle est trop dure pour accueillir la graine.

Pour l'être humain, c'est la même chose. Sa mémoire est une sorte de terre qui peut témoigner de la germination de mille vies ; elle a ses alluvions, ses pierres et ses cailloux, ses sables aussi.

Si on ne s'emploie qu'à la gratter, puis à la creuser encore et encore pour y déloger de force une sorte de noyau dur, on transforme notre trou en une sorte de plaie béante qui s'infecte. On ne la creusera profondément que si on a la certitude d'en faire jaillir une véritable lumière... comme une eau pure, au fond d'un puits.

Les vrais beaux puits sont rares et précieux, tu le sais... Ainsi ne creusera-t-on pas inconsidérément une mémoire de façon trop insistante si on ne veut pas l'infecter. S'il y a un temps pour se souvenir, c'est parce que l'oubli a sa fonction. <u>L'oubli des pourquoi n'est pas le fruit de l'inconscience mais celui de la divine Sagesse de mon Père. Cette divine Sagesse cherche simplement à nous enseigner la patience, la ténacité, le courage et, au-delà de tout cela, la confiance.</u>

Oui, Shlomit... la confiance en l'exactitude de tout ce que nous avons à traverser pour redevenir enfin nous-même. Je ne te parle pas d'un apprentissage à courber l'échine... Bien au contraire, je suis un redresseur d'échines. Je viens enseigner l'unique combat qui soit juste, non pas ceux qui épuisent et empoisonnent l'âme. Je viens enseigner la révolution mais certainement pas nourrir les cent rébellions de chacun.

Comme toutes les âmes qu'une plaie fait souffrir, la tienne ne guérira qu'en cessant de regarder là où elle a

LA CULTURE DU REGARD JUSTE

mal ; en toute vérité, je te l'assure, aucune guérison ne s'opère par le refus d'un monde, d'un temps, ni même par l'oubli d'une offense. La guérison s'obtient par le don. Le don fait sortir la victime du bourbier des rejets et des châtiments qui s'engendrent éternellement les uns les autres. Le don restitue l'être tel qu'en lui-même face à l'Éternel. Il est la Santé, il est la Paix.

Oui, je t'entends, Shlomit... Tu me réponds déjà que tu n'as cessé de donner, de servir, de supporter. C'est vrai, je le vois dans ton cœur de femme. Cependant, tu l'as trop souvent fait comme l'agneau victime de la cruauté de ce monde ; celui qui, dès la naissance, est persuadé qu'il doit être immolé parce que c'est son destin d'agneau face à la férocité de ce monde.

Je le vois, l'agneau en toi, Shlomit... Je vois aussi le bélier qui se cache derrière lui et ce n'est pas celui-là que je veux réveiller. Ni l'agneau ni le bélier ne peuvent parler de Paix.

Ce que je suis venu t'apprendre n'a pas encore de nom parmi les tiens... C'est... une altitude souriante. C'est la culture du regard juste.

Et puis oui... j'ai dit "parmi les tiens" en parlant des femmes et des hommes de ce monde car, quelle que soit ton histoire, ils sont tous de ta famille comme tu es de la mienne. N'en rejette pas un, même s'il advient que tout en eux appelle au rejet.

Celui qui enseigne connaît la force de la gifle. Il a appris à ne la donner que lorsque celle-ci est leçon. C'est par cela qu'il a apprivoisé l'altitude, là où il n'y a pas de blessure mais la compréhension de ce qui est exact.

Ainsi, je plante en toi la graine de l'Enseignement car c'est par l'idée du Don qui est en son germe que tu guériras.

Entre à l'École de ceux qui parlent du Très-Haut... alors, en dévoilant l'horizon de Guérison, tu refermeras tes propres plaies. »

Dans l'obscurité, la voix du Maître s'est arrêtée sur cette injonction. Elle m'a laissée soudainement seule.

Le vide était dans ma tête. J'étais incapable de penser et je sentais mon cœur tellement dilaté qu'il m'en faisait mal. Que devais-je faire ? Bouger ? Ne pas bouger ? Prier ? Rien, peut-être... Juste vivre l'instant présent car, en vérité, même si mon cœur menaçait d'exploser dans ma poitrine, j'étais bien ainsi, incroyablement bien.

Peu à peu, l'obscurité parut se faire moins dense autour de moi. Elle m'a donné l'impression de s'éclairer du dedans, à l'image, sans doute, de la transformation qui s'opérait en moi.

– « Rabbi ! ai-je soudain appelé, Rabbi ! »

Je voulais tellement Lui dire la force que je sentais monter dans tout mon être...

C'est alors que je me suis rendu compte que je n'étais plus dans les profondeurs de l'espace que le Maître m'avait ouvert mais allongée sur le sol et lovée au pied de mon arbre.

C'était l'aube et mon corps était douloureux. Je me suis lentement relevée puis j'ai regardé autour de moi. Avec ses très fines bandes de brume qui s'étiraient, la nature se montrait aussi engourdie que je l'étais.

J'ai souvenir d'avoir fait quelques pas au hasard entre les feuillages bas et tendres des oliviers. Que venait-il de m'arriver ? Je n'avais pas pu rêver un tel voyage, une telle rencontre ! Et puis... il y avait toujours cette force en moi qui persistait ! Elle ressemblait à de la joie.

Si je n'avais pas quitté le creux des racines de mon arbre, si pendant mon sommeil j'avais imaginé m'être enfoncée dans l'olivier de Jeshua, comment alors appeler le Souffle qui me transportait ainsi ?

Oui... cela devait être de la joie !

J'ai rajusté mes vêtements, mes cheveux, j'en ai secoué la poussière puis, sans davantage réfléchir, je me suis dirigée vers le chemin afin de rejoindre la rive au plus vite. J'y apercevrais les cabanes de la veille et peut-être, avec un peu de chance, le rabbi. Il devait être homme à se lever en même temps que le soleil...

Trébuchant parmi les herbes folles, la terre sablonneuse et les galets, j'ai fini par apercevoir un groupe de cinq ou six hommes qui marchaient dans l'eau jusqu'à mi-cuisses pour rejoindre une grosse barque. Des pêcheurs, bien évidemment. Peut-être pourraient-ils me dire...

Lorsque je suis enfin arrivée à peu de distance de là où ils se trouvaient, l'un d'eux s'est retourné vers moi. Il avait dû me deviner plus que m'entendre, à cause du ressac des vagues sur la berge.

Mon cœur a sursauté... C'était le rabbi Jeshua Lui-même. Il s'est immobilisé un instant, Il m'a souri puis m'a lancé d'une voix paisible :

– « Veux-tu embarquer avec nous, Shlomit ? »

Je ne pense pas qu'un seul son soit parvenu à sortir de ma poitrine mais je suis entrée dans l'eau sans la moindre hésitation.

Je me souviens encore de sa morsure dans la chair de mes jambes. Elle était si froide en cette heure matinale ! Cette sensation était nouvelle pour moi... En autant d'années passées auprès de Zébédée, pourquoi ne l'avais-je jamais éprouvée ? Pourquoi n'étais-je jamais entrée dans l'eau aussi profondément ? Zébédée ne m'en avait-il jamais donné l'opportunité ou avais-je toujours refusé celle-ci ? Je n'aurais su le dire...

Les uns après les autres, les hommes se hissèrent dans la barque puis ce fut au tour de Jeshua. Aussitôt à bord, Lui et l'un des pêcheurs dont le visage ne m'était pas inconnu me tendirent leurs mains afin de me faire enjamber le bastingage. Je me suis laissée faire...

Mes pensées étaient figées. Tout était suspendu dans ma tête comme si je découvrais soudainement une autre logique à ma vie, une autre façon d'être dont l'évidence avait toujours attendu...

Mais ce bonheur de l'instant devait être de courte durée, mes amies car, dès que j'eus posé le pied sur le plancher de la barque, une épouvantable honte m'a envahie. Comment vous dire ? Vous l'imaginez... l'eau avait plaqué le vieux tissu délavé de ma robe sur mes jambes, me donnant ainsi l'impression d'être nue ou presque jusqu'aux hanches. J'ai poussé un cri, je me suis accroupie au fond de la coque et les pêcheurs se sont mis à rire.

Un instant, j'ai cru que la vie allait se retirer de moi. J'étais transie jusqu'au dedans de mon âme...

C'est alors que j'ai entendu Jeshua prononcer à très haute voix un mot que je n'ai pas compris mais qui a aussitôt fait taire chacun.

Impossible pour mes yeux de se détacher du plancher de la barque ! Ils y étaient cloués. Je ne suis parvenue à les lever timidement que lorsque j'ai senti la main du Maître se poser sur l'une de mes épaules puis sur l'autre. Elle me recouvrait d'une ample pièce de tissu.

– « Tu sais, ma petite sœur... il y a une Intelligence qui voyage sans cesse dans le courant de la vie. Cette Intelligence-la, c'est celle de notre Père à tous, celle du Très-Haut. C'est une Intelligence qui vient toujours mettre en place exactement ce qu'il nous faut pour avancer. Elle n'est pas là pour autre chose. Si nous avons des peurs, elle s'arrange pour nous les jeter au visage jusqu'à ce que nous apprenions à être plus forts qu'elles.

Si nous avons des appétits incontrôlables, elle nous crée des opportunités afin que nous nous en rassasiions jusqu'à en découvrir l'absurde vanité. Elle est ainsi... Elle nous enseigne par la loi de la répétitivité. Comprends-tu ? Sache, Shlomit, que tant que ton corps sera ta honte, l'Intelligence de l'Éternel engendrera des circonstances pour t'obliger à son dépassement. »

Le Maître avait prononcé ces mots à mon oreille. Quand Il eut terminé, j'ai enfin trouvé le courage de redresser la tête.

Lui, Il avait fini par s'accroupir devant moi. Je ne l'avais jamais vu avec un visage aussi grave. Ses sourcils en étaient presque froncés comme s'Il venait de me confier la chose la plus importante au monde.

Sans avoir la sensation de vraiment la formuler moi-même, une question rebelle et alors venue se placer sur mes lèvres :

– « Mais, Rabbi... Une Intelligence qui agit ainsi n'est-elle pas méchanceté ? Tu me dis : « Là où cela te fait mal, l'Éternel va insister pour te faire plus mal encore. Où est la justice ? Où est l'amour ? »

– « Partout sauf derrière les apparences, Shlomit. Il te faut seulement comprendre que les yeux de mon Père ne voient pas comme ceux des hommes. Des instants tels que celui que tu viens de vivre se présenteront toujours sur ton chemin tant que tu les craindras.

« Dénonce tes peurs, te répète ta vie, nomme-les puis dépasse-les. Ainsi disparaîtront-elles ». Aimer... ce n'est pas seulement caresser, vois-tu. Aimer, c'est aussi savoir dire « Redresse-toi » quand il le faut.

Voilà pourquoi l'Absolue Intelligence organise tout devant toi. C'est Son rôle pour que, peu à peu, tu deviennes maître de tes peurs et maître de toi. Peu importe le temps nécessaire... l'Amour est un pont qui enjambe le Temps. Il n'est pas un seul homme de ce monde qui puisse connaître son tracé exact s'il ne s'élève au-dessus de lui-même. Veux-tu continuer à ramper ? »

Je vous le dis, je me suis sentie blessée par ces derniers mots. Ainsi donc, le Maître me voyait tel un insecte, voire un serpent qui se tortillait sur le sol ?

– « Je ne rampe pas, Rabbi ! » me suis-je écriée, à tel point que j'ai senti tous les visages se tourner vers moi.

Je me souviens que notre barque s'est mise à tanguer à ce moment-là. Nous nous étions éloignés de la rive et notre voile, à peine gonflée, se mettait à claquer au vent.

– « Je ne rampe pas ! » ai-je répété une deuxième fois.

J'ai vu les yeux du Maître s'éclairer différemment. Avec un large sourire, Il s'est relevé et m'a dit :

– « Bien... alors lève-toi, Shlomit ! »

Je me suis levée sans réfléchir car j'étais en colère. C'était une de ces vieilles colères qui viennent de très très loin en nous. Une de ces colères qu'on a étouffées toute une vie ou peut-être plus. Une pulsion libératrice.

Je me suis rendue compte que ma robe était toujours aussi collée à mes jambes. Aucun des pêcheurs ne regardait cependant dans ma direction. J'étais seule, seule avec Jeshua qui me souriait du coin des yeux et je me moquais de ce qu'Il pensait de moi et de ce dont j'avais l'air.

– « C'est bien... a-t-Il repris avec douceur. Là, tu commences à vivre. »

– « Comment cela ? »

– « Pour la première fois, Shlomit, tu viens de cesser de t'observer, tu as oublié la victime en toi. »

Je n'ai rien répondu. Il avait infiniment raison. Je me suis assise tranquillement dans le fond de la barque et mes genoux repliés ont accueilli ma tête.

C'était étrange... Cette vérité soudainement décochée par le Maître aurait dû exacerber ma révolte mais c'était le contraire qui se passait. On aurait dit qu'un abcès venait d'être percé en mon âme et que cela m'avait soulagée instantanément.

C'était souvent sa façon d'agir, vous le savez ; Il poussait une émotion à son paroxysme pour obliger une souffrance à se dénoncer puis, une fois le masque tombé, Il formulait paisiblement une vérité qui nous renvoyait à nous. C'est alors qu'Il nous enveloppait de sa tendresse... »

La voix de Jacobée se faufile dans la pénombre. Je me dis qu'elle vient à point car ma voix commençait à s'étrangler dans ma gorge.

– « Oui Salomé... c'est toujours cette façon de faire qui m'a poussée si souvent à bouger, moi aussi... Surtout cette ultime tendresse qui m'invitait à me réconcilier avec moi-même parce qu'elle résumait à elle seule toutes les réponses du monde. »

Je cherche Myriam au-dessus des braises de notre feu qui déjà se fatigue. Elle paraît perdue dans ses pensées... Voilà cependant qu'elle écarte les lacets de son vieux sac de toile pour y plonger la main et en saisir, comme à l'accoutumée, une poignée de ces herbes qu'elle affectionne tant et qui embaument l'air pour mieux nous ouvrir l'âme.

– « Tu ne dis rien, Myriam... »

– « C'est la tendresse... Je me demandais simplement pourquoi nous tous, nous toutes, nous demeurons incapables d'en offrir une semblable. »

– « Toi qui l'as tant accueillie en toi, tu dois pouvoir nous enseigner à son propos... »

– « Je peux juste vous en dire ce qui me vient en cet instant. Comment pourrait-on enseigner quoi que ce soit pour traduire une tendresse comme la sienne ? Elle était... elle est... le fruit mûr d'un arbre parfait, un arbre qui est en union totale avec le Ciel et la Terre.

C'est cela... Cette tendresse est le fruit de l'Union ; elle dit l'Éternel en Lui. Elle dit l'Éternité dans son coeur... sans un regard vers hier, sans une intention pour demain, juste là... sans jugement et dans cet instant présent auquel nous sommes encore incapables de goûter pleinement. Elle est... au-delà de la perception du Bien et du Mal ; c'est une onde venant en droite ligne de la Claire Lumière... »

Les herbes de Myriam achèvent de se consumer parmi les braises. Je me dis que leur parfum c'est leur âme qui vient se mêler à la nôtre. Sans doute est-ce ce parfum, plus que le but que je me suis fixé cette nuit, qui me tire à nouveau vers mes souvenirs. Il appelle des images derrière mes yeux.

Je ne suis plus sur une plage et je n'entends même plus le chant lancinant des vagues sur son sable humide. Je suis de retour, là-bas... au creux vivant de ce Temps qui existe toujours quelque part...

– « Rabbi...Où allons-nous ? »

Ramassée sur moi-même dans le fond de la barque, je me souviens avoir longuement contemplé le Maître parler aux pêcheurs et donner ses ordres... Mais avait-Il seulement des ordres à donner ? À vrai dire, non... ce n'était nécessaire. Il demandait et sa demande s'inscrivait en chacun comme un service à offrir dans la joie.

– « Nous allons, Shlomit... là où on m'a prié d'aller ce matin. Tu vois ces murs blancs le long de la rive, droit devant nous, près de la tour ? C'est Migdel[1]. Il y a là une femme qui ne parvient pas à enfanter depuis plus d'une journée et qui est dans de grandes douleurs. Toutes les médecines n'y peuvent rien. M'aideras-tu à l'aider ? »

La question inattendue du Maître m'a tellement déconcentanancée que j'ai supposé qu'Il plaisantait pour me mettre à l'épreuve.

– « T'aider ? mais je n'ai même jamais assisté à une naissance ! »

– « Justement... Vois-tu comme mon Père guide chacun de tes pas, une fois de plus ? Il a pensé à tout... »

Quelques instants plus tard, notre barque accostait à l'un des nombreux petits pontons qui formaient le rivage de Migdel. Je porte encore en moi le bruit sourd des pièces de bois qui s'y sont rencontrées et le grincement des cordages mis aussitôt en place. Le rabbi fut rapidement à terre.

---

[1] Le village de Magdala.

Le village s'éveillait à peine mais il y avait une dizaine de personnes qui L'attendaient avec une impatience manifeste. Toutes s'inclinèrent avec ostentation devant Lui et je vis même une vieille femme poser son front sur ses pieds.

Je dois vous dire, mes sœurs, que j'ai regardé cela un peu stupidement, ne sachant pas moi-même comment me comporter. Je me suis demandé comment il était possible que je me sois sentie spontanément aussi proche d'un homme que je connaissais finalement si peu et qui suscitait autant de respect et de ferveur. Certes, Il était rabbi mais étais-je à ce point ignorante ou inconsciente ?

Lorsque notre petit cortège d'une quinzaine de personnes s'est ébranlé dans les ruelles du village, j'ai eu bien du mal à le suivre. C'était surtout des hommes qui marchaient à grandes enjambées et en gesticulant des bras.

Brusquement, tout ce monde s'arrêta devant une minuscule maison de terre face à laquelle on aurait dit que s'était rassemblée la moitié des femmes du village. Certaines priaient, d'autres pleuraient tandis qu'un vieux rabbi faisait le tour des lieux au milieu des fumigations.

À notre arrivée, le silence s'est installé d'un coup. Sans attendre, le Maître s'est alors frayé un chemin jusqu'à la porte de la modeste demeure. Lorsqu'Il fut arrivé sur son seuil, Il s'est soudainement retourné et a paru chercher quelqu'un du regard dans la foule.

– « Shlomit... »

Lorsque mon nom a retenti au-dessus des têtes, je n'ai pas réagi tout de suite. Cela ne pouvait pas être moi... Il a fallu qu'il résonne une seconde fois pour que je comprenne que personne d'autre ne devait s'appeler ainsi sur les lieux.

– « Shlomit ! Viens-tu ? »

Le voile tiré sur le visage, je me suis avancée aussi vite que je l'ai pu, parfaitement honteuse d'être ainsi mise en évidence. Les prières et les pleurs avaient cessé et nul ne disait mot. La tête basse, je me suis glissée dans la pénombre de la maison, derrière le Maître.

Dans le fond de celle-ci, sur quelques nattes qui avaient été empilées pour créer un semblant de confort, une jeune femme était à demi allongée, le dos soutenu par des couvertures roulées. Elle paraissait à peine consciente tandis que deux vieilles accoucheuses lui massaient le ventre...

Bien que la pièce ne fût éclairée qu'au moyen d'une minuscule ouverture, j'ai tout de suite été saisie par le teint blême de sa peau et la sueur abondante qui perlait de son front. L'air était à peine respirable... Trop de poussière et trop de plantes que l'on avait mises à se consumer quelque part.

Sans attendre, le Maître sortit lui-même la large cupule d'où s'échappait leur fumée et demanda à ce que la porte reste ouverte derrière Lui. Les deux vieilles se réfugièrent alors dans un angle de la pièce... Et moi, que devais-je faire ?

M'armant de courage, j'ai pris l'initiative de m'agenouiller vers la tête de la jeune femme si souffrante et je lui ai épongé le front avec mon voile. L'émotion me gagnait.

– « Regarde, Shlomit... murmura le Maître tout en s'agenouillant à son tour. Regarde comme la Vie a besoin du corps et comme elle l'aime... »

Je ne comprenais pas... Le rabbi ne parlait que de la Vie qui aime et moi je ne voyais là qu'une mourante. Mes yeux s'embuèrent...

– « Approche-toi... Regarde... Tu contemples le *commencement du monde...* »

Je me suis approchée comme je l'ai pu et j'ai alors vu le Maître relever très doucement, jusqu'au nombril, la pauvre robe maculée de la jeune femme avec l'infinie délicatesse d'une mère qui va soigner son enfant.

Un bref instant, j'ai détourné les yeux. La nudité me faisait tellement peur ! Je me suis cependant redressée et mon regard s'est aussitôt accroché aux mains du Maître déjà posées sur le ventre dilaté qui criait sa douleur au cœur de la pénombre.

Ce qui s'est passé à partir de ce moment-là ? Je ne le sais pas exactement. Ses mains ont entamé une sorte de danse mariant le visible à l'invisible, une danse où le corps paraissait être aimé autant que l'âme et dont toutes les figures, aussi intimes fussent-elles parfois, chantaient le sacré de la vie...

À plusieurs reprises, j'ai cru voir crépiter des flammèches bleutées entre les doigts de Jeshua et la peau de la jeune femme.

Cela m'a paru durer fort longtemps. Enfin peu à peu, j'ai vu le corps de celle-ci se détendre, ses jambes se placer à la façon d'une coupe et son ventre s'éclairer.

– « Regarde, Shlomit... »

Je me suis penchée comme le Maître me l'indiquait et j'ai deviné la tête de l'enfant qui commençait à sortir du corps de sa mère... Cela m'a secouée... Je me souviens m'être demandé si c'était beau ou laid et où se trouvait l'Éternel dans la souffrance d'une telle déchirure. Et puis... d'où surgissait-il, cet être qui nous venait ainsi ?

Un voile de lumière laiteuse m'a alors enveloppée dans ma totalité et tout m'a paru se dilater en moi tandis que la voix de Jeshua me chuchotait à nouveau :

– « Regarde, Shlomit... le *commencement du monde* ! »

– « Rabouni ! » ai-je lancé en un appel à l'aide et avec une familiarité qui m'étonna moi-même.

La dilatation de mon âme était à son comble... Il m'a semblé être aspirée par le Temps et suivre un fil d'or le long duquel était enroulé tout ce dont ma vie avait été faite jusque là. Tout y était inscrit en volutes et en mystérieuses écritures. Tout !

Brusquement, j'ai eu la certitude d'être dans le ventre de ma propre mère. J'allais naître... J'étouffais et c'était difficile. J'entendais des bruits, comme ceux d'une respiration, comme le martèlement d'un tambour. Ils n'étaient pas à moi et j'ai paniqué. J'étais si seule avec toute cette vie qui m'attendait !

« *Toute* ? » Une voix m'avait rejointe. Elle était impersonnelle, intemporelle. « Bien sûr, *toute* cette vie ! Réjouis-toi ! Cette vie qui débute est un nouveau commencement du Divin en toi. Ta Mère céleste va accoucher un peu plus d'Elle à travers toi. En as-tu peur ? En as-tu honte ? Ce début de ton monde prolonge le début du Monde. »

J'ai regardé autour de moi ; j'ai cherché un port d'attache dans l'obscurité qui m'enveloppait. Petit à petit alors, l'encre de ma nuit s'est mise à s'éclairer puis à vivre. J'étais debout sous la plus scintillante des voûtes célestes. Au-dessus et autour de moi, il n'y avait que des constellations et des amas d'étoiles comme autant de minuscules pierres précieuses pétillantes de vie.

« Regarde... a repris la voix. C'est de là que tu viens, de cette immense matrice, du cœur de son infini. Ainsi que tout être, tu es l'une de ces étoiles quelque part dans le firmament. Une vie est une étoile dans l'univers, comprends-tu ? Et une étoile est une idée jaillie de la Conscience de l'Éternel. Sa conscience est Sa Matrice, *la* Matrice de tout ce qui est.

Ainsi tu es une idée, un projet de Dieu ! Oh... ce n'est pas à la petite Shlomit que ces paroles s'adressent, mais au principe qui palpite en elle; mais à l'étoile qui sommeille en elle et qui a déjà porté tant et tant de masques derrière tant et tant de noms... Une idée, une parcelle de Dieu pourrait-elle ne pas aimer la Vie ? Elle peut seulement rêver ne pas l'aimer et se l'imaginer laide pour apprendre le sens de sa propre liberté à enfanter des mondes.

Bientôt, tu sortiras de cette matrice ; une autre existence va t'appeler, tu te seras rapprochée du Souvenir de l'Étoile et tu ne seras plus la même. Tu chercheras en toi la mère, l'épouse et la fille. Tu entameras le chemin de la Femme, celui qui rend grâce à toutes les couleurs du Vivant... »

La voix s'est arrêtée là et j'ai alors eu l'impression que je tombais tel un oiseau soudainement privé de ses ailes. Un incroyable vertige au bout duquel j'ai enfin retrouvé mes yeux, mes mains, mon corps tout entier.

La pénombre de la maison m'a alors rejointe... L'enfant finissait juste de sortir du ventre de sa mère. J'ai vu le Maître le recevoir tendrement dans le creux de ses paumes comme un fruit parfait qui ne pouvait être cueilli qu'à ce moment-là... et j'ai aussitôt entendu son corps minuscule et ridé tel celui d'une vieille âme pousser un cri puis deux... C'était une petite fille.

Jeshua l'a déposée sur le ventre de sa mère qui commençait à ouvrir les yeux et Il s'est levé. Il m'a alors fait signe de Le suivre tandis que les deux vieilles femmes qui s'étaient tenues à l'écart se précipitaient auprès de la jeune mère. Nul n'a dit un mot.

En passant le seuil de la porte, les rayons du soleil m'ont presque agressée car je portais encore en moi le souvenir de la voûte étoilée de mon âme et j'avais envie de pleurer de bonheur.

Sous mon voile, j'ai seulement distingué les traits d'un homme qui se précipitait vers le Maître avec le regard anxieux, le père de l'enfant sans nul doute.

– « Rabbi... ! »

– « C'est une fille, mon ami... Pourquoi ne la nommerais-tu pas Shlomit ? Il me semble que c'est un bon jour pour s'appeler Shlomit ! »

Quelques instants plus tard, sans rien attendre de plus, nous sommes remontés dans notre barque. Dès que les pêcheurs qui nous accompagnaient l'eurent libérée de ses amarres, celle-ci partit au fil de l'eau, attirée vers le large. Droite sur son plancher, je me souviens avoir levé la tête le plus haut possible vers le ciel comme si j'allais pouvoir en aspirer l'azur par les yeux. C'était tellement beau d'être là, en vie !

Un instant, j'ai eu l'impression de ne plus rien savoir si ce n'était que j'existais. En une journée de marche, une nuit et une aube, j'avais rattrapé le temps "perdu" de toute une vie.

Mon âme avait été soustraite deux fois à mon corps pour recevoir des volutes d'amour qui, j'en étais persuadée, ne pourrait plus jamais la quitter. Paradoxalement, elle s'était dégagée de ma chair pour me dire de mieux aimer celle-ci, pour lui chanter ce que j'ai alors commencé à comprendre comme étant... sa noblesse.

Très vite, le vent et l'habileté des pêcheurs nous ramenèrent vers Caphernaüm et sa petite synagogue aisément perceptible à l'approche de son rivage. En longeant celui-ci pour rejoindre les cabanes dont nous étions partis, mes regards se sont attardés sur son marché modeste mais bouillonnant de vie.

C'était la première fois que mes yeux se posaient ainsi sur un marché et que je prenais conscience que c'était beau, tout simplement beau. Il y avait un coin pour les légumes, un autre pour les épices fraîchement arrivées par caravane et puis, il y avait les moutons aussi qui lançaient leurs plaintes... Je me sentais pour la toute première fois – comment dire ? – amoureuse de tout cela !

– « Et le Maître, continua-t-Il à t'enseigner sur la barque ? me demande Jacobée. Tu sembles avoir été bien privilégiée ainsi seule à ses côtés durant tout ce temps. »

– « Oh oui... infiniment privilégiée... mais j'étais alors encore si inconsciente de ce privilège ! J'étais bien trop émerveillée par mes découvertes et ma nouvelle sensation de liberté. <u>Une chose m'étonnait plus que tout : c'était la singulière sensation de familiarité que je percevais à son contact. Je Le connaissais pourtant depuis si peu de temps !</u>

Non... Il n'a pas poursuivi son enseignement dans la barque. J'étais déjà tellement emplie de ce que je venais de vivre ! Il n'a fait que parler aux pêcheurs. J'ai vite compris qu'Il les connaissait fort bien et qu'ils devaient être plus que de simples pêcheurs. Il leur a raconté, je crois, une histoire. Je n'y ai pas goûté à cause du vent mais il m'a suffi d'observer les visages des hommes pour me dire qu'elle devait toucher l'âme.

Lorsque le fond de notre barque a raclé les galets du rivage, j'avoue que je suis restée un moment sans réagir. Ma tête était vide... probablement parce que mon cœur était gorgé de reconnaissance et puis... parce que j'ignorais ce qui m'attendait, où aller et que faire.

Quand il m'a bien fallu bouger, je n'ai pourtant pas été obligée de m'enfoncer une nouvelle fois dans l'eau. Un des pêcheurs m'a spontanément portée dans ses bras jusqu'à la terre ferme. C'était le plus jeune de tous et il s'appelait Jude.

Ce fut le début d'une amitié. Jusque là, je n'avais jamais eu l'occasion d'apprécier une semblable attention ou alors je n'avais pas su la reconnaître à force de vivre derrière mes remparts.

Je commençais à... pressentir que mon corps, mes membres, ma peau pouvaient éprouver quelque chose qui soit agréable, qui puisse faire sourire et non pas rougir. C'était si subtil ce qui se passait en moi depuis que je venais de voir un ventre s'ouvrir pour donner la vie !

Certes, mes amies, j'étais encore loin d'être libérée de mes entraves mais une porte paraissait bien avoir été défoncée sans que j'aie seulement eu le temps de protester.

J'ai fait quelques pas sur les galets, je me souviens... J'ai secoué ma chevelure puis j'ai regardé alentours. Un peu plus haut que moi, vers un bouquet de lauriers, j'ai finalement aperçu la longue silhouette du Maître. Ce dernier ne bougeait pas. On aurait dit qu'Il m'observait.

– « Ne viens-tu pas, Shlomit ? »

Je me suis précipitée vers Lui en me tordant les pieds ici et là.

– « Où vas-tu maintenant ? As-tu donc quelque chose à faire ? »

– « Non Rabbi... Je ne sais pas... »

Je n'avais jamais rien dit d'aussi vrai de toute ma vie. C'était le vide.

– « Où est Zébédée ? »

– « Chez lui... »

– « Et ce n'est plus chez toi, chez lui ? »

Là, mes lèvres se sont mises à trembler et mes mots se sont dérobés.

– « Alors... peut-être que c'est ici, chez toi ? »

– « Je n'ai rien pour vivre, Rabbi... juste ton enseignement. C'est pour lui que je suis venue. »

– « Et tu trouves que ce n'est rien pour vivre ? »

Je me suis demandé s'Il plaisantait ou s'Il me disait que je L'avais insulté.

– « Passe devant moi... Nous allons manger. »

Je me suis laissée convaincre sans protester. J'étais morte de faim et puis cela signifiait aussi rester encore dans son rayonnement. Il n'y avait que là que je me sentais bien.

Lorsque notre petit groupe est arrivé à proximité des cabanes, j'ai vu quelques galettes qui achevaient de cuire sur des briques disposées au centre d'un lit de braises. Cela sentait bon... Je m'en souviendrai toujours... Il y avait aussi un peu de cumin et de l'huile. Les odeurs de ma renaissance !

Trois ou quatre femmes se tenaient là avec des hommes qui recousaient des filets. En nous apercevant, l'une d'elles s'est aussitôt précipitée vers le Maître. Elle Lui a pris la main qu'Il tendait dans sa direction. C'était toi Myriam...

En as-tu le souvenir ? C'est la première fois où je t'ai vue. Je ne sais pas ce que cela m'a fait de vous découvrir ainsi, Jeshua et toi, aussi proches l'un de l'autre.

Sur l'instant, j'ai eu la furtive sensation que tu me L'enlevais un peu comme si un "petit morceau" de Lui m'appartenait. C'était ridicule... Comment avais-je pu imaginer qu'Il vivait seul, intouchable, presque désincarné et tel un ermite ? Il était dans le monde... Un rabbi, ça se mariait, ça avait même des enfants... »

Dans l'obscurité de cette nuit, je cherche le visage de Myriam. Tout en elle me sourit, ses yeux, sa bouche, ses mains aussi qui m'invitent à la rejoindre.

J'hésite... Alors c'est elle, Myriam, qui vient vers moi en contournant les braises de notre feu. J'ai envie de me laisser aller contre elle, de me blottir un peu au creux de son épaule. Elle a compris et m'y invite.

– « Oh oui... je me souviens de cet instant, Salomé. J'ai croisé ton regard qui m'a tout de suite fait penser – je dois le dire – à celui d'un petit animal craintif et je me suis aussitôt dit : « Voilà de la famille... ».

Jeshua, Lui, n'a pas pensé nécessaire de te présenter comme si ta présence allait de soi... ce qui est rapidement devenu vrai, d'ailleurs.

Tu n'as rien dit tout au long du repas que nous avons partagé. Tu te tenais dans un coin et tu écoutais. J'ai aimé cela. Chez nous, là-bas, on croyait trop souvent qu'il fallait parler pour exister et "exister" cela voulait dire pour beaucoup se mettre en valeur au yeux du Maître. N'est-ce pas un peu... fatigant, quelqu'un qui pense continuellement et à voix haute ? Alors oui, j'ai aimé ton silence, ma sœur. Et Lui aussi, Il l'a apprécié. »

Je suis certaine que je viens de rougir. Par bonheur, la nuit est là. D'une certaine façon, elle m'a toujours protégée, même dans les instants les plus beaux, comme celui que je vis ici.

J'aime le plein soleil, j'ai appris à l'aimer en marchant dans Ses pas mais la nuit n'a jamais cessé d'être mon alliée pour autant. C'est dans son écrin que je vais parvenir à trouver les mots pour continuer mon récit...

– « Ce jour-là a été décisif, mes amies, mes sœurs. J'ai éprouvé la troublante certitude d'avoir rejoint ma famille. Vois-tu Myriam, ce mot-là s'est immédiatement imposé à moi aussi. Il n'y en existait pas d'autre possible.

J'aurais dû être dans la crainte de ce qui pouvait m'arriver puisqu'il n'y avait rien de tangible qui puisse permettre à mon avenir de commencer à s'écrire mais cela ne me faisait rien. Je n'avais plus le moindre point de repère et pourtant cela ne me faisait rien non plus. Mon âme n'avait qu'un seul projet : se rapprocher de l'Éternel et elle savait qu'elle était à l'endroit et au moment justes pour cela. Oui... c'était effectivement un bon jour pour s'appeler Shlomit !

J'ai vécu ainsi presque une semaine sur une espèce de nuage, non pas d'inconscience mais au contraire d'hyper-conscience ou de lucidité extrême quant à la proximité que je pouvais entretenir avec le Divin par le voisinage constant du Maître.

Quant à ma subsistance, eh bien... vous savez comment cela se passait. À l'image de beaucoup, je me suis mise à rendre de menus services et, comme par miracle, il y avait toujours un repas qui m'attendait et un toit de cabane pour m'abriter.

Et puis... évidemment, je n'ai pas tardé à comprendre que ma vie n'allait pas se poursuivre là sur les bords de l'eau à Capharnaüm. Le Maître n'habitait pas là car Il n'habitait – vous n'habitiez – nulle part en particulier. Par ailleurs, le calme auquel nous goûtions autour de Lui n'était finalement que très relatif.

Des hommes et des femmes ne cessaient de se manifester. Tous voulaient "voir le rabbi" et c'était forcément toujours important. Quant à Lui, Il allait et venait, Il profitait de toutes les occasions pour s'adresser au plus grand nombre.

Je me souviens particulièrement du premier attroupement important auquel j'ai assisté. Le Maître se tenait en haut des quelques degrés qui menaient à la synagogue. Le matin même, disait-on, Il y avait guéri un homme réputé être habité par des démons.

D'autres rabbis L'avaient bientôt pris à parti en Lui reprochant de s'être adressé aux démons en question au nom du Très-Haut Lui-même. Cela faisait scandale à leurs oreilles.

Je ne sais pas si beaucoup de ceux qui étaient présents pouvaient suivre ce qui se disait mais vous savez comme les scandales attirent toujours... C'est justement ce dont les vieux rabbis accusaient le Maître. Ils Le disaient fauteur de désordre et provocateur de foules afin de nourrir son seul orgueil. J'ai été mal en entendant cela. Supporter les affrontements n'a jamais été dans ma nature. Par bonheur, la tension ne s'est pas étendue.

J'ai aussitôt été stupéfaite de voir avec quelle aisance Il répondait aux virulentes attaques lancées contre Lui.

– « Vous me reprochez, a-t-Il dit, d'avoir parlé au nom de l'Éternel pour libérer ce pauvre homme de ses souffrances ? Mais dites-moi quelle autre force que la Sienne peut être invoquée pour venir à bout des présences obscures ?

Vous me reprochez d'appeler l'Éternel "mon Père" ? Mais ai-je dit qu'Il n'était pas tout aussi bien le vôtre ? Ne seriez-vous pas tout simplement mécontents de ne pas vous être souvenus avant moi que vous pouvez L'appeler ainsi ?

Avant d'être le Seigneur de toute Puissance, Il est d'abord notre Père à tous... Des enfants ne peuvent-ils pas demander l'aide de leur Père ? Est-ce contraire à notre

Loi ? Est-ce cela qui est provocateur ? Est-ce fauter que de vouloir guérir ce monde de l'amnésie ? »

Il n'y eut pas de réponse...

Puis, se tournant vers la foule qui s'était amassée sur les marches de la synagogue, Il a demandé à ce qu'on Lui apporte un grand plat vide. Quelqu'un Lui en a alors trouvé un sans attendre et Il a aussitôt annoncé tranquillement :

– « Tenez, mes amis, voici ce que mon Père, notre Père à tous, me suggère de vous offrir afin de redonner un peu de goût à votre vie et de mieux vous souvenir de Sa perpétuelle Présence. »

C'est là que nous L'avons tous regardé étendre sa main au-dessus du large plat de métal qu'on Lui avait présenté. De sa paume déployée nous avons vu s'écouler en abondance une substance blanche.

Au milieu de la stupeur générale, le plat en fut bientôt plein à ras bord. Je n'en étais guère éloignée mais je n'ai pas osé faire un geste tandis que des cris d'émerveillement montaient de partout. Enfin, comme le Maître s'était écarté du plat pour descendre les degrés de pierre de la synagogue, il s'est trouvé une femme pour oser, la première, toucher la substance blanche, la sentir et la porter à sa bouche. « C'est du sel ! s'est-elle écriée. Il a le goût de celui du lac ![1] »

Je n'ai pas pu en connaître la saveur... Tous ceux qui avaient assisté à la scène s'étaient déjà précipités autour du plat pour s'approprier un peu de son précieux contenu.

Derrière la cohue, j'ai deviné un instant les robes rayées des vieux prêtres qui s'éloignaient en se perdant dans des gestes de colère.

Quant à moi... mon âme n'était déjà plus là... Il fallait que je la rattrape au plus vite car elle avait aussitôt suivi le Maître dans la ruelle qu'Il avait empruntée.

---

[1] La Mer Morte était alors appelée le "Lac de Sel".

Quand je l'ai eu rejointe au bout de quelques enjambées essoufflantes, le Maître s'est immédiatement retourné. J'ai reçu son regard en plein cœur et je me suis laissée tomber à ses pieds pour y déposer mon front. Qu'y avait-il de plus à faire ? Y aurait-il eu un seul mot qui ait du sens ?

Tu étais juste derrière Lui, Myriam, dans ce petit passage étroit de Caphernaüm. Je me souviens avoir capté ton sourire en me relevant.

Autour de toi, il y avait des silhouettes qui déjà me devenaient familières ainsi que des visages qui n'allaient plus me quitter... Levi, Jacob, Jude, Simon, Éliazar... des visages auxquels de nombreux autres n'allaient pas tarder à se joindre... dont le tien, Jacobée, tu le sais...

C'est ainsi, voyez-vous, que ma vraie vie a commencé... C'est là que j'ai eu l'ultime certitude d'être définitivement adoptée et que j'ai pu prier avec plus de ferveur encore afin que pas une parcelle de mon être ne puisse reculer ni même se retourner vers les lambeaux de son passé.

– « *Seigneur*, me répétais-je inlassablement, *redresse-moi et donne-moi la force de sourire à la pluie tout autant qu'au soleil...*

Mâryâ qûmayn(y) w^e haylan(y) lmeghèk ́ap ̀al me Trâ w^e al šemšâ dabbarayn(y) l'aykâ nhaylûnân(y)... »[1]

---

[1] Traduction phonétique en Araméen, la langue alors utilisée en Palestine.

Chapitre VII

La chambre nuptiale

Le chien est venu nous retrouver, il y a quelques instants. Il a enfilé son museau froid et humide sous mon bras pour chercher un peu de tendresse ou rappeler simplement son existence.

Oui, lui aussi a besoin de cela, nous en avons tous besoin. La vie qui circule en nous a soif d'amour et veut qu'on la reconnaisse.

Maintenant je le regarde jouer avec Jacobée qui s'est levée pour aller tremper ses pieds dans ce que l'on devine de l'écume du bord de l'eau.

Elle est étrangement jeune, ma sœur, cette nuit... Peut-être le serai-je moi aussi, demain, lorsque j'aurai fini d'ouvrir la porte à mes souvenirs. Pour l'heure, tout continue de se précipiter dans ma tête et mon cœur.

La lune vient de sortir des nuages derrière lesquels elle se cachait depuis un bon moment... Quant à Myriam, elle me serre soudainement la main comme pour me dire d'avancer.

Oui... justement... Il me semble que si nous marchions un peu toutes trois ce serait plus facile ; parfois, nos mots s'ordonnent mieux au rythme de nos pas.

Alors, je me lève, j'entraîne Myriam, nous rejoignons Jacobée et nous voilà déjà toutes trois en train de laisser nos empreintes sur le sable frais de la plage.

– « Que s'est-il passé ensuite, mes amies ? Je ne sais pas vraiment par où reprendre mon récit... Jeshua s'est mis à bouger davantage et à changer de lieu de plus en plus souvent. Je L'ai suivi, bien évidemment ! Je ne voulais rien manquer, pas une de ses paroles, pas un de ses gestes. J'étais là, toujours... et je ne comprenais pas pourquoi le petit groupe qui s'était constitué autour de Lui augmentait puis diminuait parfois soudainement d'une semaine à l'autre. Peut-être cette vie était-elle trop exigeante pour certains, trop itinérante ou trop faite de vraies paroles et de silences ciselés ?

C'est Simon, du village du Maître, qui un jour m'en donna l'explication tandis que nous longions le tapis bleuté d'un champ de lin.

– « Tu as raison, Shlomit... il y a des arrivées puis des départs, des promesses et des découragements, des serments puis des sortes de petites trahisons. Je crois que ce sera toujours comme cela. Sais-tu pourquoi cela bouge aussi vite ? C'est parce que le Feu est vif, parce qu'il attire inévitablement mais que rares sont ceux qui peuvent supporter d'être calcinés par lui... Et puis aussi... regarde, regarde-nous marcher... »

Simon a alors pointé du doigt notre petit regroupement, une quarantaine de personnes qui s'étiraient le long du chemin tout autour du Maître.

– « Que vois-tu ? »

Je ne comprenais pas ce qu'il cherchait à me montrer. Je ne voyais que des silhouettes toutes différentes les unes des autres, parfois surprenantes ; elles formaient ma nouvelle famille même si celle-ci était aussi mouvante que l'eau.

– « Ne vois-tu donc pas le nombre de femmes qui marchent autour du Rabbi ? Bientôt, elles seront plus nombreuses que les hommes. C'est cela qui fait peur, c'est tout ce qui se dit du Maître en raison de leur présence. Tu n'as rien entendu ? »

Non, je n'avais rien entendu. Bien sûr, il n'y avait guère plus de deux mois que j'étais là mais, c'était surtout - je m'en rends compte aujourd'hui - parce que rien de ce qui ne venait pas du Maître ne pouvait se fixer en moi.

– « Eh bien vois-tu, Shlomit, beaucoup disent qu'un rabbi qui attire et accepte autant de femmes autour de lui n'est pas digne de confiance et a sans doute des intentions impures. Tu dois le savoir... trop de choses salissantes sont dites. Elles planent constamment au-dessus de sa tête... et des nôtres, bien sûr. C'est cela qui inquiète et qui fait peur aussi, en arrière-plan de ses paroles. »

– « Est-ce tout ? »

Je me souviens avoir lancé ces mots avec une légère pointe de défi comme pour dire que je trouvais cela ridicule et que cela ne m'impressionnait pas.

Simon m'a souri malicieusement et a seulement répondu :

– « Tu as changé Shlomit... »

C'était vrai, j'avais changé. Trop rapidement sans doute. Toujours est-il que le soir même, la tête blottie sous ma couverture au fond d'une bergerie, les mots de Simon sont revenus me chercher. La peur m'a alors frôlée et j'ai presque douté une partie de la nuit. Les vieilles croyances de mon passé cherchaient à remonter en surface...

Peut-être était-il juste, après tout, que nous, les femmes n'ayons à discuter ni des Textes ni des "choses de l'Esprit"... Notre Tradition était vieille et certainement juste... Alors comment se faisait-il qu'un seul homme veuille transgresser ses lois et se moquer ainsi de ses bases ? Oui, pourquoi toutes ces femmes ? Ne pouvait-il pas y avoir une part de vrai dans ce qui, apparemment, se colportait ? Après tout, il était possible que je sois simplement subjuguée par le charme d'un rabbi ainsi qu'une quantité d'autres femmes. Il savait parler, il savait regarder et pour le reste... qui me disait qu'il n'avait pas appris quelques "tours" ?

Je ne savais pas si je devais remercier ou maudire Simon pour m'avoir parlé ainsi de ce qui se disait... Au plus creux de la nuit, je me suis mise à grelotter et une fièvre m'a prise, aussi intense que brève.

J'ignore si le Maître a visité mon âme durant ce temps et y a mesuré la profondeur du gouffre de mes questions. En vérité, je ne doutais pas vraiment mais... la conscience ancestrale de "celles qui ne sont que des femmes" remuait en moi et criait son besoin de réponses.

Non... ainsi que je vous le dis, j'ignore réellement si le Maître est allé voir en moi cependant, lorsque le matin, dans un coin de la place de Beth Shean, Il s'est mis à attirer la foule à Lui et qu'Il a pris la parole, j'étais persuadée être la première personne concernée.

Je Le revois encore... Il était assis sur le rebord d'une charrette et un épais voile blanc recouvrait harmonieusement sa longue chevelure.

– « On me dit... amateur de femmes. » s'est-Il écrié abruptement dès qu'une centaine de personnes se furent assises autour de Lui.

La foule est aussitôt partie d'un grand éclat de rire mais Lui, Il n'avait pas l'air de plaisanter.

– « Amateur de femmes ? Oui, je le suis, mes amis... mais certes pas pour ce que les mauvaises langues laissent supposer. Oui, je vous le dis, j'aime les femmes... pour ce que les hommes ne sont pas... ou alors que trop rarement. J'aime les femmes parce qu'elles sont destinées à être des coupes dans lesquelles le vin de mon Père est aisément versé. Le cœur d'une femme... qui sait être une femme est un réceptacle, voyez-vous. Il est fait pour recevoir les Forces de ce que l'on dit être invisible, inaudible mais qui, en vérité, s'avère être l'Écriture et la Langue éternelles.

Une femme qui sait être une vraie femme sait avant tout écouter... Elle parvient à reconnaître la Présence au cœur du désert aussi sûrement que l'Absence au milieu d'une foule. Elle reconnaît le parfum de la Vérité et l'odeur du mensonge, la puissance de la Fragilité et la faiblesse de la force. Sa couronne est celle de la Sensibilité, son sceptre celui du Don et son assise se nomme Patience...

Vous n'aimez pas ces mots, mes amis, je vous entends... Alors en voici d'autres...

Il était un vieil homme qui vivait autrefois à Joppé. Le Seigneur ne lui avait donné qu'un fils.

Lorsque l'heure fut venue pour lui de quitter ce monde, il l'appela afin de lui confier la terre qu'il possédait et qui avait toujours mise en valeur.

– « Mon fils, lui dit-il, je sais que tu es devenu marchand mais je suis au bout de mon temps. Voici ma terre. Désormais elle t'appartient. Prends-en soin et fais-la fructifier, tu pourras en vendre ainsi les récoltes et prospérer. »

Le vieil homme mourut et son fils vit aussitôt son profit à l'horizon du champ dont il venait d'hériter. Il dit à sa femme :

– « Va au marché, achète dix sacs de grains, nous les planterons et nous récolterons ainsi cent pleins sacs de blé ».

– « Les grains ne pousseront pas, mon mari », lui répondit-elle.

Cette femme avait une sœur. Celle-ci voulut donner son opinion :

– « Vends plutôt la terre, ainsi tu en obtiendras un profit immédiat. »

L'homme ne voulut tenir compte d'aucun avis et fit planter le blé comme il le voulait. Hélas, aucune graine ne germa et il n'y eut pas de récolte.

– « Je sais pourquoi... lui dit sa femme, je t'avais prévenu mais tu n'as pas voulu m'écouter. »

– « Comment une femme connaîtrait-elle les champs mieux qu'un homme ? lui répliqua-t-il. C'est ta sœur que j'aurais dû écouter. Je vendrai la terre et en obtiendrai un bon prix sans peine et sans risque. »

Bientôt ce fut chose faite.

Lorsqu'approcha le temps de la récolte suivante, il arriva que l'homme passe avec sa mule devant le champ qu'il avait vendu. Celui-ci était couvert d'un magnifique tapis bleu. Il aperçut alors le paysan auquel il avait cédé sa terre.

– « De quelle magie t'es-tu servi ? lui demanda-t-il. Il n'y avait là que quelques arpents stériles... »

– « Va voir ta femme, lui répondit le paysan, elle sait... »

De retour chez lui l'homme, fort mécontent, interrogea aussitôt sa femme.

– « Comment savais-tu ? Donne-moi le secret de ce qui fait sourire l'un et grimacer l'autre. »

– « <u>Le secret, mon époux, lui confia-t-elle, c'est l'écoute, c'est le regard. Si tu avais écouté et regardé ta terre, tu ne te serais pas battu contre elle. Tu aurais compris qu'elle te demandait le lin et non pas le blé. Tu aurais su que c'est en la respectant que tu connaîtrais l'abondance.</u> »

L'homme retint la leçon et réalisa le fait que sa femme n'était pas simplement sa femme mais avant tout une épouse. Ainsi vont les choses que notre Père à tous a semées en ce monde, mes amis...

Celui dont le cœur a des oreilles pour entendre le juste souffle de la vie et des yeux pour en capter les véritables *couleurs est semblable à cette femme. <u>Celle-ci était non seulement une véritable femme mais aussi l'épouse de ce monde</u>...*

Alors, je vous le dis mes amis, celles dont vous médisez et qui marchent dans mes pas sont comme la femme de Joppé. Comprenez que le peuple de ceux et celles qui savent ressentir ce qui *est*, je l'appelle celui des Fils et des Filles de la Vie. C'est celui qui accourt à ma Parole car il tente d'y écouter battre le cœur du monde.

Apprenez à reconnaître et à respecter les signes de la vie car mon Père se cache parmi eux...

<u>Osez les silences qui savent prononcer les mots de l'Amour</u>...

<u>Heureux est celui qui a l'humilité du Fragile car il se forge les clés de la Puissance. Ainsi, laissez venir à moi les femmes, les épouses de ce monde car c'est par elles que vous accoucherez de vous-même.</u> »

Lorsqu'Il eut prononcé ces paroles, le Maître observa longuement la foule. Je me souviens des regards hébétés de certains, des sourires ébahis d'autres... et de quelques épaules qui se haussaient.

Il ne se trouva qu'un seul homme pour prendre la parole, c'était celui qui, je crois, vendait des pièces de mouton dans une ruelle arrière.

– « Veux-tu nous dire, Rabbi, que ce sont les femmes qui doivent nous apprendre comment vivre ? »

Quelques rires narquois montèrent de-ci de-là, t'en souviens-tu, Myriam ?

– « Je dis seulement qu'il existe une sagesse en la femme que l'homme doit accueillir en lui avant que son monde ne se dessèche et ne lui paraisse stérile. Les Écrits ne nous l'enseignent pas, aussi suis-je venu vous l'annoncer... »

J'ai encore en moi l'image des quelques poings levés que ces mots ont aussitôt suscités. Il y a eu des protestations par dizaines puis la foule s'est disloquée et une bonne partie de ceux qui se trouvaient là se sont dispersés dans un brouhaha général.

J'ai vu Éliazar tenter d'en retenir quelques-uns pour leur expliquer ce qu'il pensait, lui, avoir compris et qui ne devait pas leur faire peur... mais le Maître l'a immédiatement rappelé en lui disant :

– « Si tu sèmes, t'attends-tu à récolter dans l'heure qui suit ? Pour ma part, sache que je n'en suis pas encore aux semailles... Je laboure ma terre.

Si tu lances ton filet dans les eaux, t'attends-tu à faire une bonne pêche en l'en retirant aussitôt ? Regarde-moi... Que fais-je ? Je mets à peine ma barque à l'eau... »

Nous sommes sortis de Beth Shean sous les regards d'un petit détachement romain. Le centurion qui était à sa tête arborait un sourire en coin et je me suis demandé, en m'attardant sur le poussiéreux harnachement de ses hommes, s'il n'y avait pas une erreur quelque part, si nous étions bien dans le même monde...

Que faisais-je là ? Somme toute, j'avais connu une vie plutôt paisible au bord du lac et puis, soudain, je m'étais mise à marcher par tous les temps, juste parce qu'il y avait une soif en moi que je n'arrivais pas à étancher, juste parce que j'avais rencontré le regard d'un homme qui était comme une source. Se pouvait-il que de cette source naisse un torrent dans lequel je finirais, avec quelques autres, par me noyer ?

À plusieurs milles du village, nous nous sommes arrêtés et nous avons mangé des dattes sans savoir trop quoi dire. Enfin, sur le chemin d'où nous venions, nous avons vu se profiler la silhouette d'un dromadaire. L'animal, conduit par un homme enturbanné et à l'allure opulente, traînait une sorte de brancard sur lequel un corps était allongé.

Lorsque l'attelage s'est trouvé à notre portée, l'homme enturbanné s'est empressé de faire coucher sa monture puis s'est précipité aux pieds du Maître en Lui adressant quelques mots d'une voix plaintive.

Sans attendre davantage, Jeshua s'est dirigé vers le brancard. Avec quelques autres, je L'y ai suivi. Un très jeune homme d'une quinzaine d'années à peine et aux jambes décharnées y était allongé.

– « C'est mon domestique, s'est alors empressé de commenter, d'une voix tremblante, l'homme au turban. Je l'héberge sous mon toit depuis longtemps car il n'a plus de parents. L'an dernier il est tombé d'une échelle et, depuis, il ne parvient plus à marcher, ses jambes sont mortes. Il ne sert plus à rien. Je me trouve sans aide, avec une bouche à nourrir et je dois tout faire moi-même...

On dit que tu accomplis des prodiges et que les forces invisibles t'obéissent. Je le crois... alors je t'en prie, Rabbi... Peux-tu le guérir et lui rendre ses jambes ? Je t'en prie... »

Quand l'homme eut terminé sa supplique, le Maître resta muet un bon moment tout en observant le jeune infirme qui dissimulait ses yeux sous son bras. Finalement, Il a pris la parole...

– « Dis-moi et dis vrai... Que veux-tu au juste ? Qu'il guérisse ou retrouver ton domestique ? »

Le ton de sa voix s'était fait très cassant.

– « Mais... je ne comprends pas... C'est la même chose, Rabbi. »

– « Le crois-tu ? Qu'es-tu prêt à me donner en échange de ses jambes ? »

– « J'ai quelques talents dans ma bourse, combien en veux-tu ? »

– « Qui te parle de cela ? As-tu donc vécu tant de temps sans comprendre qu'on n'achète pas la vie ? Dis-moi plutôt ce que tu es prêt à m'offrir afin que je le remette à mon Père. »

L'homme au turban est resté interdit. Son regard voyageait entre le Maître et le brancard où était allongé le jeune paralytique. Au bout de quelques instants, il s'est fixé sur le sol.

– « Es-tu prêt à faire don d'un peu de ton cœur, d'un peu de sincérité et d'humilité ? Je vois que tu n'as ni femme ni enfants... Es-tu prêt à adopter celui que tu nommes ton domestique et qui t'a été envoyé par l'Éternel pour t'ouvrir l'âme ? Depuis toutes ces années, il mérite d'être ton fils et de ne plus vivre tel un âne avec son bât. »

Comme l'homme ne répondait pas et ne détachait toujours pas son regard du sol, le Maître n'a rien ajouté de plus et a tourné les talons pour aller s'abriter sous le groupe de palmiers d'où Il était venu. Quelques dates L'y attendaient encore ; Il commença à les manger.

Il faisait tellement chaud... Nous étions là, dans la caillasse, droits sous le soleil, désemparés et face à une situation qui semblait sans issue. <u>Nos yeux se sont alors rencontrés, Myriam... Que pouvions-nous faire de mieux qu'offrir un peu de compassion au jeune homme privé de ses jambes ? Tu lui as pris une main et j'ai commencé à lui masser les pieds à l'aide d'une de ces huiles que je portais toujours avec moi.</u>

Je ne sais vraiment pas combien de temps tout cela a duré. L'homme au turban n'en finissait toujours pas d'être comme pétrifié, le regard au sol... à côté de son dromadaire.

Soudain, sa respiration s'est intensifiée et il a éclaté en sanglots en se laissant tomber à genoux.

– « Je te Le promets, Rabbi ! Je te Le promets ! a-t-il presque crié entre deux flots de larmes.

Jeshua s'est alors levé et est allé poser une main sur son épaule en disant :

– « Ce n'est pas à moi que tu dois promettre cela. Ta promesse est pour mon Père, elle est aussi pour toi, pour ton âme, parce qu'elle t'a enfin permis de voir vrai et que tu ne pourras pas la tromper. Qu'il en soit donc ainsi... »

Sur ces mots, Il a fait deux pas vers le brancard et nous l'avons tous vu se pencher légèrement vers le jeune paralytique.

– « Comment t'appelles-tu ? » lui a-t-Il demandé d'une voix puissante.

– « Saül... »

– « Eh bien, Saül... Qu'attends-tu pour te lever ? »

Vous connaissez la suite, évidemment, mes amies. Vous savez comment cela se passait dans ces cas-là... Il a saisi le jeune homme par la main et l'a tiré énergiquement vers Lui comme pour briser son hésitation ou son incrédulité... Enfin, Saül est parvenu à faire quelques pas... Il était guéri. Il n'y aura jamais de mots pour décrire tout cela. Ceux qu'on trouverait seraient indigents...

Notre après-midi n'a été qu'une fête autour de cet événement et, finalement, nous avons résolu d'établir notre campement là... ou, du moins, ce qui ressemblait à un campement car aucun de nous n'avait de quoi s'abriter... Ce n'était pas important... Le Ciel n'était-Il pas descendu jusqu'à nous dans ce petit coin de nature désertique ?

Vous êtes étonnées que je vous conte cela cette nuit, n'est-ce pas ? Vous vous dites que ce n'est pas bien personnel et que nous sommes nombreux à avoir assisté à ce genre de choses... C'est vrai... mais si ce jour-là est demeuré particulièrement vivant dans mon souvenir, c'est surtout en raison d'un long moment dont j'ai bénéficié seule auprès du Maître alors que, tard dans la nuit, tous les feux s'éteignaient et que les discussions s'épuisaient...

– « Oui, dis-nous, ma sœur, murmure Jacobée en se collant contre moi. Ne t'excuse pas pour ce récit... Ne serait-ce pas terrible s'il advenait que nous rangions de tels souvenirs dans le coffre aux banalités de nos vies ? Il en est qui le feraient, sans doute... À force de côtoyer le plus qu'humain, il arrive que celui qui n'est pas encore pleinement humain ne voie plus les fleurs qui lui sont offertes. En ce monde, nous avons une étrange propension à dénaturer ou flétrir ce qu'il y a de plus beau... »

— « C'est pour cela qu'il ne pouvait pas arriver autre chose que ce qui est arrivé, ajoute Myriam en se mettant à marcher un peu en avant de nous. Ceux qui ne sont pas encore pleinement humains finissent toujours par détruire ou renier ceux qu'ils ont dit aimer.

Trop de lumière rend aveugle et jaloux. L'envie, vous le savez, est un aliment pour beaucoup. Nombreux sont ceux qui y trouvent une force consolatrice face à leur petitesse. C'est ainsi. Il faut avoir fait naître le Maître en soi pour ne pas s'attarder à cette réalité et ne pas en éprouver d'amertume »

Une question m'interpelle... Il faut que je la pose à Myriam.

— « Ma sœur, toi tu dois le savoir mieux que quiconque. Crois-tu que Jeshua souffrait face aux sarcasmes, à la jalousie ou, tout simplement, face à l'aveuglement qui déchaînait la méchanceté ? »

Myriam se retourne vers nous et s'arrête. Au clair de lune, je devine ses yeux embués de larmes. Je ne l'ai pas souvent vue ainsi, elle qui est si forte. Pour nous, elle est sa Parole et comme une mère protectrice même si elle a cheminé à nos côtés avec l'humilité d'une simple compagne.

— « Oui, Il a souffert... finit-elle par me répondre. Il a souffert mais... je ne sais pas comment exprimer cela... Différemment de nous... L'homme en Lui savait pleurer non pas parce qu'Il était insulté ou dénigré dans son habit de chair mais à cause du gouffre d'inconscience qui se révélait constamment entre la médiocrité de ceux qui Le salissaient et le Divin en Lui. Il aurait voulu... Il *veut* tant faire pour combler ce gouffre ! Il veut tant nous restituer à nous-même !

Mais continue, Salomé... reprends ton récit. J'ignore ce que Jeshua t'a enseigné cette nuit-là. Je dormais... Il fallait que je Le laisse œuvrer où Il avait à œuvrer sans m'attendre sans cesse à ce que son souffle soit dans ma nuque. Asseyons-nous plutôt là où le sable est sec... »

Voilà... Nous nous laissons toutes trois tomber sur le sol, là où de rares herbes se sont rassemblées pour former une toute petite dune. Nos robes sont mouillées et nos pieds transis à force d'avoir traîné dans l'écume des vagues mourantes. Peu importe... Il faut que je poursuive...

– « Je ne me souviens plus si c'est moi qui ai tout fait pour provoquer ce moment avec le Maître où si c'est Lui qui l'a ouvert quelque part dans un discret espace afin de me dire ce qu'il fallait que j'entende. J'étais assise sur mes talons lorsqu'Il est venu se placer juste devant moi.

– « Je t'entends penser, Shlomit... Peux-tu donc prononcer les mots qui courent en toi ? »

– « Oui, Rabbi... Comment es-tu... Comment fais-tu tout cela ? Ma question est bien naïve, n'est-ce pas ? »

– « La naïveté n'est pas un défaut ; elle permet souvent d'aller droit au but. En vérité, je n'ai pas de secret à dissimuler ou à révéler... Je laisse seulement passer la Vie à travers moi, sans réserve, sans combat à mener.

La Vie, c'est mon Père tout autant que ma Mère, c'est la Force mâle et femelle par qui tout se crée et se re-crée à chaque instant. La Vie, c'est ce qui me fait homme et femme dans le fond de mon cœur. Lorsque je parle, c'est l'homme qui s'exprime, lorsque je soigne, c'est la femme qui guérit, comprends-tu ? Souvent... ce sont les deux à la fois.

Vous êtes tous destinés à devenir ainsi. C'est écrit en vous ; ce mariage avec la Vie, ce mariage de la Vie en vous, c'est votre horizon. Même si vous faites tout pour le fuir, il vous attire à lui sans cesse parce qu'il n'y a pas d'autre issue, pas d'autre réponse aux appels à l'aide que sont vos existences.

Mais, vois-tu, avant d'être homme et femme tout ensemble, il vous faut encore apprendre à devenir pleinement homme ou pleinement femme, c'est-à-dire en accepter les forces et les fragilités pour en faire enfin une puissance.

Toi, il te faut maintenant apprendre à être semblable à la femme de Joppé, une épousée de la Vie. Tu as déjà un cœur pour comprendre et aimer, des mains pour soigner, alors il te faut un corps pour dire et offrir tout cela sans retenue. Veux-tu apprendre à laisser couler l'Eau à travers toi ? Il me faut trois jours et trois nuits pour percer la roche de Shlomit et en faire jaillir l'onde. Me les donnes-tu ? »

Aucun son n'a franchi le seuil de mes lèvres. J'ai fait oui de la tête sans même savoir si l'obscurité permettrait au Maître de le recevoir...

J'ignorais ce qui pouvait m'attendre mais je m'offrais tout entière à ce qu'Il espérait de moi. En réalité, d'ailleurs, Il n'espérait certainement rien... L'espoir est un mot humain pour ceux qui cherchent leur route. Jeshua était – est – au-delà de l'espoir. Alors, j'ai fait oui de la tête parce que je savais que cela devait être ainsi. Après ma re-naissance, il me fallait croître ; c'était cela ou peut-être m'endormir à nouveau.

Vous le savez, lorsqu'un pas n'en appelle pas un autre, c'est comme si on ne l'avait pas vraiment accompli.

Le lendemain, aux premiers rayons du soleil, le Maître nous a annoncé son intention de nous emmener vers Jéricho. Certains se montrèrent un peu déçus car il avait été dit que nous retournerions vers le lac et ses collines toutes en douceur. Jéricho, c'était le désert ou presque. Quant à moi, son nom signifiait un bref mais douloureux épisode de ma jeunesse. Il me fallait l'accepter...

Mon inquiétude ne dura cependant pas. Lorsque le surlendemain, en fin de journée, nous sommes arrivés à proximité de la ville, Jeshua nous rassembla sur le bord de la rivière que nous avions longtemps longée et qui mène au lac salé[1].

Il annonça que nous nous séparerions en deux groupes. Le premier – fait de la plupart d'entre nous – irait directement jusqu'à Jéricho pour y préparer sa venue ; le second, dont je faisais partie, ne serait composé que de quatre personnes qu'Il mènerait jusqu'à de petits abris afin de les aider, selon ses dires, à "mieux prier".

Il y eut, bien sûr, quelques soupirs de déception. Pourquoi semblait-il y avoir des privilégiés ? J'ai vu que même les plus vieux d'entre nous pouvaient se comporter comme des enfants. Nous étions... l'humanité en train de claudiquer sur le sentier !

Je ne sais pas comment j'aurais moi-même réagi si le Maître m'avait envoyée directement vers Jéricho mais une chose est certaine : être ainsi montrée du doigt comme ayant besoin d'apprendre à "mieux prier" m'a mise mal à l'aise. Mon besoin de discrétion était malmené et je me demandais par quelle porte étroite il allait falloir que je passe.

Nous fûmes donc quatre, deux femmes et deux hommes, à suivre le Maître ce matin-là vers ce qui devait nous servir de retraite pour quelques jours.

Par bonheur, nous avions un âne. Il portait le peu de nourriture dont nous disposions mais, surtout, une cruche d'eau sur chaque flanc.

À notre gauche, c'était l'étendue blanche du lac salé qui miroitait au soleil et nous brûlait presque les yeux ; à notre droite, la barrière aride des montagnes s'élevait fièrement. C'était à ses pieds que nous devions nous rendre.

---

[1] Le Jourdain, qui rencontre la Mer Morte.

Au passage, Jeshua nous indiqua un ensemble de constructions et de murailles mêlées à la rocaille. Un peu de verdure y poussait malgré tout. Je savais ce que c'était... l'un des lieux où se retiraient depuis longtemps un grand nombre d'ermites ou de prêtres de la Fraternité dont une partie de ma famille était issue[1].

– « Nous n'y allons pas, Rabbi ? » ai-je demandé.

– « L'heure n'est pas à une telle visite. Ceux qui y vivent ne laissent d'ailleurs pas volontiers approcher les femmes. Et puis, il n'est pas certain non plus que j'y sois le bienvenu. J'ai prié quelques jours parmi eux il y a un peu plus d'une année au retour de mon si long voyage. J'ai vu que l'Éternel leur apparaît comme une sorte de vieillard sans âge qu'ils figent dans leur tête... Ils doivent traverser un désert qui n'est pas le nôtre... »

Couverts de poussière et ruisselants de sueur, nous sommes arrivés à destination en fin de journée. Dans un repli de terrain cahoteux, au pied de la muraille naturelle que formait la montagne, nous avons fini par distinguer quelques abris de pierre adossés au rocher. En fait, ils se fondaient presque totalement dans la masse de celui-ci. Seules leurs portes de bois pouvaient attirer le regard et signifier qu'il y avait là "quelque chose".

– « C'est ici que nous vivrons durant trois jours et trois nuits », déclara le Maître en lissant longuement sa barbe ainsi qu'Il avait coutume de le faire.

En voyant la précarité du lieu, sa sécheresse et sa désolation, mes pensées se sont mêlées un instant. J'étais partagée entre la perception du privilège qui était mien et celle de l'épreuve qui, déjà, se profilait. Mes compagnons vivaient cependant le même questionnement ; leurs yeux emplis à la fois de joie et d'inquiétude le disaient ample-

---

[1] Le Monastère de Qumran où furent trouvés en 1947 les Manuscrits de la Mer Morte rédigés par des moines esséniens.

ment. Excepté moi, la seule femme de notre petit groupe se nommait Bethsabée. Je la connaissais à peine. Quant aux hommes, c'était Éliazar et Thomas, le frère du Maître.

À partir de cet instant, nous avons eu pour consigne de ne plus nous parler. Seul Jeshua s'autorisait à nous adresser encore la parole afin de nous dire que faire et où aller exactement. Il m'octroya le deuxième des cinq ou six abris adossés au rocher.

Je vous avoue que j'en ai poussé la porte dans un état étrange, comme si le lieu lui-même commençait déjà à modifier ma perception des choses.

Le Maître m'a aussitôt emboîté le pas dans "mon" abri. Celui-ci était plus grand qu'il ne le paraissait du dehors. Il se composait de deux pièces. La première avait été bâtie de main d'hommes ; quant à la seconde, elle avait toutes les caractéristiques d'une petite cavité dont les origines étaient naturelles. Un mur de pierres succinctement construit les séparait. On le franchissait par une porte très basse dont l'existence était dissimulée par un lourd et vieux morceau de toile imbibé de poussière.

Je n'avais qu'une simple lampe à huile que le Maître m'avait tendue après l'avoir allumée je ne sais comment.

Lorsque j'ai eu poussé le vieux morceau de toile et découvert ainsi l'existence de la seconde pièce, Il m'a simplement dit :

– « C'est ici que je te demande de vivre car, en vérité, c'est la chambre nuptiale dont tout ton être a besoin. Je t'y ferai apporter de l'eau, un peu de nourriture et je t'y enseignerai. Pour le reste, les obligations du corps, il y a là une ou deux bassines. Il te suffira de les glisser sous le rideau dans la première pièce. Thomas s'en chargera discrètement. Il est ici pour nous aider plus que pour lui... »

J'ai eu à la fois honte et peur. Que faire d'autre pourtant qu'accepter ? Plus ou moins consciemment, j'avais dû vouloir tout cela, je l'avais appelé, je l'avais provoqué.

Je me suis donc assise sans attendre et sans un mot. Par chance, il y avait une modeste paillasse sur le sol. Je n'ai même pas pensé à sortir une ultime fois à l'air libre afin de respirer une dernière bouffée d'air pur ou encore de recueillir un rayon de soleil. J'étais là et c'était tout !

Dès que le Maître fut parti pour rejoindre les autres et que je me suis retrouvée seule avec moi-même face à la lueur vacillante de ma lampe à huile, une interrogation a surgi. Étais-je en train de retomber... dans mes vieux réflexes de soumission ou m'apprêtais-je au contraire à découvrir une nouvelle forme de liberté ?

J'ai pleuré un instant. Très peu... j'avais décidé d'offrir ma vie au Maître et à ce qu'Il représentait. Si je devais finir là, à force de respirer du sable et de découvrir je ne savais quoi, je l'acceptais. Ce serait parfait ainsi. Je me suis dit que mieux valait une confiance aveugle qu'une coupe de tiédeur indéfiniment portée aux lèvres. <u>Mourir d'appeler la Lumière, ce n'était pas un si mauvais destin</u>...

Au début, tout alla bien, évidemment. L'air n'était pas facilement respirable mais je m'en accommodais. J'ai poussé à demi ma paillasse contre la roche du mur et je m'y suis adossée, les jambes repliées sans effort sous moi. Je voulais seulement prier, remercier, ouvrir mon cœur puisque je n'avais pas eu de consignes particulières. Je n'avais d'ailleurs pas la moindre idée du moment où le Maître réapparaîtrait.

Alors, j'ai récité ma prière, celle qu'Il m'avait apprise, à la façon d'une ronde. Elle était devenue mon enracinement et mon prolongement vers les Étoiles et les Anges, les Élohim, auxquels notre peuple croyait intensément.

Seul un léger crépitement m'a fait ouvrir les yeux un instant. La flamme de ma lampe venait à manquer d'huile, elle soupirait sa dernière danse.

L'obscurité totale s'était maintenant installée, infiniment vivante, aurait-on dit. J'ai commencé par la sentir protectrice et même aimante. Qui avait prié là, à ma place, exactement là où je me trouvais et pendant combien de temps ? Un ermite ? Un moine ? Un magicien du désert ?

Je savais que je n'aurais jamais de réponse et pourtant une certitude s'imposait à moi : la chaîne de ma prière s'associait aux leurs et mon âme avait le bonheur de pouvoir se mêler aux subtiles empreintes déjà laissées dans la roche. Tout cela déjà représentait un inestimable cadeau et, quoi que j'allais vivre, il ne fallait pas que je l'oublie.

À un moment, me souvient-il, la plainte de notre âne est venue me rejoindre comme pour témoigner du fait que le monde extérieur existait toujours, même si l'autre, le mien, celui de l'intérieur m'absorbait de plus en plus au point de me faire oublier que j'étais dans un vêtement de chair et d'os.

Est-ce que je rapetissais au sein de celui-ci ? C'est ce que j'ai d'abord cru... Les parois de ma cellule rocheuse me donnèrent l'impression irraisonnée de s'être tellement éloignées de ma perception de moi ! Étais-je sortie de mon corps ? Allais-je mourir là ? Je n'ai pas eu le temps de m'enfoncer davantage dans mon angoisse naissante.

J'ai sursauté... Les gonds de la porte venaient de grincer.

– « Est-ce toi, Rabbi ? » ai-je balbutié en oubliant ma promesse de silence.

J'ai entendu le froissement du rideau de grosse toile qu'une main écartait...

– « C'est bien moi, Shlomit... Mais n'omets-tu pas quelque chose ? Maintenant, redresse-toi et donne-moi ta main... »

Me redresser ! Je ne m'étais récité que cela depuis des heures... Le Maître avait toutefois raison, mon dos s'était affaissé. Il avait toujours voulu que notre corps soit droit en sa présence, non pour Lui mais pour nous... parce que notre corps devait nous servir d'échelle et que Dieu, disait-Il, vivait dans notre échine.

Je me suis donc redressée et je Lui ai tendu ma main, dans l'obscurité. À la façon dont Il l'a reçue, j'ai compris qu'Il était déjà assis face à moi. J'ai senti son souffle et son parfum aussi, un peu de cet oliban ou de cette myrrhe qu'Il déposait sur son cou chaque matin et qui Le suivait la journée entière.

Heureuse de tout cela, j'ai failli sans réfléchir rompre une deuxième fois ma promesse. Son doigt aussitôt posé sur mes lèvres m'en a, par chance, empêchée...

– « Venons-en maintenant à ta main, a-t-Il repris de sa voix la plus aimante. Que me dit-elle, cette main ? C'est seulement elle en toi qui a le droit de s'exprimer cette nuit. Oui, c'est elle car, vois-tu, jusqu'à présent tu ne lui en as pas beaucoup laissé la possibilité.

Tu es surprise par ces paroles, n'est-ce pas ? Tu ne les comprends pas parce que tu te dis que les mots d'une main ce sont ses actes et le service qu'elle offre à tous. Tu ne les comprends pas parce que tu dis que tu as beaucoup travaillé, entretenu ta demeure plus qu'il ne le fallait, filé la laine, parfois recousu des filets et même patiemment élaboré des huiles et des parfums... Je sais tout cela et j'en connais la valeur.

Pourtant, vois-tu Shlomit, lorsque je les écoute en cet instant, tes mains me disent qu'il y a une chose qu'elles ne savent pas faire. Elles me disent qu'elles ne savent pas encore vraiment aimer... Elles ne savent pas comment s'y prendre. Elles savent agir, oui... mais pas complètement être...

Tu sursautes, ma petite sœur ; tu te raidis, tu trouves que ce n'est pas juste et qu'au contraire cette main que je tiens dans la mienne a voulu beaucoup aimer.

Oui, c'est vrai... elle l'a voulu mais en n'osant que la moitié de ce qui est inscrit en elle. Elle a certes voulu donner mais elle est demeurée crispée. Elle a aussi espéré recevoir mais en feignant surtout l'ouverture...

Nul besoin de Lumière pour que tu me voies tandis que je te sonde par tes mains. Tu es dans mes yeux et tu sais que je dis vrai. Tu sais qu'il te faut aller plus loin que la nouvelle femme que je reconnais déjà en toi et que je salue.

Une main n'est pas seulement faite pour travailler et servir, elle existe aussi pour appeler l'Amour et l'exprimer, sous tous ses aspects. La main est l'une des plus belles œuvres de mon Père, de ton Père. La tienne sanglote et c'est pour cela que je viens la consoler. Chacun de ses doigts est le chapitre d'un livre et, ce livre, c'est ce corps qui abrite ton âme et que tu n'as toujours pas reconnu comme honorable...

Le sens-tu, ce corps, en cet instant hors de tout ? Je ne le crois pas. Tu sais qu'il est là et tu te répètes qu'il t'encombre plus qu'autre chose. Tu n'as pas encore cessé de penser qu'il était sale, bien que tu aies commencé à accepter l'idée du respect qu'on lui doit. Mais le respect n'est pas l'Amour, vois-tu ! Il n'en est que les prémisses, un timide balbutiement. Voudrais-tu en rester là ? »

J'ai fait non de la tête. Jeshua recevrait mon signe, je n'en ai pas douté.

– « C'est bien... Je vais donc t'enseigner à mieux prier, c'est-à-dire à prier avec tout ton corps, tout ce qui le compose, tous ses sens... Car les sens, ma petite sœur, ne sont pas que les marches d'un escalier qui nous indique la direction de ce monde, ils sont également des fenêtres ouvertes vers le Haut, vers la Toute Puissance de l'Éternel. Tu ne soupçonnes pas les maîtres qui se cachent en eux. »

Sans rien ajouter de plus, Jeshua a alors pris différemment ma main dans la sienne. Il l'a placée en son creux, paume vers le haut, telle une coupe.

Ensuite, Il en a touché les extrémités avec les doigts de son autre main, longuement, comme si chacun d'eux en contact avec les miens cherchait à y insuffler une onde de fraîcheur. Instantanément mon dos fut parcouru par une

1- Majeure correspond au bas du corps → fragrances

violente secousse qui s'est ensuite répercutée dans tout mon corps.

— « Ce n'est pas du froid que tu ressens, a-t-Il fait doucement. Au contraire, ce sont des petits cristaux de glace qui fondent... Sois bien attentive maintenant à ce qui va se passer. Laisse-toi guider et éprouve... »

Le Maître n'eut pas plus tôt prononcé ces mots que j'ai senti qu'Il exerçait une pression plus forte sur mon majeur, le seul de mes doigts où j'ai toujours eu besoin de porter un anneau. La même secousse que précédemment m'a alors atteinte, à la seule différence qu'elle est allée se loger, telle une flèche, à l'extrême base de mon corps. Je crois avoir bondi. Aujourd'hui encore je ne saurais dire si c'est à cause de la douleur ou de la surprise. J'ai tout fait pour ne pas laisser échapper un cri... Rapidement cependant, la sensation de choc et de froid s'est transformée en une incroyable chaleur.

C'était une chaleur réconfortante, une sorte de feu tendre qui a peu à peu envahi la totalité de mon être. C'était une force aimante, mes amies ; je n'avais jamais connu cela et, si tout s'était arrêté là, j'en aurais déjà été infiniment émue. Cependant, je vous le dis, ce que voulait me faire vivre Jeshua ne faisait que commencer.

Lorsque la chaleur eut fini de m'emplir, il se produisit un autre événement en moi, beaucoup plus doux, celui-là. Il m'a semblé que je... passais une muraille — je ne sais au juste — et que tous les parfums du monde venaient les uns après les autres se faufiler entre les fibres du tissu de mon âme.

Il y en avait que je connaissais et qui étaient ceux des herbes et des fleurs de mon enfance, ceux des orangers et du jasmin ou cent autres encore, montant du lac ou de la laine des moutons... mais il y en avait surtout tant et tant d'autres que je ne pouvais identifier et qui me transportaient de bonheur. C'était si bon, si enivrant !

Ils ouvraient un espace inconnu en moi, ils m'apprenaient une langue nouvelle quoiqu'en même temps étonnamment familière. Oui... je la connaissais... Pourquoi donc l'avais-je enfouie au plus secret de mon être ? Ce n'était pas seulement mon âme qui la redécouvrait mais mon corps tout entier. J'exultais, Myriam, Jacobée ! J'exultais ! Comprenez-vous ce qu'il m'est si difficile de décrire ?

La vérité, c'est que la perception de mon corps n'avait aucunement disparu au cœur de tout cela. Bien au contraire. Chaque parcelle de ma peau respirait les mille parfums de la Création ! Ma chair était une porte ouverte à une extase dont je n'avais jamais imaginé qu'elle puisse exister. Pour la toute première fois, j'ai eu la sensation qu'elle vivait, qu'elle recevait *tout* et pouvait aimer ce tout sans réserve.

Comment pouvait-on souffrir au sein d'un univers où l'âme de chaque élément de ce qui était sentait si bon ? C'était donc l'Éternel qui, dans Ses prolongements les plus inattendus, parlait ainsi à ma chair et la faisait exister ?

Cet épanouissement de mon être s'est prolongé très longtemps, me semble-t-il. Je ne parvenais pas à bouger mais je m'entendais respirer, je me sentais vivante et dilatée comme jamais... J'étais tellement là, présente dans mon corps en métamorphose que j'ai senti le Maître poser doucement ma main sur le sol, se lever, soulever le rideau de toile puis s'en aller...

Je suis revenue de cet état de la même façon que l'on revient d'un trop beau rêve, lentement, progressivement et à regret. Il devait être fort tard dans la nuit ou peut-être même était-ce déjà l'aube. Je n'en avais aucune idée et je m'en moquais car cela ne voulait plus rien dire.

Je me souviens avoir eu la volonté de fouiller l'obscurité du regard afin d'y deviner les contours de mes membres, de mon corps. Pendant un moment, j'ai eu la certitude de les percevoir ; ils me sont apparus couverts d'une fine poussière de lumière, gorgés d'une vie qu'ils avaient jusque là refusée.

Alors, savez-vous... je me suis mise à toucher tout ce que je pouvais trouver autour de moi et sur moi. Ma paillasse, le sable du sol, ma robe qui s'effilochait, la plante rugueuse de mes pieds, ma chevelure... tout semblait vivre ! Tout... même ma réalité la plus intime, celle que j'avais pourtant laissée pour morte il y avait de cela une éternité, quelque part dans le fond d'un appentis.

Enfin, j'ai recommencé à prier. J'ai repris ma prière, toujours la même, inlassablement et avec bonheur. Il me semblait que le plein jour avait fait son lit en moi et que désormais il ne pourrait plus jamais me quitter. Était-ce pour cela que le Maître avait qualifié ce creux dans le rocher de "chambre nuptiale" ?

J'étais toujours dans cette perception de moi-même et du monde lorsque la porte donnant sur l'extérieur grinça à nouveau. Pas un mot... Je n'ai rien entendu de plus que le raclement au sol d'un plat que l'on me glissait sous le rideau de toile. Ce devait être Thomas qui m'apportait un peu de nourriture.

Comme je ne ressentais aucune faim, j'ai continué à prier. C'était tout ce dont j'avais envie... Rester là, sans quoi que ce soit d'autre hormis éventuellement le retour du Maître. Cet instant n'a heureusement pas tardé car une certaine réalité refaisait progressivement surface. Je ne savais plus que faire de mes jambes et surtout ma respiration commençait à me peser.

Lui non plus, le Maître, n'a rien dit en entrant. Le bruit du froissement de sa robe m'a fait comprendre qu'Il s'asseyait à nouveau face à moi. J'étais fière d'être toujours là, plutôt droite et respectant ma promesse de silence.

Après un long moment, j'ai enfin entendu le claquement si particulier de sa langue lorsqu'Il m'a dit :

« Tends-moi à nouveau ta main, Shlomit... »

Je la Lui ai offerte dans l'obscurité et Il l'a placée dans l'une des siennes, exactement comme Il l'avait déjà fait. Je L'ai alors entendu prendre une profonde inspiration et c'est cette fois sur l'extrémité de mon annulaire qu'Il a exercé une pression soutenue.

Le même phénomène de secousse s'est reproduit instantanément... un peu moins puissant cependant. Cette fois, son onde est allée se loger en avant de mon corps, en un point situé à environ une main plus bas que mon nombril. Comment vous raconter ? C'était... incommensurable !

Tout a débuté par une vague de fraîcheur. D'abord un peu timide, elle est ensuite montée, montée comme on raconte que le font parfois les marées, jusqu'à la région de mon cœur.

Arrivée là, elle m'a plongée dans une eau si douce et si accueillante que j'ai eu la certitude qu'il n'y avait pas de frontière entre elle et la surface de ma peau.

J'étais devenue l'onde de fraîcheur. J'en percevais... le goût dans tout mon corps et ce goût, c'était... celui de la Vie à l'état pur, celui de tous les fruits que ce monde peut porter, celui de toutes les graines et de toutes les nourritures que la terre nous offre... J'en reconnaissais les saveurs, les unes après les autres comme autant de visages du Divin.

Alors, comprenez-moi... intérieurement, je me suis mise à leur parler. Elles étaient là... véritables Présences envoyées par l'Éternel au-dedans de moi.

Il y avait la saveur des raisins, des figues et des olives, celle du grain de blé que l'on mâche, celles de toutes les épices et même celle, si salée, de la mer...

Je leur ai dit : « Pourquoi ai-je tant tardé à vous connaître ? Vous êtes le bonheur de la nourriture, l'offrande de mon Père à mon corps... Vous êtes... mon partage joyeux avec la vie... »

Oh... je n'ai pas reçu de mots en réponse, bien sûr ! J'ai reçu mieux que cela... l'infinie certitude du mariage de l'Éternel avec tout ce qui vient se mêler à notre chair. Je savais maintenant que la simple saveur d'un fruit ou d'une galette de blé c'était... comme une parole d'Amour... à ne pas gaspiller.

Il a fallu la voix du Maître pour me faire lentement émerger de ces subtiles noces.

– « Shlomit ? Shlomit... mange maintenant ! Ta vie doit prendre chair. »

En disant cela, Il a placé au creux de ma main la petite écuelle de bois amenée par Thomas. À tâtons, j'ai trouvé l'un de ces pains que nous avions cuits au soleil près de Jéricho et un peu de cette purée de pois chiches qui nous donnait des forces lorsqu'il n'y avait rien.

Je me souviens avoir souri. J'avais faim... Croyez-moi, jamais peut-être je n'avais mangé avec un tel appétit ni avec une telle sensation de délice. Inexplicablement, je parvenais à m'attarder sur toutes les saveurs dont les aliments étaient emplis. En vérité, je ne les reconnaissais pas, je les découvrais plutôt, j'y sentais le travail de l'eau et du feu, celui du vent qui caressait les récoltes et le silence généreux du ventre de la terre.

Lorsque j'ai eu terminé, Jeshua m'a repris le plat, Il a posé une main sur mon front puis Il est sorti discrètement. Je n'avais pas besoin que quoi que ce soit résonne à mes oreilles. Il le savait.

Ensuite, eh bien... je suis tombée dans le plus profond des sommeils. Je me souviens seulement de m'être couchée sur le côté et de m'être endormie en tentant de retourner à ma prière. Je n'ai même pas su remercier le Maître au fond de moi pour ce qu'Il venait une fois encore de me faire vivre et comprendre.

Le mot capable de traduire la gratitude que j'éprouvais n'existait pas. Il n'existe toujours pas, d'ailleurs. Je me suis donc endormie telle une enfant, sans rien envisager d'autre que l'Instant.

Quand j'ai émergé de ce sommeil, je ne savais plus ni où j'étais ni depuis combien de temps j'y étais. L'obscurité était toujours aussi absolue. Il n'y eut guère que ma paillasse et le rocher pour me ramener à ce que je vivais. Très vite, je me suis retrouvée avec un éclat de soleil amoureusement planté dans l'âme tandis que mon corps crépitait de vie.

Comme j'avais encore faim de prière, j'ai retrouvé la mienne en me redressant.

Le temps s'est alors égrené et, au milieu de la ronde des mots qui défilaient, j'ai commencé à revoir des scènes de mon passé. Elles venaient me visiter spontanément, sans passion, tels des rouleaux d'écritures étrangers à moi et que j'aurais découverts quelque part dans un vieux temple oublié.

Je me sentais tellement détachée d'elles ! Je les ai parcourues avec une sorte de certitude selon laquelle elles étaient toutes parfaitement à leur place et avaient leur raison d'être ou d'avoir été. Est-ce que j'entrevoyais ce qu'on nomme la paix ?

Lorsque peu à peu ces visions ont cessé, j'ai commencé à ressentir des picotements sur l'ensemble de mon corps. Enfin, ma peau s'est mise à me brûler de partout à la fois au point où cela m'est devenu insupportable. Je ne comprenais pas ce qui se passait... Moi qui venais de trouver une si belle quiétude !

Bientôt, le poids de ma robe sur ma peau s'est fait intolérable. Je n'étais plus qu'une brûlure... À bout de tout, j'ai alors ôté mon vêtement avec le même désespoir que j'aurais plongé dans le lac si j'avais été en flammes. Ma pudeur ne signifiait plus rien dans cette matrice de la terre où personne, sans doute, ne venait jamais. J'étais là pour grandir, pour devenir enfin moi-même... Je le voulais tant !

Autant que je l'ai pu, je suis enfin retournée à ma prière. « Seigneur, redresse-moi, redresse-moi... »

Heureusement, la terrible sensation de brûlure a fini par s'estomper puis par disparaître, aussi étrangement qu'elle était apparue. J'ai aussitôt cherché ma robe dans l'obscurité mais je ne l'ai pas trouvée... Alors la panique m'a prise à la seule idée du Maître qui finirait par revenir. Dans l'irritation extrême, j'avais dû la lancer loin de moi et n'importe où. Qu'allait-Il penser ? J'allais devenir la disciple impudique ou pire, peut-être !

Je lis vos sourires, mes amies mais... comprenez-moi, j'ai pensé perdre la raison en entendant la porte extérieure grincer une fois de plus sur ses gonds. Je ne pouvais pas protester, pas même entrouvrir la bouche, j'en avais fait le vœu... Recroquevillée sur mon bout de paillasse, je n'avais pas d'autre refuge que celui de l'attente. Moi qui revivais enfin... étais-je définitivement destinée à la honte ?

Au plus secret de l'obscurité, j'ai entendu les pas du Maître se rapprocher, sa main écarter la grosse toile de ma cellule puis tout son être s'asseoir dans des mouvements mesurés, comme d'habitude.

– « Shlomit, m'a-t-Il dit presque à voix basse, redresse-toi encore... Assieds-toi et donne-moi une nouvelle fois ta main. »

Je n'ai pas osé faire un mouvement, alors Il a repris :

– « Ma petite sœur... De quoi est faite ta honte ? N'es-tu pas ici telle que dans le ventre de ta mère ? Tu as tant voulu renaître, grandir et offrir à ton être un vêtement qui lui ressemble davantage ! Ne peux-tu accepter que l'ancien se soit calciné ? Tu dois passer de l'ombre à la lumière car le clair-obscur de l'âme n'est pas pour les Vivants tandis que cette chambre, crois-le, est faite pour enfanter des Vivants. Allons, redresse-toi et donne-moi ta main. »

J'aurais voulu parler, demander pardon mais j'ai tenu bon. Dans un ultime effort, je suis enfin parvenue à m'asseoir, drapée dans toute l'obscurité que je pouvais appeler à moi, même si celle-ci devait inexorablement se transmuer en lumière.

Jeshua a donc pris la main que je Lui ai tendue. Cette fois, c'est mon index qu'Il a choisi. À partir de lui, Il a aussitôt su propulser un nouvel éclair de vie en moi, sans que j'aie seulement eu le temps de boire davantage ma honte.

L'éclair de son amour est allé se planter droit au-dessus de mon ombilic, là où mon corps avait été si souvent tendu et souffrant. Je me souviens qu'il m'a instantanément fait pousser un soupir comme si un vieux cadenas rouillé interdisant quelque accès à ma demeure était venu à tomber.

Je ne pense pas être capable de vous dire ici exactement ce qui s'est passé ni quel chemin précis la vie qui m'était insufflée a emprunté pour me pousser un peu plus vers mon Réveil.

C'est allé très vite. Tout s'est mis à "fourmiller" et je me suis sentie éclairée du dedans. Comme la lune lors de son plein éclat, je me suis vue habillée d'une lumière laiteuse. Celle-ci était très douce, très tendre et pourtant suffisamment forte pour éclairer la cavité qui nous abritait, le Maître et moi.

En fait, j'ai rapidement compris que ce n'était pas seulement mon corps qui l'émettait mais tout ce qui se trouvait là, autour de nous. La roche, ma paillasse, le sable du sol, ma vieille robe que je découvrais enfin suspendue comme une dépouille à une aspérité de la paroi et puis... Jeshua, bien sûr, qui se tenait là, les yeux clos, assis, droit devant...

Quant à moi... Je me voyais dans ma totalité. Impossible de dire si j'étais au-dedans ou en dehors de ma forme. Ma nudité ne me gênait plus. Ma peau me paraissait être une robe de clarté.

Je me suis regardée très simplement et découverte comme je ne l'avais jamais fait. Je me suis même... trouvée belle pour la première fois !

En vérité, sachez-le, je ne me voyais pas vraiment par mes yeux ; le regard en moi se déployait à partir de chaque parcelle de ma peau. J'étais un "regard incalculable" qui perçait l'essence des "choses", un œil multiple qui découvrait l'absolue divinité de tout. C'était l'émerveillement muet.

Une pensée m'est venue et s'est gravée dans mon âme pour toujours. C'est elle qui m'a fait respirer la lumière jusqu'à ce que celle-ci se retire enfin dans les choses et les êtres : « Rien n'existe mais tout *est*... et tout *est* parce que mon Père y chante discrètement. »

Lorsque cet état a pris fin, Jeshua avait une nouvelle fois disparu. J'étais seule et abasourdie. Se pouvait-il que l'âme respire trop au point de s'enivrer ? Se pouvait-il que la si longue nuit d'où la mienne sortait se change en un Jour sans fin ? Peut-être que tout cela n'était pas humain, je veux dire pas vivable pour un humain et qu'il m'allait falloir mourir. Peu m'importait. Mourir en renaissant, mourir en pleine éclosion... C'était follement beau.

Ainsi, c'était vrai... mon corps et tous ses sens avaient leur raison d'être ; ils pouvaient entonner le même chant que mon âme. Ils en avaient le droit et aussi le devoir. Il leur avait juste fallu le bon musicien pour qu'ils s'en souviennent et sortent de leur engourdissement.

Je vous avoue, mes sœurs, que je n'ai pas songé un seul instant à revêtir à nouveau ma robe. Elle était bien, là où elle s'était logée d'elle-même.

Je me sentais tellement délivrée de mes fers que je me suis même autorisée à promener mes mains sur mes jambes, mon ventre, ma poitrine. Je n'avais jamais pensé à faire cela auparavant... Ce n'était pas sale ainsi que je l'avais cru ! C'était simple et limpide comme cette nature de Galilée que j'aimais tant. Je me suis finalement endormie comme cela, absolument dans mon corps, un corps que je sentais se prolonger à l'infini. »

– « Le Maître est-Il revenu te voir ensuite ? J'ai peine à imaginer ce que tu pouvais vivre de plus, Salomé ? »

Jacobée a saisi ma main droite et y cherche l'anneau qui n'a jamais quitté mon doigt. Sa voix est chargée d'émotion.

– « C'est celui-là, n'est-ce pas ? C'est par lui que tout a commencé... »

– « Oui... durant ces trois jours et ces trois nuits, j'ai compris que chacun de nos doigts est relié à l'une de ces roues de feu[1] que nous portons tous en nous. Celui qui connaît le secret de l'Amour peut en actionner les clefs.

Effectivement... malgré tout ce que je venais de vivre et qui aurait suffi à me combler mille fois, le Maître est revenu me visiter. Il Lui restait les forces de deux doigts à libérer en moi, vous l'avez compris je pense.

C'est mon pouce qui fut d'abord choisi. Un autre choc, centré uniquement sur mon cœur, quant à lui, puis la révélation qui s'en suivit. Celle-ci a poussé plus loin la précédente, elle s'en est servie comme d'une marche pour faire frémir davantage encore toute la surface de ma peau. Toutefois, cela s'est fait sans la moindre brûlure initiale.

Il m'a semblé que mon âme se promenait tranquillement à la surface de mon corps pour l'oindre d'une huile et lui offrir une interminable caresse. En retour, j'ai vécu un véritable baiser de ma peau à mon âme, quelque chose d'infini également, une sensation intraduisible... »

– « L'ultime réconciliation ? »
– « Pas encore Jacobée... car Jeshua m'a aussitôt offert une autre grâce, la cinquième. Celle-ci s'est infiltrée en mon être par l'extrémité de mon auriculaire. Prête à tout, je m'y suis abandonnée sans même tressaillir. Son onde est allée se loger dans ma gorge puis elle est remontée quelque

---

[1] Les chakras.

part au centre de ma tête et là... une infinité de sons m'a envahie. Je vous dis des sons mais... chacun d'eux formait une mélodie en soi, ou plutôt une mélopée ondoyante qui exprimait une force, une intention, un mouvement de vie...

D'où surgissaient-ils ? De partout. D'absolument partout ! C'était juste la première fois que je pouvais m'ouvrir à eux et les accueillir ainsi. Ils sont devenus si puissants qu'à un moment donné je n'ai pu faire autrement qu'ouvrir les yeux. C'était presque trop... trop beau, trop grand !

Savez-vous à quel point un chant céleste peut être immense, envahissant et émouvant ? Bien sûr, vous le savez ! Surtout lorsque le Ciel c'est la muraille autour de soi, le pauvre tapis sur lequel on se trouve, surtout lorsqu'Il habite aussi le moindre mouvement que l'on ose. Je cherche simplement à vous dire, mes sœurs, que tout était devenu musique, jusqu'à ma respiration et celle du Maître.

J'étais comme lorsque l'on a bu trop de vin, complètement ivre de la Présence de l'Éternel en toute chose. Ainsi ai-je fini par perdre conscience...

Quelque chose de moi – mon âme sans doute – s'est alors dégagé de là où j'étais pour voler vers je ne sais quel monde. J'en garde simplement une impression de silence. Tout s'est arrêté et je crois que cette "suspension de tout" a duré longtemps, en vérité.

Quand j'en suis revenue, j'étais adossée au rocher, le corps étonnamment détendu. Avais-je dormi l'équivalent d'une nuit entière dans cette position ?

Jeshua, Lui, était toujours là, assis à la même place. Je m'en suis aperçue en tentant d'allonger une jambe.

– « Rabouni... » ai-je fait spontanément, surprise par ma familiarité et la singularité du timbre de ma voix.

Aussitôt son doigt est venu se placer sur mes lèvres. Je me suis inclinée... Pas de mesure qui ne soit incomplète... Il me fallait demeurer silencieuse jusqu'au bout.

J'ai refermé les yeux... mais j'avais la Lumière derrière mes paupières, au centre de moi. Elle y était plus intense qu'en plein jour et je ne pouvais pas me défaire d'elle.

– « Veux-tu maintenant te retourner et t'asseoir bien droite ? » m'a alors dit le Maître d'un ton doux mais toutefois impératif.

J'ai pivoté sur moi-même afin de me placer face à la paroi du rocher. Ainsi ce n'était pas terminé... Je n'ai pu retenir quelques larmes silencieuses. Trop de lumière c'était, me semblait-il, comme trop d'obscurité. J'avais peur de m'y perdre, même si une part de mon être s'y trouvait emplie de félicité. Il y eut alors un froissement de tissu et j'ai aussitôt senti une pression sur l'ensemble de mon dos. C'était celui de Jeshua qui venait s'accoler au mien. Je me souviens du trouble que j'en ai éprouvé, un trouble ennoblissant. Le dos, cela a toujours été sacré chez nous avant même que je n'aie reçu les enseignements du Maître.

– « Shlomit... Shlomit, dis-toi bien qu'il n'y a jamais trop de Lumière. Quand celle-ci déborde et fait peur, c'est uniquement parce qu'on ne l'a pas encore assez apprivoisée. C'est pour cette raison, vois-tu, que lorsque la Vérité vient visiter l'humanité, la part d'elle-même qui n'est pas prête la rejette. La peur est toujours la frontière. C'est elle qui commande les mille morts de l'Existence. Veux-tu continuer dans cette direction ? Je sais que non et voilà pourquoi je te propose d'apprivoiser la Lumière.

La Lumière est le fruit d'un arbre qui prend racine dans le cœur de mon Père. C'est un arbre qui a la sagesse de pousser ainsi : ses racines et son feuillage sont communs tandis que son tronc est double. L'un est mâle et l'autre femelle. Le premier se nourrit du Ciel et le second de la Terre. Les racines de l'un sont comme le feuillage de l'autre et réciproquement. L'un appelle l'autre et réciproquement.

Lorsque l'âme humaine s'ennuie et souffre, elle est semblable à l'un des deux troncs de cet arbre lorsque celui-ci ignore son jumeau et qu'il ne sait plus que le Bas comme le Haut sont sa nécessaire nourriture.

Veux-tu continuer à ignorer une partie de toi-même, Shlomit ? Je sais que non.

Pour sortir de l'ennui et de la souffrance, il te faut d'abord reconnaître la nécessité du tronc qui fait ton masque et ta chair en ce monde.

Voilà pourquoi, je te le dis, appelle les noces en toi afin qu'elles ne tardent pas à être consommées. Reçois et deviens la Femme dans son essence. Sois la Terre et honore ta chair si tu aspires à t'unir au Ciel. L'Esprit n'épouse le Corps que si le Corps est en paix avec la Terre. La sensibilité de l'Âme est leur point de rencontre, ne l'oublie jamais !

Contrairement à ce que tu as toujours cru, les sens ne sont pas seulement issus du Royaume du Corps. Ils procèdent d'abord de l'Âme. Je te l'affirme, ils sont un pont entre le dense et le subtil, un langage que l'on peut bien ou mal parler mais dont on doit s'efforcer d'apprendre les articulations et la noblesse à un moment donné ou à un autre de notre histoire. Ils sont le chant d'Amour de mon Père à toute vie en mouvement.

Oh, je sais, ma petite sœur... Je sais ce que tu as entendu, ce que l'on t'a parfois dit et aussi ce que tu as voulu comprendre. C'est l'histoire d'une frontière dont on a tout fait pour qu'elle soit mais qui, en vérité, n'existe pas.

Certains hommes et certaines femmes disent, font et entretiennent une nette séparation entre la conjonction des sens dans le sexe et l'amour. C'est le fruit d'une ignorance et d'un aveuglement... Cette attitude, sache-le, relève d'une ancienne mémoire animale qui n'est pas encore dégagée de ce monde. L'état humain, quant à lui, appelle à allier les deux afin d'atteindre la fusion d'où naît l'Éveil.

Je ne saurais être plus clair, Shlomit. Pardonne et avance ! Souviens-toi... je suis l'Illuminateur... »

Après ces paroles que Jeshua a gravées à tous les niveaux de mon être, je ne sais plus quoi vous dire, mes amies, quant à l'Éclair de Vie dont j'ai été frappée dans la matrice de mon refuge. La Lumière qui se faisait Amour, l'Amour qui se faisait Compréhension, la Compréhension qui se faisait Lumière... C'est tout...

Lorsque le temps fut venu pour moi de sortir de ma chrysalide, j'ai entendu Thomas glisser quelque chose sous la grosse toile de la porte.

– « Voici, a-t-il chuchoté... C'est une nouvelle robe. Elle est blanche et toute de lin... Revêts-la. C'est un cadeau du Maître. Il vient de la faire naître du sable et des cailloux de cette montagne comme si elle y dormait depuis longtemps et t'attendait. »

Je n'avais rien à demander, rien à ajouter. J'ai revêtu ma nouvelle robe en sachant que je n'étais plus la même et que c'était merveilleusement bon d'être ainsi... »

Les doigts.   correspond:
1) Majeure : au bas du corps
    pression sur le majeur → une secousse va se loger au bas du corps extrême
    feeling° cold – replaced by incredible heat. (fragrances)

2) Annulaire : une pression → en avant du corps, une main
          plus bas que l'ombilic.
    started c a wave of freshness going straight to the D. (taste)

3) Index : above the ombilic → (like ants crawling) (chant)

4) Pouce : coeur → baiser de la peau à l'âme.
        un choc sur le coeur, tout frémit à la surface de la peau.

5) Auriculaire → towards the throat → to the center
              of the head. (sounds, melody)

Les sens procèdent de l'âme, un pont entre le dense et
le subtil.

Chapitre VIII

Toucher l'Invisible

Un long silence nous a emportées toutes trois depuis que j'ai achevé la narration de ma si troublante initiation par le Maître.

Durant mon récit, j'ai dû totalement perdre la notion du temps. Voilà en effet que le jour se lève déjà. Tandis que nous marchons pour retrouver les traces de ce qui a été notre feu, un ruban de lumière rosée flotte à l'horizon de la mer.

Je ne sais pas si je m'en réjouis. J'avais, me semble-t-il, encore tant de choses à dire. L'écrin rassurant de la nuit me donnait ma force et je me sens maintenant si fatiguée...

Un bras vient se poser autour de ma taille. C'est celui de Myriam. Il m'attire tendrement vers elle.

– « Je sais... Je sais... mais tu ne vas tout de même pas t'arrêter là, Salomé ! Ta vie dans les traces de Jeshua ne faisait que commencer. Nous avions à peine eu le temps de nous connaître à cette époque... Je me souviens, j'avais parfois l'impression que tu me craignais un peu. As-tu encore assez de forces pour nous dire ta vie ? Juste un peu ! Mes yeux voudraient se fermer, je te l'accorde, mais mon cœur est tellement ouvert que c'est lui qui te le demande. »

Je regarde Myriam dont le visage, les cheveux flottant au petit vent du point du jour, n'est qu'un sourire.

– « Le veux-tu vraiment ? Le voulez-vous encore toutes deux ? »

– « En doutes-tu, ma sœur ? »

C'est Jacobée qui s'est empressée de me répondre. Elle m'a lancé ces mots d'un ton taquin tout en pointant des formes qui s'agitent sur le sable à une cinquantaine de pas devant nous. Des goélands.

– « Regardez ce qui reste de notre petit campement. Nous voilà de retour à la maison mais les oiseaux ont été plus rapides que nous ! Il semble bien que nous ayons oublié un morceau de galette, là quelque part, hier soir. »

Je sais que c'est le mien mais je préfère ne rien dire et m'asseoir tranquillement près des branchages calcinés tandis que les goélands s'envolent en poussant leurs cris. Je veux garder mes mots pour ce dont mon âme doit encore accoucher s'il faut vraiment qu'il en soit ainsi.

Même le chien paraît attendre... Il s'est affalé dans un soupir entre Myriam et Jacobée qui viennent juste de s'asseoir face à moi.

– « Oui... Il y a tant et tant de choses, mes sœurs... Elles s'enchaînent dans ma mémoire comme les perles d'un collier dont il m'est impossible de dire lesquelles sont les plus belles.

Les semaines et les mois, jusqu'à former les années, ont défilé à la façon d'une traînée de lumière à partir de ce que j'ai toujours appelé "mon grand Réveil"...

De collines en vallons, de villages en bourgades, la plante de mes pieds s'est usée dans les traces du Maître. La vie nous a rapprochées de plus en plus, Myriam... et toi, Jacobée, tu n'as pas tardé te joindre à nous, jusqu'à ce qu'on se dise sœurs et que nous finissions par former une famille. Nous avions nos hauts, c'est certain, et nos bas, c'est évident, mais... nous buvions à la même eau qui s'écoulait directement du Soleil. Peut-on exprimer cela autrement ?

Comment ne pas parler aussi de la mère du Maître, Meryem... si discrète quoique si présente et sachant émerger d'une foule toujours quand il le fallait. Je ne sais pas combien de regards elle a su trouver pour nous redresser à sa façon lorsque "quelque chose" en nous se fatiguait ou se révoltait inutilement.

Et puis, vous vous souvenez... Zébédée est réapparu dans ma vie. C'était inévitable, nous passions si souvent par Bethsaïda ! Je n'ai plus jamais dormi sous son toit mais il a tenu sa parole. Il s'arrangeait toujours pour me donner quelques pièces afin de faciliter ma subsistance. Parfois aussi il nous rejoignait avec ses fils à Migdel ou à Capharnaüm lorsque sa barque l'y menait. Il y écoutait le "rabbi des bords du lac" avec fascination, avec bonheur ; il prenait ensuite de mes nouvelles puis repartait. J'ai aimé qu'il en soit ainsi, il y a trouvé sa part de joie et de liberté. Parfois... il y a des unions qui n'en sont pas et qu'il faut simplement reconnaître comme telles, sans amertume.

Quant à Zachée... Je l'ai aperçu une fois à Jéricho. Il a fait mine de ne pas me voir. Il n'avait pas admis, pas compris, je crois...

Moi, de mon côté, ma vie ne se ressemblait évidemment plus. Je veux dire que je pouvais enfin vraiment la reconnaître comme étant *ma* vie, sans honte ni regret. La nostalgie même m'avait abandonnée. Dans ma poitrine, je suivais le Soleil et c'était tout ce qui comptait.

J'étais sans doute loin de pouvoir absorber tout ce que Jeshua enseignait car Il tenait, vous le savez, bien des langages différents selon les oreilles qui l'écoutaient. Cependant... de nouvelles portes s'ouvraient sans cesse en mon centre.

J'ai appris à admettre qu'il n'était pas important que je les identifie toutes parce que ce ne sont pas toujours les grands mots ni les grandes idées qui nous font avancer mais souvent de toutes petites choses. Il y a ainsi d'incroyables portails qui se sont ouverts en moi sous l'effet de l'accumulation de simples gestes ou d'expressions apparemment insignifiantes.

Un soir que, sur un foyer improvisé, je portais un peu d'eau à ébullition afin d'y préparer une décoction de plantes, Jeshua est venu vers moi et m'a dit :

– « Tu vois, Shlomit, cette eau est exactement comme toi. Quant à moi, je suis là, juste en dessous... Je suis la flamme. Je pousse ta vie à bout, je la fais entrer en ébullition jusqu'à ce que le meilleur de toi s'en échappe et que ton âme monte... tout à fait comme cette vapeur. Quand l'eau s'est dégagée d'un plat, on croit qu'il n'y a plus rien, qu'elle n'existe plus mais, je te le dis, son essence est toujours présente et vivante quelque part en suspension dans l'air. Ainsi en sera-t-il de ton âme, sa vapeur reviendra vers le sol de ce monde... chargée des parfums du Ciel... et du souvenir de ceux que je t'offre en ce moment... »

Pour moi, Il avait tout dit par ces simples comparaisons. Je n'avais pas besoin qu'Il me rassure quant à la vieillesse et à la mort.

Mon âme allait monter puis redescendre... ensuite elle reviendrait, telle une pluie... pour désaltérer la terre. J'avais toujours voulu... semer du bien et Il m'indiquait le chemin à emprunter pour cela.

J'ai aussi particulièrement en mémoire le matin où, en franchissant la porte de la demeure qui nous avait accueillis, Jeshua m'avait montré une toile d'araignée dans son embrasure.

– « Tu vois... Les hommes et les femmes de ce monde sont analogues à l'araignée qui a lancé les fils de cette toile. Ils passent leurs vies à tisser dans leur tête des façons de penser et des façons d'être qui sont autant de pièges pour régner sur leurs petits territoires.

Si les vents de l'existence ou une main divine viennent à détruire leur toile, ils s'empressent d'en rebâtir une semblable, sur les mêmes principes... inlassablement ! Les vies et les âges passent de cette façon, se succèdent pour la plupart peuplés des mêmes toiles d'araignée, dans la tête d'abord, puis projetées alentours, dans toutes les directions... »

– « N'est-ce pas désespérant, Rabbi ? Tu affirmes que nos têtes sont emplies de fils gluants et que nous passons nos existences à reproduire sans cesse les mêmes comportements... Veux-tu dire qu'il n'y a pas d'issue ? »

Jeshua s'est mis à sourire avec ses yeux et a ajouté très haut afin que chacun entende :

– « L'issue ? C'est que chacun ici comprenne qu'une araignée est une araignée et que son rôle est d'être parfaitement araignée, jusqu'au bout. C'est que chacun comprenne aussi que le rôle de l'homme n'est pas d'imiter l'insecte. Son rôle d'homme est de ne pas toujours reproduire les mêmes gestes de la même façon. Il n'est pas né pour tourner en rond. C'est pour vous enseigner cela que je suis venu parmi vous. Je suis celui qui vous montre comment sortir des sillons de vos vieilles habitudes... à commencer par l'ancestral réflexe du Combat inscrit dans vos têtes et vos muscles. »

C'est là que Judas et quelques autres s'étaient écriés :

– « Et les Romains, Rabbi ? »

– « Les Romains ? Ils sont en vous... Si ceux que vous croisez dans nos villages quittaient ce pays, vous en trouveriez bientôt d'autres parce que le monde qui vous emplit n'est pas encore celui de mon Père mais celui des territoires et des frontières. Il est celui des luttes, celui de l'adversaire sans cesse réclamé. »

Ce sont des paroles comme celles-là qui demeurent avant tout dans ma mémoire, voyez-vous. La plupart sont nées de situations très anodines.

De toute cette époque, je retiens bien sûr de telles choses mais aussi et peut-être surtout ce qui se produisait au-delà des exemples de la vie. Je veux parler de la seule présence du Maître... Il n'avait pas besoin d'enseigner ni même d'accomplir des prodiges. Le simple fait d'être là, à quelques pas de Lui, changeait tout pour moi. Je dirais que... son rayonnement imprégnait nécessairement tout ce qu'Il approchait. Cela ne pouvait pas laisser indifférent, même pas les blocs de pierre, les vrais... ou ceux que sont encore certains hommes.

Je l'ai plus que jamais compris et vécu le jour où Il m'a confié la tâche régulière de Lui tailler la barbe et les cheveux. Il avait dû remarquer mon habileté à faire cela sur quelques-uns de notre petit groupe. Vous n'ignorez pas quel soin Il apportait à son corps ainsi qu'à sa robe... J'ai tellement tremblé la première fois que c'est arrivé !

Je ne vous remémore pas ces instants pour en ramener le privilège à ma personne, croyez-le bien, mais parce qu'ils furent une réelle nourriture pour mon âme.

Entrer dans l'intimité de son visage, c'était comme me confronter à l'évidence qu'une part de Lui ne pouvait définitivement pas être de ce monde.

Un jour, à Migdel, je le Lui ai dit. C'était peu avant qu'on t'ait tant critiquée, Myriam, pour être retournée chez toi y prendre un pot d'huile parfumée dans le but d'en enduire ses pieds. Tu savais que la semaine allait être difficile et tu voulais Le soutenir et L'honorer ainsi. Il m'a alors répondu :

– « Shlomit, nous sommes tous faits d'une mesure de Ciel et d'une mesure de Terre, d'un rayon de Soleil comme d'un clair de Lune. Tous ! La différence qui est mienne c'est seulement que *tout*, en mon être, l'exprime à chaque instant.

Apprends à regarder l'âme d'autrui derrière son masque, apprends à poser tes pieds sur le sol en rendant constam-

> "Apprends à toucher l'Invisible avec tes mains, et tu te rapprocheras de la différence dont je parle."

ment grâce à la vie ; apprends les mots de la justesse ; apprends enfin à toucher l'Invisible avec tes mains et tu te rapprocheras de la différence dont je parle. »

J'ai d'abord cru que "toucher l'Invisible" était une de ces expressions imagées qu'Il utilisait volontiers, alors je Lui ai demandé ce qu'Il entendait exactement par de tels mots. Sa réponse fut qu'Il me rappelait une promesse d'enseignement qu'Il m'avait faite et qu'Il y revenait parce que « c'en était le temps. »

Dès le lendemain, tout s'est éclairé... Il m'a introduite dans un groupe d'une dizaine de femmes et d'hommes à qui Il avait entrepris de communiquer les grands principes de l'art des soins.

C'est ainsi que j'ai commencé à travailler conjointement avec mes mains et mon cœur. Vous imaginez ma joie... J'allais vraiment servir à quelque chose ! Je ne serais plus simplement une... petite cupule juste bonne à recevoir. J'allais pouvoir commencer à offrir, à me déverser... C'était guérissant !

À cette époque-là, le fait d'apprendre l'art de donner la Lumière par les mains m'a fait saisir une chose importante : J'ai réalisé le fait que la plupart de ceux qui se plaignent maladivement de leur vie, qui maudissent leur destin et se sentent victimes de ce monde sont excessivement centrés sur leur propre personne. Ils souffrent surtout... de n'avoir de réel regard que pour eux et ce qu'ils estiment être leur infortune. Je l'ai compris en voyant le changement qui s'opérait encore en moi par l'apprentissage du travail de guérison et la responsabilité que cela induisait.

Very imp

J'avais vécu d'extraordinaires métamorphoses mais ce que j'appelais intérieurement "l'École des mains et du cœur" était celle qui me faisait enfin me détacher de ma petite personne.

Poser mes paumes et mes doigts sur un corps souffrant, c'était me tourner définitivement vers la Vie. En ne me souciant plus de ma propre transformation, je me transformais davantage en profondeur. Rien de spectaculaire, plus même d'extases pour mon âme... Juste la fusion silencieuse avec cette Onde de Paix dont je voyais enfin qu'elle était le parfum secret du Maître.

J'ai appris cela patiemment, avec discipline, souvent à l'aube lorsque la rosée montait du sol. Jeshua n'était pas toujours présent mais d'autres, plus âgés que moi sur ce chemin, m'aidaient alors, tel Simon, au point qu'une belle entente est née entre nous.

Je me souviens surtout d'un jour où le Maître nous avait amenés anormalement haut en altitude, vers le nord, là où il arrive que les montagnes blanchissent.

C'est là qu'Il m'a montré comment placer les mains sur les aiguilles des jeunes cèdres afin que mes doigts recueillent leur condensé de vie. Ce furent de si beaux moments ! J'y ai eu l'intime conviction que les petites branches des cèdres se comportaient comme des mains tendues vers les nôtres et aspiraient elles aussi à servir. J'en ai aussitôt parlé au Maître.

– « Tu vois juste, ma petite sœur... mais ce ne sont pas seulement les branches des cèdres qui veulent servir. Ce sont celles de tout ce qui fait la nature de ce monde. Tout ce qui est à sa place déverse la vie, l'équilibre et l'abondance. Seul l'être humain, vois-tu, n'est pas toujours – pas souvent – à sa place ; c'est pour cette raison qu'il souffre et se dévore lui-même au lieu de nourrir le courant de la Vie. »

– « Pourquoi n'est-il pas à sa place, Rabbi ? »

– « Parce qu'il est adolescent... et qu'à ce titre il recherche l'éloignement de son Père. Il doit vivre la Coupure, se blesser et s'égarer pour découvrir la valeur et la force de l'Équilibre. La Santé ne se vit que si on a d'abord suivi les cours de la Maladie. Ainsi, lorsque l'écartèlement aura fait son œuvre, l'être sera adulte et prêt à épouser la Création.

Ce que je vous enseigne à tous, c'est à identifier la multitude des visages de la Coupure afin de vous en retrancher. Se séparer de la Séparation ! N'est-ce pas étrange ? Ma différence est là...

Je suis venu briser une ronde pour enseigner l'art de la véritable danse. Voilà pourquoi chez tous ceux qui reçoivent ma Parole, je tranche avec un glaive ce qui est mal assemblé. Je précipite la cueillette lorsque le fruit est mûr ; il faut le savoir et comprendre ce que cela signifie... car, pour qui commence à connaître la saveur de l'Amour, il n'y a pas de possible retour en arrière... »

Dans l'apprentissage de l'art de soigner, ce n'était pas tant un ensemble de gestes qu'une façon d'inspirer puis d'insuffler la Force de Vie qui nous était enseignée.

Après avoir appris à apprivoiser mon propre corps, je me suis donc appliquée à approcher celui d'autrui et à vivre avec lui cette sorte de mariage intérieur qui seul était susceptible d'amener une véritable guérison. J'ai vu avec quelle précision l'Onde divine circule dans le corps et comment chaque partie de celui-ci est semblable à un coffre renfermant d'autres coffres et ainsi de suite jusqu'à ce que le dernier d'entre eux livre son secret : le visage d'une blessure première. J'ai vu enfin que les réponses à cette blessure étaient toujours les mêmes : accueillir, écouter et aimer.

Aimer... Longtemps je n'ai pas su. Je faisais de l'amour une sorte de tout indivisible ; j'y voyais une globalité lumineuse que je n'aurais pas pu définir mais qui était magique parce que c'était "comme ça".

Ce n'est qu'en regardant vivre et agir Jeshua durant ces années que j'ai peu à peu compris que tout cela n'était pas aussi simple et surtout pas aussi flou que je ne l'avais pensé.

Oui, pendant longtemps je n'ai vu du Maître que l'évidente tendresse de son regard et la douceur qui émanait de tout son être. Et puis, un jour, j'ai commencé à m'apercevoir qu'Il était bien plus qu'une caresse pour l'âme. Il savait aussi se faire fouet et épée s'il le fallait.

L'injustice Lui était intolérable et les mots de la colère savaient alors remplacer ceux que l'on était accoutumé à entendre de sa bouche.

Vous l'avez peut-être compris plus rapidement que moi... Si j'évoque cela entre nous, c'est parce que je l'ai vécu comme une extraordinaire révélation.

En voyant réagir Jeshua à ce qu'Il estimait être inadmissible, j'ai compris à quel point l'Amour pouvait se parer de différentes couleurs et à quel point surtout il ne devait en aucun cas servir de vague prétexte à une béate inaction.

Je me souviens particulièrement d'un petit matin à Jérusalem. Jeshua sortait à peine de la demeure d'un riche Romain dont le fils était malade et qui disait avoir foi en Lui. Une foule nombreuse s'était amassée dans la ruelle car sa renommée dans le pays était déjà fort grande. En L'apercevant, quelques uns de ceux qui s'étaient amassés là se sont mis à l'invectiver.

– « Pourquoi donc aller soigner les Romains, Rabbi ? Fais-tu partie de ces prêtres qui font commerce avec eux ? »

Le ton est vite monté et certains des mécontents voulurent lui faire barrage dans la ruelle afin qu'Il s'explique.

Jeshua est alors monté sur une marche menant à un puits et a pris la parole d'une voix cassante.

– « Hommes de peu d'intelligence ! Depuis quand la souffrance a-t-elle un pays ou une couleur ? Depuis quand les oiseaux des champs jalousent-ils les aigles ? Êtes-vous aveugles du cœur ? Sachez-le, pour l'Éternel, il n'est ni aigles ni oiseaux des champs, il est seulement des vies et des formes auxquelles son Amour a distribué des places en ce monde.

Mensonges et vérités se côtoient en tout ce qui est, à parts égales en deçà et au-delà de toutes les frontières. Ainsi, je vous le dis, il n'y a pas plus d'obscurité dans cette maison qu'au bout de cette rue. »

Comme Il terminait ces mots, Il est descendu de la pierre sur laquelle Il s'était hissé et a fendu énergiquement la foule pour se rendre à l'angle de la ruelle. Dans l'étonnement, nul ne s'est opposé à Lui et un lourd silence s'est mis à régner sur les lieux. Lorsqu'à cent pas de là Il fut arrivé où Il voulait aller, Il a pointé du doigt un homme en haillons soutenu par une béquille.

– « Regardez-le, s'est-Il alors écrié. Ce coin de rue est sa demeure, paraît-il... Pourquoi donc ? »

Alors, sans attendre davantage, nous L'avons tous vu, d'un rapide mouvement du pied, enlever sa béquille à l'infirme. L'homme est tombé bien sûr et, vous vous en doutez, la foule s'est mise à hurler.

Mais voilà, mes amies... surpris et furieux, l'homme qui était au sol s'est soudainement relevé, révélant ainsi sa supercherie. Son réflexe l'avait trahi. Piégé et honteux il s'est aussitôt enfui.

Le Maître s'est alors retourné vers la foule et a continué du même ton vindicatif :

– « Pourquoi donc ? Il me semble pourtant que cet homme n'était pas de Rome ! Retenez maintenant ceci : Oui, mon Père sait lire la vérité et le mensonge de part et d'autre des frontières. Il ne parle pas notre langue plus qu'une autre. Là où on L'appelle avec la pureté du cœur, Il vient... »

La foule était médusée et nous avons quitté les lieux derrière le Maître qui marchait maintenant d'un pas tranquille et en silence.

Cette histoire aurait pu s'arrêter là, mes sœurs... pourtant il n'en fut rien. Jeshua savait exactement où Il nous emmenait et ce qu'Il voulait.

Il y avait un grenadier en fleurs, me souvient-il, au centre d'une minuscule place. Nous avons trouvé le faux infirme pitoyablement étendu au sol, à son pied. Nous nous en sommes approchés ; il se tortillait, le visage décomposé.

– « Que m'as-tu fait, Rabbi ? Je ne peux plus marcher... mes jambes sont mortes. Délivre-moi... »

Jeshua s'est penché vers lui et je L'ai entendu murmurer quelque chose à son oreille tandis qu'il le tirait d'une main...

– « Oh oui, je me souviens maintenant... »

C'est Jacobée qui vient de prendre la parole. Je la regarde, je sors de mon passé et, à travers ses yeux, je plonge dans le sien.

– « Je me souviens... Je n'étais pas présente mais je revois néanmoins le visage hagard de cet homme. Dès que le Maître lui eut rendu ses jambes, il vous a suivis jusqu'au bethsaïd où nous logions. À partir de ce jour-là, il n'a plus voulu nous quitter. C'était tellement incroyable de lire l'émerveillement sur son visage ! On a dit de lui qu'il avait été pêché comme un poisson du lac. Il est devenu l'un des plus ardents défenseurs du Maître lorsque Celui-ci a commencé à être vraiment attaqué. Mais comment as-tu vécu, toi, Salomé, toute cette période ? »

– « Comment je l'ai vécue ? D'abord dans une certaine inconscience... puis dans l'angoisse. Non, je n'ai pas réalisé tout de suite quel écho pouvait trouver chaque parole et chaque agissement de Jeshua aux quatre coins de notre pays. Je vivais à ses côtés pour apprendre et aider mais, même en constatant bien qu'Il n'agissait pas souvent selon l'ordre établi, je n'imaginais pas qu'Il puisse autant déranger et inquiéter. J'ai mis longtemps à voir arriver l'ampleur du mouvement qui se créait autour de sa personne.

230

Je me disais que cela ne choquait que ceux des synagogues et les prêtres du Temple parce que le petit peuple – et j'en faisais partie – accourait finalement avec bonheur vers Lui.

Mon regard a changé lorsque j'ai remarqué que les Iscarii[1] se faisaient de plus en plus présents dans les assemblées qui se formaient souvent et spontanément devant nos lieux de culte, sur les places et n'importe où sur les bords du lac.

D'abord imperceptibles dans la foule, ils en émergeaient soudainement en ceignant leurs fronts d'un grand bandeau rougeâtre noué à la hâte. Ils prenaient alors la parole, interrompant même le Maître pour réclamer notre soulèvement contre l'envahisseur.

Je pouvais les comprendre... Les boucliers, les lances et les casques que nous rencontrions constamment un peu partout me heurtaient, moi aussi. Cependant, dans mon esprit, ils représentaient une sorte de fatalité. Ils avaient toujours été là... et les chasser n'était pas mon combat, pas la direction que je sentais devoir donner à ma vie. Et puis... pour Jeshua, ne fallait-il pas que nous évacuions de nous l'ancestral réflexe du Combat ? »

J'ai seulement commencé à réaliser la gravité de la situation le jour où j'ai assisté bien involontairement à une rencontre privée avec les Iscarii. C'était Judas qui avait voulu celle-ci. Il avait été des leurs autrefois, avant de se joindre à nous.

Certains jours, il devenait un véritable brasier, vous souvenez-vous ? Lui aussi, je pouvais le comprendre : une souffrance contenue, beaucoup de feu et un idéal presque pas de ce monde. Je l'aimais bien... même si je ne le suivais pas toujours dans ses pensées.

---

[1] Les Zélotes, constituant une sorte d'armée informelle pour résister à la présence romaine.

Nous étions cinq ou six à partager un repas avec le Maître à l'entrée d'une petite taverne au moment où il est arrivé avec trois de ses anciens amis. J'ai voulu me lever pour quitter l'assistance ainsi qu'une femme devait le faire chez nous à l'approche d'une conversation entre hommes mais, d'un geste du bras, le Maître m'en a dissuadée... comme s'Il voulait que je sache ce qui allait se dire.

— « Ainsi tu ne l'as toujours pas abandonné... » a-t-Il fait à Judas tandis que tous se joignaient à nous autour de la table.

— « Mon idée, Rabbi ? »

— « Non... je parle de ton coutelas... Veux-tu vraiment qu'il serve ? »

— « Oh... c'est par habitude, Lui a répondu Judas visiblement gêné. Mais je ne suis pas le seul, Rabbi... Regarde les autres... »

Judas disait vrai. Beaucoup parmi nous conservaient l'habitude d'une lame, même vieille et ébréchée, pendant à leur côté gauche. Moi aussi d'ailleurs, j'avais toujours, quelque part, dans ma besace, le petit couteau gainé de cuir que m'avait offert Zébédée le jour où j'étais partie.

— « Mais justement... a rétorqué paisiblement Jeshua, j'avais pensé que tu pourrais donner l'exemple. Ils t'écoutent beaucoup... »

— « Est-ce le temps, Rabbi ? Toi, ils t'écoutent bien plus... et tu sais que c'est pour cela que je suis venu te parler avec eux.... »

C'est là, mes amies, que la conversation a pris un autre tour et que j'ai commencé à avoir peur.

Les Iscarii qui accompagnaient Judas se sont mis à parler de façon presque frénétique. Leurs mots étaient souvent à double sens mais j'ai rapidement compris qu'ils espéraient porter le Maître à la tête d'une insurrection soigneusement préparée.

C'était, affirmaient-ils, l'opportunité qu'ils Lui offraient de parler librement de son Père à tout le pays. On n'attendait plus que son accord. Il était « sans nul doute David revenu »... Ne voyait-Il pas que sa mission était là ? L'Éternel le leur disait durant leurs prières. Et puis, le peuple allait suivre, c'était tellement évident !

Je me souviens que le Maître ne leur a pas répondu grand-chose. Il les a surtout écoutés et regardés. À la fin, Il leur a dit en se levant :

– « Mes amis... Je ne suis pas très certain que nous soyons tout à fait du même pays. Pardonnez-moi, l'heure est venue de ma prière... »

Il s'est alors levé et nous Lui avons emboîté le pas. Très vite, dans la ruelle, Il a assigné à chacun de nous une petite tâche à accomplir sans tarder. J'ai cru comprendre qu'Il souhaitait être seul et peut-être effectivement prier ainsi qu'Il venait de l'annoncer.

Je ne L'ai revu qu'à la tombée du jour en dehors des murs... Il était encore seul, ce qui montrait bien qu'Il avait vraiment voulu se retirer car nous savons à quel point Il attirait toujours à Lui les uns et les autres. <u>Toi non plus, Myriam, tu ne L'avais pas vu de la journée ; je m'étais inquiétée cependant que toi tu manifestais déjà cette force inébranlable</u>...

J'avais un panier de fenouil sur la tête lorsque je L'ai aperçu. Il sortait de dessous cette belle étendue d'oliviers qui s'étalait le long du sentier menant au bethsaïd. Il m'a tout de suite semblé plus intériorisé qu'à l'habitude. Je ne savais pas si je pouvais me permettre de Lui adresser la parole. Il a dû lire ma gêne car c'est Lui qui m'a parlé... comme s'Il s'était dit qu'il était important que je comprenne. Je n'oublierai jamais...

– « Tu t'interroges, Shlomit, n'est-ce pas ? Pose donc ton panier... Moi aussi je me questionne, le sais-tu ? Cela te surprend... mais pourquoi donc ? Peux-tu me le dire ? »

– « Je n'imagine pas que tu puisses t'interroger sur quoi que ce soit, Rabbi. Tu sais tout, tu connais tout... J'entends toujours l'Éternel s'exprimer à travers toi... »

Il m'a souri.

– « Penses-tu que tout soit dit pour autant ? »

– « Je crois que la Vie coule à travers toi. »

– « Penses-tu donc que la Vie ne puisse pas se questionner ? »

– « Mais... tu nous a toujours enseigné qu'Elle sait où Elle va. »

– « Ai-je dit qu'Elle ne trace qu'un seul chemin par lequel son dessein doit s'accomplir ? »

– « Rabouni... je ne comprends pas. Tes yeux paraissent vouloir dire tant de choses à la fois... »

– « Ils disent ma liberté et mes choix en ce monde. Il y a mon Père en moi et il y a Jeshua en moi... Imagines-tu ce que cela signifie ? »

Non, mes sœurs, je vous l'avoue, je ne l'imaginais pas le moins du monde ! Pour moi, le Maître était le Maître. Je L'avais maintes fois vu avoir un total pouvoir sur tout et jamais je n'avais envisagé que le Très-Haut puisse tracer plusieurs chemins devant Lui.

Est-ce Jeshua qui m'a fait oser une question qui, jusque là, n'aurait eu aucun sens dans mon esprit ? Je pense que oui car je ne l'ai pas construite un seul instant. Elle est tombée de mes lèvres...

– « Peux-tu connaître le doute, Rabbi ? »

– « Pas le doute, Shlomit... la morsure du choix ! Je sais de toute éternité où mon Père m'envoie mais je sais aussi qu'Il aurait pu me priver de ma liberté afin que je m'y rende plus simplement. Il ne l'a pas fait et ne le fera jamais pour que l'Amour soit plus grand.

L'Amour qui ne serait pas le fruit d'un choix, vois-tu, ne se connaîtrait pas lui-même ; il porterait en son sein le germe d'une déchéance à venir. Oser regarder le choix, c'est maîtriser la peur.

Le choix ultime est mon épreuve en ce monde, ma petite sœur. Lorsque demain je me lèverai, je pourrai éventuellement décider que ce pays doit goûter à une nouvelle liberté et il y goûtera alors sans nul doute. Cependant, ma question est : « *Suis-je venu pour ce pays ou pour l'autre... la Terre de l'Homme ?* » Crois-moi, le chemin qui conduit au premier est aisé, quant au second... »

– « Comment est-il, Rabouni ? »

– « Je vois ce soir que ce n'est même plus un chemin. C'est mon être tout entier qui devra se laisser paver comme une route afin d'aller droit en haut de la montagne. »

Il ne m'a rien confié de plus... J'ai repris mon panier et nous avons marché tous deux en silence jusqu'à ce que quelques-uns des nôtres, eux aussi soucieux de son absence, nous aperçoivent et nous rejoignent à l'approche du bethsaïd.

Il n'était pas nécessaire, d'ailleurs, que Jeshua me confie davantage les pensées qui peuplaient son âme. Celles qu'Il m'a offertes ont accompli leur travail en moi. Elles n'ont fait que mieux me montrer l'immensité de son Être et de son Amour.

La grandeur du Maître est toujours venue du fait qu'Il s'est pleinement appartenu à Lui-même, jusqu'au bout... Je veux dire – mais ce n'est que ma compréhension – qu'Il ne dépendait pas d'une décision de l'Éternel. Il n'a rien subi... Il a choisi ! »

– « Tout comme nous avons choisi – à un moindre niveau bien sûr – de venir vivre ici en cette terre étrange afin de Le prolonger au-delà des frontières. »

Jacobée vient de se redresser fièrement en prononçant ces quelques mots. Myriam aussi se redresse. Elle lui lance une petite poignée de sable d'un geste taquin.

– « Crois-tu que nous serions encore en vie si nous étions restées... chez nous ? »

Ce "chez nous" que vient d'hésiter à exprimer Myriam résonne étrangement à mes oreilles.

– « C'est vrai, Myriam... Nous nous sommes un peu... sauvées, il faut bien le reconnaître. On commençait à nous pourchasser de partout. Tant de troubles, tant de confusion et tant de mots ! Ne nous attribuons pas un mérite plus grand qu'il ne l'est. »

Non loin de nous, un groupe de pêcheurs vient de pousser sa barque jusqu'au rivage. Ils nous font signe de la main. Jacobée et moi les connaissons bien. Ils sont de notre petit hameau perché sur l'eau. Ce sont eux qui nous ont accueillies il y a de cela déjà longtemps.

En les regardant ainsi dans toute leur candeur, je me dis que ce n'est déjà plus nous qui sommes les prolongements de la Parole de Jeshua. C'est eux.

Tous les matins, ils tracent de bas en haut un croissant de lune, un poisson et un soleil sur le sable de la plage, juste avant de s'embarquer. Ensuite... ils prient avec les mots que nous leur avons enseignés. Ils ont compris l'essentiel, j'en suis certaine. Cela a été très facile... Je crois qu'ils n'avaient, jusque là, fait qu'attendre cet "Essentiel".

– « Oui, le Maître a vraiment choisi, mes amies... Je vois bien que je vous annonce ce que vous savez par vous-même mais c'est pour mieux me pénétrer de l'importance du choix dans nos propres vies. C'est par lui que la croissance nous est donnée. Que nous nous fourvoyions ou pas, c'est lui qui nous pousse à faire de vrais pas.

Lorsque je regarde ma vie, je prends conscience de mon privilège car il me semble que les choix que j'ai eu à faire n'ont pas été douloureux... même lorsque tout est allé si mal et si cruellement les derniers temps...

La peur et l'angoisse

Deux ou trois jours avant l'arrestation du Maître, j'ai pressenti que quelque chose de terrible allait se produire. J'ai eu le bonheur de pouvoir partager mes craintes avec Meryem. Celle-ci m'a confié ne pas ignorer non plus le danger qui se faisait grandissant, toutefois elle ne pouvait pas le nommer.

Quand je songe à ces moments, je me dis qu'il y avait comme deux êtres en elle. Il y avait la mère qui, en ce temps-là paraissait épuisée et amaigrie... et il y avait... une imperturbable Présence de Lumière. C'est celle-là que j'ai très consciemment choisi de voir.

Il n'était plus question que je me fasse rattraper et piéger par les relents de mes anciens comportements.

Le Maître m'avait suffisamment appris à faire en sorte de ne plus entrer dans l'engrenage de la souffrance. Pour cela, je devais intervenir immédiatement sur mes pensées afin que tout ce qui donnait prise à la peur et à l'obscurité ne s'y applique pas comme sous l'effet d'une glue.

— « L'angoisse et la peur sont poisseuses, m'avait-Il fréquemment répété aux temps où je m'enlisais encore entre deux appréhensions. Contrôle ton imagination et vis l'instant présent tout en acceptant la justesse insondable de ce qui surgit et contre lequel rien en toi ne peut quoi que ce soit. Sache qu'il n'y a pas de fatalité mais qu'il existe des nécessités. Ne sers que l'Infini Seigneur et ne place surtout pas Celui-ci en dehors de toi ; alors, tu verras ta force se décupler... »

C'est ce que j'ai essayé de faire la nuit où tu m'as tirée de mon sommeil, Myriam, pour m'apprendre la nouvelle de son arrestation. J'ai tout fait pour ne pas sombrer dans la révolte et le désarroi. J'y suis parvenue en me faisant volontaire avec une intensité dont je ne me serais pas crue capable.

Très vite, sans me perdre dans un fouillis de questions ainsi qu'Il me l'avait enseigné, j'ai servi comme je l'ai pu, là

"L'APITOIEMENT SUR SOI EST UNE VÉRITABLE MALADIE,
TU N'AS RIEN A TE FAIRE PARDONNER."

où il le fallait en me cramponnant aux paroles qui avaient tant servi à mon propre sauvetage : « Seigneur, redresse-moi... »

Si je ne pouvais pas sourire à la pluie tout autant qu'au soleil alors cela aurait signifié que je n'avais rien compris et que je n'étais pas digne de ce que j'avais reçu !

La seule idée que Jeshua aurait perdu son temps avec moi m'était insupportable. Était-ce une pointe d'orgueil mal placé ? Peut-être mais toujours est-il que cette pensée me donna une bonne part de l'énergie dont j'avais besoin pour servir là où Joseph[1] et quelques autres l'estimaient utile.

Mon seul regret aujourd'hui est de ne pas avoir su percevoir suffisamment ce que tu vivais de ton côté, Jacobée, et de t'avoir, en quelque sorte, un peu lâché la main au dernier moment.

Je ne voyais que Lui, tu comprends, Lui dont tout disait qu'on Le mettrait à mort... »

– « Et moi... je ne voyais que par mes yeux rétrécis. Tu l'a dis tout à l'heure... L'apitoiement sur soi est une véritable maladie. Tu n'as rien à te faire pardonner... »

En égrenant tendrement ces mots, Jacobée vient de passer sa main sur mes joues afin d'y essuyer les quelques larmes qui commençaient à y couler.

Son geste réconfortant me donne une surprenante envie de rire. On dirait que ce rire expulse de moi les ultimes restes d'une trop cruelle tension enfouie.

Par bonheur, mes amies, mes sœurs de toujours ont suffisamment de cœur pour comprendre et m'imiter. Elles rient aussi. Est-ce parce que tout cela est si loin, maintenant ? Non... je ne le crois pas. Rien n'est jamais loin...

---

[1] Joseph d'Arimathie. Voir "De Mémoire d'Essénien", du même auteur (Éditions Le Passe-Monde) pages 363 et suivantes.

– « Vous savez, je me suis trouvée démunie et désemparée au petit matin du jour où on nous a annoncé que le Maître allait être porté au gibet sans tarder. Je suis allée voir Joseph, Thomas, Jean et quelques autres ; aucun d'eux n'avait la moindre mission à me confier. Dans leur bouche, on aurait dit que, par une journée telle que celle-là, il n'y avait pas de place pour les femmes. À un moment donné, je me suis écriée :

– « Mais vous n'avez donc rien compris ! »

Seul Simon, du village du Maître, qui était resté silencieux dans un coin, s'est montré sensible à ce que je vivais. Alors que je sortais du bethsaïd, il m'a attrapée un instant par le bras.

– « Tu veux te rendre utile, Shlomit ? Le Maître nous a fait dire hier qu'Il aimerait simplement nous savoir présents. Alors... il faut qu'Il trouve partout sur son chemin nos visages, nos yeux et aussi, je crois... nos sourires si toutefois c'est humainement possible. »

– « Nos sourires ? Tu es fou Simon... »

Simon n'a rien rétorqué pour sa défense. Il a seulement ajouté :

– « Tu Le connais, Shlomit... Il n'a jamais voulu que quoi que ce soit s'accomplisse puis se fige dans les pleurs. J'ai mal, moi aussi mais, s'Il peut me voir, je lui sourirai... si j'y parviens. »

Ces mots de Simon m'ont décidée. Ce serait ma mission, offrir au Maître le sourire qu'Il avait su si patiemment faire naître sur mes lèvres à chaque lever du jour.

J'ignorais encore si je serais admise sur ce misérable bout de colline où les soldats avaient pris l'habitude de faire leurs mises à mort. J'ai donc décidé de tout faire pour approcher Jeshua autrement.

Il n'était pas difficile de savoir par quel itinéraire Il serait mené de sa prison au lieu des exécutions. C'était toujours le même pour les condamnés ; un marchand de sandales, à l'angle d'une ruelle, me l'a expliqué. De son échoppe, il voyait invariablement passer les condamnés.

Je me suis donc dit que je me placerais à quelques pas de chez lui et qu'ainsi le Maître ne pourrait pas manquer de me savoir présente. Je Lui crierais alors mon amour...

Mais tout est allé très vite, vous le savez. Peu de temps après avoir obtenu l'information que je cherchais, la foule s'était déjà amassée à l'endroit que j'avais envisagé être le mien. J'ai voulu néanmoins m'y rendre coûte que coûte. J'ai joué des coudes... cela a provoqué des remous et je me suis fait insulter.

Mon âme était ulcérée. Pourquoi étaient-ils là, tous ces gens ? Y en avait-il seulement un qui avait conscience de ce qui allait se passer ? J'ai honte de le dire mais... je me suis instantanément mise à les détester. Cela m'a fait peur car c'était un étrange sentiment que je n'avais jamais éprouvé... une épouvantable pulsion de dégoût montant des profondeurs de mon ventre.

Comment pouvaient-ils être ainsi ? Avides de quoi ? De curiosité ? C'était plus que de la curiosité... une sorte de plaisir malsain à voir, en toute impunité, un être – et pas n'importe lequel – souffrir. Au milieu de tout cela, j'en suis venue à me détester moi-même d'être la si piètre expression de l'espoir que le Maître avait voulu placer en moi...

Il a fallu qu'Il apparaisse enfin en haut d'un groupe de marches pour que tout change, je veux dire pour que mes pensées de révolte et de violence cessent et qu'une onde de paix s'abatte miraculeusement sur moi.

Tout d'abord, j'ai cru ne pas Le reconnaître... Était-ce bien Lui, Jeshua, cet homme que je voyais écrasé sous l'énorme morceau de bois dont on avait chargé ses épaules ? Il avait le visage tuméfié et ensanglanté. Il trébuchait presque à chaque pas, Lui qui marchait toujours si droit...

Que Lui avait-on donc fait et que m'arrivait-il à moi également pour qu'une telle paix m'inonde ainsi malgré tout ? Elle était si... pénétrante, cette paix, que je me suis crue presque seule avec le Maître.

Les interjections et les mille expressions stupides de la foule ne m'atteignaient plus. Je n'avais plus qu'un but : trouver son regard et Lui offrir le sourire de mon âme... si jamais celui de mes lèvres ne venait pas.

Tout à coup, quand Il est arrivé à une quinzaine de pas de moi et que j'ai mieux vu la souffrance qui s'était imprimée sur son visage, l'idée m'est venue que je ne pouvais pas rester figée telle une statue, même avec le plus bel amour à Lui offrir.

À côté de moi, il y avait une vieille femme qui ne disait pas un mot. Sa tête et ses épaules étaient couvertes d'un voile blanc fort simple. Poussée par une force sans nul doute extérieure à moi, sans lui demander quoi que ce soit, je le lui ai pris d'un seul geste de la main et j'ai bondi vers le Maître en faisant fi des soldats qui ouvraient la marche.

Il y a eu un moment de stupeur. Les légionnaires n'ont même pas réagi en me repoussant avec leurs boucliers comme ils auraient dû le faire...

Je crois, mes amies, que la main de l'Éternel était présente car tout a été si facile... Je suis presque certaine que les Romains se sont écartés. J'étais... tellement déterminée et tellement habillée de paix ! Ce n'était plus tout à fait moi...

J'ignore si tout est allé très vite ou si le temps s'est véritablement étiré. Je me souviens seulement que Jeshua s'est arrêté en m'apercevant ainsi et que *quelque chose* en Lui m'a murmuré « Fais-le... ». C'est alors que, sans davantage réfléchir, je Lui ai appliqué le voile de la vieille femme sur le visage afin d'en ôter le plus tendrement du monde la sueur et le sang.

Ce qui se passait là était horrible et pourtant, je vous l'assure, cet instant a été l'un des plus beaux de ma vie. J'y ai goûté à ce que pourrait être une... gorgée d'éternité.

Je n'ai donc pas eu besoin de précipiter mon geste ; au contraire, il m'a semblé pouvoir l'accomplir pleinement avec tout le respect et tout l'amour qui m'enveloppaient.

Quand j'ai ôté le voile[1] et mes mains du visage du Maître, je vous le dis, un sourire, *le* sourire tant espéré est venu se placer tout seul sur mes lèvres... Je ne sais pas si j'en ai reçu un en retour car j'ai aussitôt été poussée vigoureusement de côté par le genou d'un légionnaire. Finalement, l'inconscience et la sauvagerie de tous ont repris leurs droits.

Le cortège s'est à nouveau ébranlé, la foule s'est remise à délirer et moi j'ai cherché par tous les moyens à rejoindre le lieu des supplices en courant à travers les ruelles arrière.

Quand, à bout de souffle, je suis enfin parvenue hors des murs et en vue de la petite esplanade où tout allait se dérouler, j'ai seulement trouvé la force de hurler en me jetant aux pieds d'un soldat pour qu'il me laisse passer. Comme toi, Jacobée, j'ai crié que j'étais « de la famille du rabbi », ce qui était un peu vrai. C'est ainsi que j'ai pu vous rejoindre...

Ensuite eh bien... vous le savez... Aujourd'hui encore, il y a un nœud dans mon esprit autour de toutes ces heures. Dans ma mémoire, je ne peux pas vraiment y accéder. C'est trop difficile.

Je t'ai à peine vue t'éloigner à un moment donné, Jacobée. J'étais comme paralysée.

---

[1] Une tradition chrétienne tardive du IVe siècle attribue cette initiative de l'application d'un voile sur le visage du Christ à une femme nommée Véronique ou Bérénice. Elle affirme que le visage de Jésus se serait alors imprimé sur le voile en question d'où le nom de Véronique (du latin vera icon : "véritable image"). Bérénice signifie, par contre, en Grec "la porteuse de victoire". Cet épisode ne figure pas dans les Évangiles canoniques. D'après les souvenirs de Salomé captés à travers les Annales akashiques, on s'aperçoit toutefois que l'épisode a vraiment eu lieu mais qu'il est issu d'un geste de Salomé.
Les Annales ne font cependant aucune allusion au fait que le visage du Christ serait resté imprimé sur le tissu.

Éliazar devenu Jean

Jamais je n'ai compris comment la cruauté des hommes pouvait aller aussi loin. Malgré tout ce que m'a enseigné le Maître, c'est demeuré incompréhensible aujourd'hui encore. J'ai l'impression qu'il y a en ce monde des formes humaines qui ne sont pas habitées par des âmes réellement humaines. C'est ma seule explication.

Je crois d'ailleurs avoir entendu une fois le Maître l'affirmer à Éliazar après qu'Il lui eût donné le nom de Jean.

Notre compassion, disait-Il, devait aussi s'étendre à ces âmes-là... tout en prenant soin de ne pas faire leur jeu par naïveté et de ne pas se laisser avaler par le gouffre qu'elles représentent. Je m'incline devant cet enseignement... mais je n'ai toujours pas trouvé la force de le vivre.

Lorsque tout fut terminé et que, sous la tourmente, on a descendu le Maître de son poteau, j'étais dans une telle confusion que je ne savais pas ce qui allait l'emporter des graines de paix et d'amour qui avaient été semées en mon cœur ou de la colère apparemment inextinguible que je réprimais.

J'ignore à vrai dire ce que je serais devenue si je n'avais pas très rapidement appris, tout comme vous et quelques autres, que Jeshua était encore vivant parce qu'un peu de sang continuait à s'écouler de ses plaies. Peut-être son regard et le souvenir du timbre de sa voix auraient-ils pris le dessus ? Je l'espère. J'ai trop de feu en moi pour imaginer que je me serais transformée en une terre stérile.

Comment oublier ce retour vers notre bethsaïd, Myriam, sous les bourrasques de vent ? Nous aurions voulu être là-bas, avec Joseph, Nicodème et quelques hommes dont les visages m'étaient inconnus, à prendre soin du Maître, si toutefois le pire était encore évitable.

Nous les savions au tombeau qui appartenait depuis peu à la famille de Joseph. Ils avaient besoin de sa quiétude pour œuvrer ; cependant nous pressentions que quelque chose nous dépassait auquel nous n'avions pas accès...

Je me suis dit encore une fois que c'était parce que nous étions des femmes et qu'à ce titre il y avait des secrets qu'on ne voulait pas nous faire partager. N'y avait-il eu et n'y aurait-il jamais que Jeshua en ce monde pour avoir voulu changer cela ?

Oh mes amies... Quelle nuit avons-nous passée ! Pour ma part, je me suis endormie comme un animal harassé. Sans pensées et étonnamment sans désirs, abandonnée au destin que l'Éternel avait déjà sans aucun doute scellé et dont la finalité m'échappait. Était-ce cela le suprême abandon, la sublime offrande dont le Maître avait si souvent cherché à nous faire pénétrer la signification ?

Et puis, il y a eu ces bruits de pas précipités dans la pièce où nous dormions toutes et ta main sur mon épaule, Myriam.

C'était Nicodème qui venait nous chercher afin que nous nous rendions au plus vite au tombeau. Jeshua y était toujours vivant, chuchotait-il frénétiquement, mais il fallait faire vite car, à cause des soldats, il ne pourrait y demeurer longtemps.

Vous souvenez-vous comment nous avons couru toutes les trois sur le sentier ? Il tombait encore une fine pluie et nous glissions sur les cailloux dans l'aube à peine naissante.

Tu nous as prises toutes les deux par la main, Myriam, lorsqu'à l'approche du lieu de la sépulture nous avons aperçu un cheval avançant lentement derrière un bouquet d'arbres. Un homme se tenait à demi courbé sur son encolure et deux silhouettes à la longue robe blanche marchaient à ses côtés dans notre direction.

Nous ignorions encore que c'était le Maître et qu'Il avait eu l'incroyable force de reprendre vie à ce point.

Lorsque nous L'avons enfin reconnu, tu t'es précipitée vers Lui et toi, Jacobée, tu as fondu en larmes. Quant à moi, je me suis accroupie sur le bord du sentier, la tête entre les mains, assommée par trop de bonheur et trop de souffrances entremêlées.

Je suis restée ainsi prostrée jusqu'à ce que j'entende le martèlement des sabots du cheval juste à côté de moi et puis... la voix grave du Maître qui se glissait au centre de ma tête et disait : « <u>Mâryâ qûmayn</u>... Seigneur, redresse-moi ! »

Voilà... Que dirais-je de plus à mes sœurs ? Le reste, elles le savent... tout au moins ce que les mots peuvent traduire.

Ce qu'ils ne pourront jamais traduire ne m'appartient même pas. J'y sais une gratitude dont seul le Ciel parvient à se faire le réceptacle depuis le jour où nous avons vu les côtes de Galilée s'éloigner à jamais.

C'est toujours l'alphabet de l'âme qui grave les plus belles images en nous et les confie à la mémoire de l'Invisible.

Oui, c'est ainsi... Je peux maintenant détacher mes yeux de l'horizon argenté de la mer et redécouvrir pour un jour nouveau le visage de mes deux sœurs.

C'est étrange, j'y lis la jeunesse...

Et le mien, que dit-il ?

Le livre de Myriam

Chapitre IX

Entre Migdel et Cana

Je n'ai pas vu passer la journée ; mes compagnes non plus, je pense. Nous étions tellement ivres de fatigue et d'émotions, ce matin, que nous n'avons même pas eu la force de remonter jusqu'à notre petite cabane perchée sur l'eau...

Jacobée et moi connaissons un abri où les pêcheurs entreposent leurs filets et quelques outils. Il se tient dans le sable et parmi les épineux, à quelques enjambées de là où nous avons fait nos feux jusqu'à présent. Nos jambes ne nous ont pas portées plus loin que lui.

Sitôt sous son toit, nous nous sommes affalées parmi les cordages et les vieilles toiles qui y traînent toujours. C'était le meilleur refuge que nous pouvions espérer pour nous abandonner au sommeil et reprendre un peu de forces...

Et si les pêcheurs venaient, eh bien, ils comprendraient et passeraient leur chemin.

J'ai dormi comme une enfant insouciante. Les creux du sable sous mon épaule et ma tête m'ont paru aussi accueillants qu'autrefois les bras et le cou de ma mère.

Je me souviens seulement des rayons du soleil venant parfois caresser mon visage et lui offrir une douce chaleur entre deux gouffres d'inconscience.

Tout à l'heure, quand j'ai senti Myriam et Jacobée qui bougeaient à côté de moi, j'ai enfin réussi à me redresser sur mes coudes et à rassembler mes pensées.

Le soleil était déjà très bas à l'horizon et le ciel rougeoyait intensément. À force d'évoquer le passé, nos jours sont devenus des nuits...

Une odeur m'a poussée à me relever davantage tandis que mes sœurs s'exclamaient de leur côté.

Deux femmes du village étaient en train de nous faire griller un peu de poisson à l'extérieur de notre abri. Elles nous regardaient en riant discrètement.

C'est ainsi que la journée a débuté pour nous... sous le couchant et avec le repas dont nos corps avaient besoin.

Nous avons plaisanté des mille choses de la vie avec les femmes. Nous avons parlé haut, contrairement à notre habitude et comme sous l'effet d'une mystérieuse ébriété. Elles comprenaient, j'en suis certaine, elles qui dès le début, à notre arrivée sur ce rivage, se sont toujours montrées si ouvertes aux paroles de Jeshua et aux cent petits récits de notre vie à ses côtés.

Tout à l'heure, quand nous avons terminé notre repas et que le manteau de la nuit nous a à nouveau enveloppées, je me suis demandé si Myriam allait à son tour nous emporter sans attendre dans ses souvenirs. Un instant, mon regard a croisé celui de Jacobée. Je suis convaincue qu'elle partageait la même interrogation que moi.

Lorsque les femmes des pêcheurs nous ont laissées, un long silence s'est installé entre nous trois, une sorte de respiration que nous réclamions secrètement, sans nul doute.

J'ai voulu prier pour prolonger la quiétude de l'instant et peut-être aussi pour préparer mon âme à ce qui s'en venait.

Soudain, en se secouant la chevelure, Myriam nous a dit :

– « Et si nous dormions encore un peu... Lorsque les corps sont rassasiés et engourdis, ils ne s'ouvrent pas au meilleur de la vie. Sommes-nous si pressées d'en terminer ? Pour ma part, j'aimerais que ces heures s'étirent et ne se vivent surtout pas dans une demi-conscience. Reposons-nous encore, voulez-vous ? Laissons le juste moment s'imposer de lui-même. »

Ni Jacobée ni moi n'avons protesté. Depuis le départ, nous avons compris la rareté du parfum que nous avons résolu de nous offrir mutuellement. C'est une vapeur d'âme qu'il nous faut savoir recueillir avec la lucidité, la lenteur et le respect qui se doivent.

Nous nous sommes donc abandonnées à nouveau au confort des cordages, des toiles et du sable sans penser à quoi que ce soit d'autre qu'à la grâce qui nous permettait de nous retrouver ainsi. Nous avons laissé la nuit se déployer doucement sur nous...

Et puis voilà... Voilà que je me suis réveillée il y a quelques instants, spontanément, l'esprit clair et enfin rassasiée de sommeil. J'ai ouvert les yeux, deviné la clarté de la lune puis entendu mes deux sœurs chuchoter...

– « Shlomit ? Es-tu parmi nous ? »

– « Shlomit... »

Je me redresse sans peine, juste assez pour découvrir leurs silhouettes assises à l'entrée de notre abri, le dos appuyé aux troncs frêles qui en supportent le toit.

– « Oui, fais-je sans même réfléchir. Oui, c'est moi... »

Je sais que c'est l'heure, que tout est là, prêt à jaillir de la mémoire et du cœur de Myriam. Lentement, je me glisse jusqu'à mes sœurs d'âme et je m'assoie à leur côté. Dans un élan spontané, nos mains s'unissent. Les miennes sont glacées. Pourtant... je sens un tel feu de joie qui monte en mon centre ! Myriam aussi porte plus que jamais le feu en elle. Nul besoin de la prier pour qu'elle entame son récit.

– « Lorsque j'ai rencontré Jeshua pour la première fois, je n'avais, comme vous, d'autre idée de Lui que celle d'un lointain cousin. Mon père adoptif, Joseph[1], m'en avait parfois parlé de façon énigmatique, me contant seulement qu'Il était fort savant et que, pour avancer en sagesse, Il s'en était allé, tout jeune encore, faire un long voyage vers l'est.

Je L'avais presque oublié dans mes souvenirs. Tant de choses s'étaient passées ! Il y avait eu mon malheureux mariage avec Saül[2], puis ce fils, Marcus, que j'avais eu de lui et enfin ma fuite éperdue de sa maison devenue invivable pour moi.

Vous connaissez mon naturel plutôt rebelle... Comment aurais-je pu passer mon existence sous le toit d'un homme aux tendances violentes, aimant le vin plus que de raison et fasciné par le pouvoir ?

Lorsque je me suis enfuie de chez Saül, à Jérusalem, je savais ce que j'encourais. Blessé dans son orgueil, il n'hésiterait pas à faire de moi une femme adultère, voire une prostituée.

Dans mon désespoir mais aussi ma peur, je lui ai laissé mon fils, encore enfant, afin de ne pas trop déchaîner sa colère.

Je me suis d'abord réfugiée chez mon père, fort respecté comme vous le savez puis, plus tard, dans la petite maison qu'il possédait à Migdel. Il a fallu quelques années pour qu'il parvienne à persuader Saül de me confier notre fils Marcus. En vérité, je crois que ce dernier lui pesait plus qu'autre chose. Sa passion, c'était d'abord ses "affaires", ainsi qu'il le disait, avec les Romains.

Cet épisode douloureux de ma vie m'a longtemps mise dans un état de révolte face aux hommes. Saül et ses excès étaient devenus pour moi le symbole du genre masculin dans sa totalité. Bien sûr, j'étais consciente de mon propre

---

[1] Joseph d'Arimathie.
[2] Saül de Tarse, le futur Paul.

excès dans cette attitude mais il y avait une colère en moi que je ne parvenais pas à apaiser.

C'est le travail des plantes et des herbes qui a peu à peu aidé mon âme à retrouver son centre. La maison de Migdel avait par bonheur un petit jardin ceint d'un muret de pierres sèches. Lorsque j'ai commencé à y vivre, elle était habitée par une vieille femme, parente de Joseph. Celle-ci était de la Fraternité[1] ; elle avait longtemps vécu dans un de ses villages. C'est là qu'elle avait appris les vieux secrets des plantes et des onguents. Lorsqu'elle est partie rejoindre l'Éternel, j'avais déjà hérité de ses connaissances et de son savoir-faire. En marge de tout, montrée du doigt par certains, je m'étais reconstruite à partir de là.

Je vous avoue, mes amies, que je ne priais presque plus. La dureté de ce monde et du piège dans lequel j'étais tombée m'avait rendue semblable à ces épineux qu'on trouve un peu partout dans nos campagnes. Au mieux, j'étais un chardon à cause de sa fleur mauve qui devait ressembler au petit morceau d'âme resté caché malgré tout quelque part en moi.

Tout changea un jour, lors d'une visite que je rendais à Joseph dans sa belle demeure de Jérusalem. En franchissant le seuil de son jardin intérieur, j'ai tout de suite aperçu la silhouette d'un homme de haute stature qui discutait avec lui. J'ai voulu m'esquiver afin de ne pas les déranger mais mon père m'a aussitôt fait signe de m'avancer. L'homme s'est retourné... C'était Jeshua, vous l'aviez deviné.

Je vous le dis... j'ai eu un choc. Non pas que je L'aie trouvé particulièrement beau mais à cause de l'intensité de son regard.

Celui qu'Il a posé sur moi à cet instant était tout à la fois doux et transperçant. Je ne l'ai pas supporté... J'ai baissé la tête puis je me suis inclinée pour Le saluer en es-

---

[1] La Communauté essénienne.

pérant pouvoir repartir aussitôt. Mon père m'en a dissuadée et l'homme lui-même a insisté pour que je reste. Son oncle Joseph, m'a-t-Il assuré, venait tout juste de lui parler de moi... Je ne pouvais décidément pas tourner les talons !

Mon père a alors posé sa main droite sur son cœur et m'a présentée très officiellement Jeshua, ce parent si particulier dont il m'avait déjà entretenue et qui était maintenant devenu rabbi.

Que vous dire ensuite ? Que Jeshua m'a fascinée et que je L'ai maintes fois revu au cours de mon séjour à Jérusalem ? Oui, bien sûr... mais ce n'est même pas le mot "fascinée" qui convient. Dans la fascination il y a souvent une part de séduction... Or, je n'ai pas été séduite ; j'ai été... saisie, presque "empoignée" au plus profond de mon être.

Non seulement j'étais persuadée connaître Jeshua depuis toujours mais j'ai été immédiatement convaincue qu'Il était le tournant de ma vie. Cela n'avait rien à voir avec un sentiment amoureux ; cette certitude venait d'une sorte de souffle ou de gifle sacrée.

En fait, je ne pouvais faire autrement que de rencontrer Jeshua car, inévitablement, nous logions tous deux chez Joseph.

Je me souviens qu'Il m'a d'abord très peu adressé la parole. C'était plutôt moi qui étais prise d'un soudain besoin de m'exprimer comme par peur d'un silence entre nous. Je Lui ai donc posé mille questions sur ses voyages. Il y répondait assez brièvement et avec une douceur dans la voix qui ne cessait de m'impressionner.

Dès notre seconde rencontre, j'ai éprouvé l'irrésistible besoin de Lui toucher les pieds, pas parce qu'Il était rabbi mais parce que j'avais déjà compris qu'Il n'était pas comme nous tous, qu'Il rayonnait *quelque chose* d'inconnu et d'incroyablement pur. Il m'a laissé faire et mon geste a duré fort longtemps, je crois. Ce fut, pour Lui et moi, une forme de pacte ou de re-connaissance, je ne sais. J'ai souvent revécu ces instants derrière mes paupières closes et je me dis qu'ils ont été parmi les plus beaux de ma vie. Pas un mot ne s'est échappé de nos poitrines, ce n'était pas nécessaire, un seul son aurait tout appauvri.

Lorsque je me suis relevée, Il m'a seulement dit :

— « Myriam... il y a des bouts de chemin qui, plus que d'autres, nous invitent à marcher. Reconnais-tu celui que j'entame comme étant peut-être aussi le tien ? »

Sans seulement réfléchir ni comprendre tout ce que cela pouvait signifier, j'ai répondu par un grand oui de la tête. Nous nous sommes quittés là-dessus jusqu'au repas du soir.

Il n'a pas voulu que je mange à part, selon ce que prescrivait officiellement la coutume[1]. Ce fut sa façon de nous rappeler son appartenance de cœur à notre Communauté. J'en ai été presque fâchée car ne je pouvais fuir constamment son regard ni dissimuler mon trouble.

Les jours qui suivirent ne cessèrent également de me stupéfier. Le rabbi un peu solitaire que je m'étais d'abord imaginé qu'Il était se révéla être entouré d'un grand nombre de personnes pleines de vénération pour Lui. Celles-ci L'attendaient la plupart du temps à l'angle de la ruelle où Joseph avait sa maison.

Un matin que j'en passais le seuil en même temps que Lui afin de me rendre au marché, Jeshua m'a soudainement demandé si je voulais me joindre à eux.

— « Rabbi, ai-je fait, il me faut remplir cette calebasse avec quelques légumes... »

— « Myriam, dis-moi, m'a-t-Il répondu de cet air grave et parfois un peu moqueur que nous Lui avons toutes connu, Myriam... n'as-tu faim que de légumes ? Il me sem-

---

[1] La coutume voulait que les femmes mangent à part des hommes et, de plus, après eux. Les communautés villageoises esséniennes faisaient toutefois exception. Les femmes y étaient considérées comme les égales des hommes.

ble que tu réclames un repas un peu plus conséquent, ne crois-tu pas ? »

J'ai fait celle qui ne comprenait pas, tout en jetant un rapide coup d'œil en direction de ceux qui L'attendaient un peu plus loin. Selon toute apparence, ils appartenaient au petit peuple, même si quelques uns portaient d'assez belles robes.

– « On vit bien chez Joseph, a-t-Il repris... mais est-ce de cette vie-là que tu veux vivre ? Joseph lui-même aspire à autre chose... Tu es de celles et de ceux qui sont en quête d'un repas dont on ne se rassasie jamais. Reconnais-le... »

Ces quelques paroles – que j'ai, sur le moment, trouvées un peu sentencieuses – ont marqué le vrai début de tout. Sans protester et sans me raisonner, j'ai suivi Jeshua jusqu'au bout de la ruelle et je me suis jointe à ceux qui L'y attendaient.

D'un bon pas nous avons passé une porte, puis nous sommes sortis de la ville pour nous asseoir enfin quelque part face aux montagnes arides. C'est là que j'ai entendu Jeshua enseigner pour la première fois.

Je dois vous dire, mes sœurs, que je n'ai rien retenu de ce qu'Il a dit. Ses mots ne sont pas entrés en moi par mes oreilles pour se fixer dans ma mémoire. Ils ont habité ma chair dès le premier instant. C'est ainsi que je les ai absorbés... avec *quelque chose* de moi dont j'avais jusque là ignoré l'existence.

Ce fut une révélation totale. Quel était cet homme qui parlait de l'Éternel comme de son père et qui donnait aux mots une autre couleur que celle que nous leur connaissions ? Ce n'était pas un rabbi !

Quelques heures plus tard, je suis rentrée chez Joseph en pleurs et la calebasse vide. J'étais bouleversée par ce qui m'avait pénétrée. Ce n'était pas seulement mon âme qui se montrait touchée car mon corps lui-même était comme en fièvre. Mon père ne m'a pas questionnée. Il a toujours été discret et empreint de sagesse. Je pense aujourd'hui qu'il voyait déjà les choses s'accomplir.

Ce séjour à Jérusalem dura plusieurs semaines. Par je ne sais quel mystère, chaque jour nous rapprochait un peu plus, Jeshua et moi.

J'avais beau m'obliger à ne pas Le suivre partout pour recueillir les foudroyantes paroles de paix qu'Il semait sur son passage, tout se mettait toujours en place pour nous faire nous rencontrer, même en dehors de là où nous logions.

J'avais beau me répéter aussi qu'il fallait que je rentre à Migdel pour retrouver mon fils Marcus qui apprenait le métier de la pêche avec quelques jeunes de son âge, je ne pouvais m'y résoudre. Oui, ainsi que je viens de vous le dire, la paix de Jeshua était foudroyante. Elle était... tout ce que je n'avais jamais pris conscience d'avoir tant attendu... Révolte et douceur, glaive et compassion... l'Humain marié au Divin !

Un soir, dans le petit jardin de mon père, alors que nous nous étions incidemment retrouvés seuls tous deux, Jeshua m'a posé la même question que celle qui avait marqué notre seconde rencontre : « Reconnais-tu, Myriam, le chemin que j'entame comme étant peut-être aussi le tien ? »

Je me souviens avoir baissé les yeux. J'ai dû rougir également et me crisper. Que fallait-il que je réponde ? Je n'ai pas eu besoin d'articuler le moindre mot. Jeshua s'est penché vers moi et a déposé un léger baiser sur chacune de mes paupières. Il m'a ensuite pris la main et nous avons pu nous parler... nous parler du chemin qui s'ouvrait, du chemin à prendre et de ce qu'il allait éventuellement signifier, pour Lui, pour moi, pour nous.

Je reconnais que je n'ai rien mesuré du défi que cela représenterait. Je ne voyais alors dans la tendresse qu'Il m'offrait qu'une suprême bénédiction. Je ne soupçonnais pas que, sous le voile de sa grâce, se dissimulait le plus grand combat qu'un être puisse livrer, celui de l'Infinie Lumière face aux pulsions de la Séparation.

Vous l'avez éprouvé à votre façon, Jacobée, Salomé, mes amies et mes sœurs... Quand on approche "trop" un Porteur de Lumière, on allume instantanément le feu de l'adversité, on appelle irrémédiablement les plus difficiles initiations, celles qui enrichissent l'âme à jamais mais qui savent aussi poignarder le corps pour l'obliger à renaître en vérité.

Lorsque j'ai dit oui à Jeshua pour emprunter son chemin, je n'étais encore qu'une femme fière et rebelle, inconsciente du fouet de la Vie qui allait claquer derrière chacun de ses pas. C'est ainsi que, quelques mois plus tard, nos épousailles eurent lieu à Cana.

Contrairement à ce que vous pensez peut-être, ces mois ne furent pas faciles. J'ai pris peur... Je suis retournée à Migdel pour mon fils. J'ai essayé de me remettre à prier selon les conseils que Jeshua m'avait donnés car il fallait que je puisse être la digne femme d'un rabbi... cependant, la tourmente s'installait plutôt en moi.

Qu'allais-je faire ? Cet homme qui semblait m'être promis, m'effrayait presque par sa différence et je me sentais toujours salie et indigne par ma pourtant vieille rupture d'avec Saül. Il s'était trouvé de si charitables personnes pour me crier que j'en serais souillée à jamais, que mon âme, malgré sa force, en gardait de silencieuses cicatrices. C'était ces dernières qui m'empêchaient de m'accrocher aux prières de mon enfance, celles de notre peuple.

Jeshua m'avait conseillé d'oublier tous les mots appris et de mettre simplement mon cœur à nu... mais cela voulait dire quoi, mettre son cœur à nu ? Il avait fallu que je l'entoure d'une telle cuirasse pour pouvoir continuer à respirer durant toutes ces années ! Si je la déposais à terre, qu'allais-je découvrir ? Peut-être une femme qui, finalement, ne croyait plus en grand-chose. Mettre mon cœur à nu ! Qui allais-je épouser au juste ? Enfin un vrai mari ou alors un étrange rabbi ? Tout était allé si vite !

Accroupie face à mes herbes et mes plantes, j'en suis venue à douter des heures miraculeuses que j'avais pourtant vécues auprès de Jeshua. Qu'avait-Il fait tourbillonner autour de moi et en moi pour me bouleverser ainsi et aussi rapidement ?

J'ai essayé de le mettre à nu, ce cœur... comme le font sans doute parfois tous ceux qui sont un peu perdus dans leur vie à force de porter un poids sur leurs épaules et d'avoir trop dû fuir la méchanceté.

Un jour que j'en étais encore à douter, j'ai vu Jeshua se présenter sur le seuil de ma maison. Sa visite était imprévue et imprévisible. Mon premier réflexe a été de Lui offrir un visage très assuré et très digne mais, l'instant d'après, je me suis retrouvée à ses pieds, le front contre le sol. C'était plus fort que moi, infiniment plus que la fierté que j'avais toujours affichée.

– « Tu passais par là, Rabbi ? »

– « Je passais par chez toi... »

Notre conversation a débuté de façon très anodine puis, soudain, Jeshua s'est planté en face de moi et j'ai eu l'impression que nous nous étions simplement quittés la veille. Les paroles qu'Il m'adressa alors sont de celles qu'on ne peut pas oublier. Elles étaient particulièrement intenses.

– « Pourquoi donc ta peur, Myriam ? Si tu te dis que j'en suis la cause, tu te trompes car en vérité tu me reconnais. Ta peur, je te l'affirme, vient de ce que tu ne te reconnais pas encore toi-même. Sache qu'elle n'est pas seulement tienne. Elle est celle de tout humain lorsque vient le temps pour lui d'avouer sa parenté avec l'Éternel. Aujourd'hui, sois-en certaine, c'est le Très-Haut qui frappe à ta porte...

D'ici une lune, je serai ton époux. Pas pour que tu me laves les pieds ni que tu me prépares mon repas. Pas pour

257

réconforter ma chair mais pour réconcilier ton âme en lutte contre elle-même.

Ainsi, Myriam, ce n'est pas ton corps que je suis venu chercher mais ton âme derrière ta chair et ton esprit derrière ton âme.

Pourquoi donc aurais-tu peur ? Mon Père cherche une femme pour devenir *la* Femme parce qu'Il lui faut une coupe pour recueillir Sa semence de consolation en ce monde.

On a enseigné à ceux de ce peuple que l'homme a été créé avant la femme... mais si je te disais que la femme a vu le jour avant l'homme, me croirais-tu ? Si je te disais que c'est ma Mère – qui ne fait qu'un avec mon Père – qui est la matrice de tout, me croirais-tu aussi ?

Tu pourrais me croire car, de toute éternité, l'eau vaut tout autant que le feu et la terre tout autant que l'air. Cependant, je ne t'enseignerai pas cela car mon Père, qui est aussi ma Mère, sont indissolubles, ils procèdent l'un de l'autre.

Ainsi, comprends-moi, l'homme et la femme se sont-ils inventés l'un l'autre. En t'épousant, je m'épouse et en m'épousant tu t'épouses, toi aussi. Tu te reconnais enfin.

Je suis venu te rappeler l'Émerveillement et te dire le sens de nos épousailles. Par celles-ci, tu seras priée d'être toutes les femmes de ce monde. En esprit, je t'enseignerai à toucher ma Mère, qui est aussi mon Père, car tu sauras que toutes les femmes sont un peu de ma Mère éparpillée à travers Sa Création.

Par notre union enfin, tu sauras que tous les hommes sont en moi et qu'ils sont un peu de mon Père qui cherche à Se rassembler au cœur de Son expansion. »

Vous vous en doutez, mes sœurs, je suis restée totalement silencieuse face à ces mots. Étonnamment, toute ignorante que j'étais encore des mystères du Très-Haut, j'ai eu la sensation de les comprendre intimement, d'en saisir l'essence, la substance profonde et tout ce qu'ils impliquaient.

Oh... il n'aurait pas fallu me demander de traduire ce que j'en comprenais ! J'en aurais été totalement incapable, moi qui savais alors à peine lire deux mots et tracer quelques lettres dans le sable, celles de mon nom.

Je peux simplement dire que je comprenais... sans percer le sens exact des mots utilisés. J'ai su pourquoi plus tard... Chaque mot juste que l'on marie avec justesse à un autre mot juste fait naître au contact de celui-ci une véritable petite musique que notre intelligence ordinaire ne peut saisir mais que *quelque chose*[1], en notre âme, parvient à recueillir dès que la pureté l'habite.

– « Je comprends, Maître, ai-je fait, je comprends... »

Il m'a souri puis a saisi délicatement mes poignets et les a regardés comme s'il y avait je ne sais quoi à y déchiffrer.

J'ai alors cherché ses yeux et j'ai voulu me reprendre :

– « Je comprends, Rabouni... mon Rabouni[2]... »

Il a posé son front contre le mien puis Il a continué :

– « L'Amour est malade sur cette Terre... Tu dois savoir ceci avant toute autre chose : Si je suis venu en ce monde, c'est pour le restaurer. Ne crois pourtant pas que je sois seulement là pour restaurer l'Amour entre la race des hommes et l'Éternel. Je suis là aussi pour le guérir entre l'homme et la femme. Voilà, dans sa plénitude, la raison première de nos épousailles. Ce ne sont pas Jeshua et Myriam qui se rencontrent car l'un comme l'autre ne sont que des masques. C'est le Seigneur Tout Puissant et Sa Création qui s'apprêtent à se regarder les yeux dans les yeux afin de renouveler leur Pacte dans l'Infini.

---

[1] Ce *quelque chose* a été appelé *noûs* par les Gnostiques. On peut le traduire par *supramental*. Voir "L'Évangile de Marie-Madeleine", du même auteur. (Éd. Le Passe-Monde).
[2] Appellation affectueuse dérivée de "Rabbi", un peu analogue à "Swamiji", "mon" Swami, en Inde.

Qu'il soit enfin dit que l'homme et la femme ne se dominent plus mutuellement mais se reconnaissent comme le Ciel et la Terre, indispensables l'un à l'autre, à l'image du Sans-Nom et de Sa Création...

Ma Bien aimée... nous sommes venus écrire cette vérité afin de tracer dans l'Invisible le Noyau de la Réconciliation. Peux-tu le concevoir ?

Lorsque nous nous épouserons en vérité, à travers moi mon Père t'enseignera le Souffle qui propulse la chair vers l'Esprit. Il te montrera la beauté et la grandeur de la Terre en toi, comme en toutes les femmes, en te dévoilant l'art d'inviter puis d'accueillir la respiration du Ciel. C'est l'Art d'entre les arts, celui qui divinise parce qu'il met fin à la Séparation.

L'art d'Aimer, Myriam, ne s'exprime pas que dans les Temples de pierre. On l'y fige trop souvent par la psalmodie sans âme des Paroles pourtant sacrées.

Il est dit qu'il se pratiquera également entre l'homme et la femme dans le Temple de leur union et qu'ainsi tous deux pourront s'élever

Je suis venu te rappeler – et vous rappeler à tous en ce monde – que chacun est à la fois temple et prêtre, azur et glaise. Je ne suis rien d'autre que le Réconciliateur, l'échelle qui s'offre pour tout ré-unir. Mesure cette vérité...

Si, par ces mots, j'ai accru ta peur, tu peux encore dire non. La liberté est le sceau dont ton âme est marquée. C'est à l'Affranchie que je parle, Myriam... »

Je crois, mes amies, n'avoir dit ni oui ni non... Ce n'était pas important. Pour toute réponse, mon front s'est appuyé plus fortement contre son front comme si les rides naissantes de ma chair cherchaient à accueillir les siennes entre leurs lignes.

Je me suis alors dit qu'autant que j'en aurais la force, Jeshua et moi ne connaîtrions plus qu'un seul chemin.

Avant de quitter ma demeure quelques instants plus tard, Il me demanda de Le conduire là où j'avais coutume de faire cuire mes galettes de pain. Je L'ai alors aussitôt amené à l'arrière de la maison. Il y avait là un vieux four de terre séchée. « Voici, Rabouni... » ai-je fait.

Au creux de mon four, un tas de cendres restait de mes dernières cuissons. Il m'aurait fallu l'en ôter depuis longtemps. J'en ai eu un peu honte... Avant que j'aie eu le temps de prononcer le moindre mot, Jeshua y plongea la main tout en faisant faire à celle-ci un petit mouvement circulaire. C'est alors qu'Il l'en ôta doucement, tenant du bout des doigts ce qui semblait être un morceau de tissu. Je me suis exclamée... mais voilà que le geste de Jeshua s'est prolongé encore et que la petite pièce de tissu que j'avais d'abord entrevue émergeant de la cendre s'est avérée être un grand voile blanc...

Dès que Jeshua eut totalement dégagé celui-ci du four dans un ample et souple mouvement, Il me le déposa sur une épaule. J'en ai aussitôt palpé le tissu... il était du plus beau lin que j'avais jamais vu, finement tissé et sans la moindre souillure de terre ou de cendre.

Totalement ébahie, je n'ai pas trouvé de mots assez justes. J'ai bredouillé, remercié par mille maladresses... Lui, Il riait presque...

C'est le premier prodige que je L'ai vu accomplir. Ce fut sa façon de souligner la confirmation du pacte de nos âmes.

Vous vous en doutez, je l'ai toujours ce voile. Il est usé maintenant, bien sûr ! Après l'avoir tant porté, je le garde précieusement au fond de ma besace.

Lorsque Jeshua est parti ce jour-là, j'ai remarqué que des hommes l'avaient paisiblement attendu tout ce temps à l'ombre des eucalyptus qui poussaient sur le bord du sentier, derrière le muret de mon jardin... Les mêmes hommes qu'à Jérusalem, quelques femmes aussi. Assis sur le sol,

Marcus, mon fils, discutait avec eux. J'ai aimé cela... Il me semblait que l'ordre du monde changeait et qu'une harmonie nouvelle se mettait en place.

Et puis vint le jour de nos noces à Cana, en Galilée, là où notre famille possédait une assez vieille mais grande demeure pouvant accueillir la plupart des convives. Ce furent des noces simples mais où chaque invité était à sa juste place. J'y ai vraiment connu pour la première fois ceux qui n'ont jamais plus quitté Jeshua, Éliazar surtout qui avait insisté auprès de Lui pour diriger le déroulement des festivités.

La cérémonie elle-même ne s'est que très peu imprimée dans ma mémoire. Je l'ai vécue dans une sorte de brume, couverte de voiles et de perles mais incapable de réaliser pleinement ce qui se passait.

Quand je repense à toutes les journées qu'elles occupèrent, j'ai surtout en mémoire le tourbillon de joie dont elles furent enveloppées. Celui-ci m'a surprise et décontenancée. Pendant les semaines qui les avaient précédées, je m'étais souvent dit qu'épouser un rabbi devait être bien différent que d'épouser un autre homme. Je m'étais imaginé une forme d'austérité. C'était aussi ce que m'avaient laissé supposer Joseph et quelques membres de notre Communauté.

Mais vous connaissez le Maître... La joie occupait une place importante dans ce qu'Il avait à cœur de nous enseigner.

C'est à ce moment-là que j'ai commencé à m'en apercevoir, ainsi que beaucoup d'ailleurs. Jeshua a dansé et chanté avec les convives... Il a plaisanté aussi.

Dans mon coin, sous mes voiles, j'ai rapidement vu que quelques uns en étaient indisposés. C'était ceux, bien sûr, qui L'avaient déjà figé dans un rôle qu'ils avaient cru pouvoir décider à sa place. Celui d'un maître parmi d'autres maîtres, d'un sage parmi d'autres, parfaitement conforme à ce qu'on se dit qu'il convient d'être dans ces cas-là...

Ce fut la raison pour laquelle, à un moment donné, Il s'est levé. Quelques discussions en aparté et les regards choqués qui les avaient accompagnées ne Lui avaient pas non plus échappés. Je me souviens de l'essentiel des mots qu'Il a alors prononcés car ils ont modifié la couleur des réjouissances.

– « Mes amis... Dans le pays des hautes cimes où j'ai vécu quelques années avant de m'en revenir ici[1], j'ai un jour rencontré un vieillard. Celui-ci m'a conté son histoire...

Dès sa prime jeunesse, il n'avait rêvé qu'à une chose : devenir un sage. Pour cela, il s'est d'abord dit qu'il lui fallait absolument être savant. Alors il a recherché les plus doctes professeurs, il les a écoutés, il en a retenu les leçons et il est effectivement devenu fort savant...

Mais, voyant que son savoir ne suffisait pas à lui procurer la sagesse, il chercha les meilleures façons de contrôler son corps, de prier et de méditer. Il fréquenta donc les maîtres les plus réputés et s'imposa, sur leurs conseils, les plus dures des disciplines jusqu'à ne presque plus manger afin que sa voix soit "plus limpide et mieux perçue par l'Éternel". En plus d'être savant, il devint donc fort maigre jusqu'à en être fier.

« Voilà... je suis maintenant devenu un sage » pensa-t-il alors en comptant le nombre grandissant des disciples qui se regroupaient autour de lui. Ceux-ci étaient fascinés par son ascétisme, la rigueur de ses propos et... ses cheveux devenus blancs.

Un jour, cependant, me raconta-t-il, un gros orage vint à éclater tandis qu'il enseignait. Il se leva afin d'entraîner son assistance dans un lieu abrité mais, dans un geste maladroit, il tomba dans la boue tout en déchirant sa belle robe. Il en fut si furieux qu'un énorme juron est sorti de sa

---

[1] Les hauts plateaux de l'Himalaya.

> L'Éternel est joie avant que d'être tout ce que nous pensons qu'il est. C'est de la joie que tout procède

bouche devant tous ses disciples médusés de voir ainsi leur modèle perdre contenance.

– « Ce n'est pas si grave, maître, lui dirent quelques uns. Nous laverons cette robe et t'en offrirons même une autre. »

Comme le maître ne pouvait dissimuler sa colère et sa honte de n'avoir pu conserver la dignité qui lui paraissait indispensable, ses disciples en vinrent à le regarder différemment et le quittèrent les uns après les autres.

Lorsqu'il se retrouva seul, me conta-t-il, il se mit à pleurer. La vie l'avait placé face à lui-même et ce qu'il avait pris pour de la sagesse n'était qu'illusion puisqu'un simple orage en avait eu raison. Il s'en prit alors à l'Éternel en L'accusant de son infortune. Lui, à qui il avait tout donné, pourquoi lui avait-Il fait cela ?

Trois jours plus tard, L'Éternel lui envoya Sa réponse sous la forme d'un jeune homme à la longue chevelure brune qui passait par là.

– « Pourquoi pleures-tu, vieillard ? lui fit ce dernier.

Le vieil homme lui confia sa cruelle déconvenue au crépuscule de sa vie.

– « Est-ce tout ? lui répondit le jeune homme. Laisse-moi te dire... Le remède était pourtant simple. Si tu avais ri de ta chute et même de n'avoir pu contenir un juron, tes disciples seraient encore ici à t'écouter, ils ne t'en auraient respecté que davantage.

Crois-moi, vieil homme, savoir s'amuser des mille choses de la vie et de soi-même est une divine qualité. Sans elle, les autres ne valent pas grand-chose. Sois-en le témoin ; celui qui n'a pas fait sien l'étendard de la Joie ne peut rien maîtriser réellement en lui.

L'Éternel est Joie avant que d'être tout ce que nous pensons qu'Il est. C'est de la Joie que tout procède... parce qu'elle est simplicité et spontanéité. Elle est aussi Amour à l'état pur, sans calcul ni frontière. La Joie n'est pas un sa-

C'est de la Joie que tout procède... parce qu'elle est simplicité et spontanéité. Elle est aussi l'amour à l'état pur, sans calcul, ni partiel.

voir, vieil homme, elle est la marque de la Connaissance, le signe de Ce qui unit au Seigneur de toute vie.

Appelle-la, laisse-la venir, découvre-la, fais tout pour t'y abandonner et tu y trouveras la sagesse que tu as tant cherchée.

La gravité à laquelle les hommes comme toi s'accrochent n'est pas le caractère premier du Divin ; elle n'en est que l'ombre portée en ce monde. »

Abasourdi, celui qui s'était voulu sage lui demanda :

– « Qui es-tu, toi, pour me parler ainsi ? Ton jeune âge ne te permet pas de me donner pareille leçon. »

– « Qui je suis ? Un jeune homme vieux de plusieurs siècles et qui ne cesse de s'amuser et de rire au contact du Monde céleste[1]. Dans la Joie réside l'éternelle jeunesse, dans la Joie prend racine la sagesse.

Nul ne peut décider de *conquérir* la sagesse quand bien même il serait le plus docte des prêtres et jouerait à l'acète. La sagesse bâtit son nid chez celui qui a fait de la place en lui, celui qui n'interprète aucun rôle et n'a aucune autre prétention que de participer à la danse joyeuse de la Vie. »

Lorsqu'il eut prononcé ces mots, le jeune homme passa alors lentement sa main sur son visage, révélant ainsi, pour un instant seulement, celui décharné et momifié d'un cadavre. Dès qu'il eut retrouvé son apparence première, il ajouta simplement :

– « Tu as vu ce à quoi je ressemblerais si je n'avais pas invité la Joie dans mon corps et si je ne la respirais plus en ce moment même. Ne l'oublie pas. Débarrasse-toi des déguisements de la sagesse et vis ! »

Le jeune homme passa alors son chemin, laissant ainsi le vieillard avec le plus beau des secrets... Si je vous ai raconté cette histoire, mes amis, reprit Jeshua en changeant

---

[1] On peut sans doute reconnaître ici l'Avatar Babaji qui, dans les Himalayas, fut pour un temps l'enseignant de Jeshua.

de ton, c'est parce que, moi aussi, je l'ai rencontré ce jeune homme à la longue chevelure brune. J'ai vu la Vérité qui vivait en lui. Il m'a laissé la toucher et je l'ai éprouvée ; elle m'a parlé de mon Père et depuis elle ne me quitte plus car elle m'a montré la vraie jeunesse de mon cœur.

Je vous l'affirme... *la Joie est la jeunesse des vieilles âmes.* Laissons-la se répandre là où nous voulons inviter le Divin. »

Ainsi que je vous l'ai dit, mes sœurs, les festivités ont pris une tout autre allure à partir de cet instant.

Certains remercièrent le Maître pour le partage de sa Connaissance tandis que d'autres prirent la leçon en silence. Tous, enfin, voulurent lever leur coupe en l'honneur de la grâce qui était descendue sur nous par les paroles offertes.

C'est peu après que l'on s'aperçut qu'il allait manquer de vin. Jeshua a aussitôt donné ses instructions à Éliazar afin que l'on remplisse d'eau les jarres normalement réservées aux ablutions.

Discrètement, j'ai tout entendu et tout vu... Mon époux n'a même pas eu besoin de se lever ni de toucher moindrement la terre des récipients qu'Il avait désignés. Sitôt que ceux-ci furent remplis comme Il l'avait dit, le vin le plus frais et le plus doré qui soit s'en est écoulé dans toutes les cruches et les coupes qui se tendaient.

J'ai alors aperçu Meryem qui souriait d'un air heureux à Éliazar, mon père Joseph qui tentait de contenir une larme et Marcus qui demeurait bouche bée. Lui non plus n'avait rien perdu de ce qui s'était dit et passé.

Sur le moment, je vous l'assure, les convives n'ont pas compris ce qui venait de se produire. Il fallut attendre le lendemain, lorsque le vin ne parut jamais se tarir, pour que chacun atteste du prodige de la veille et de la Lumière que manifestait le Maître.

n. Change donc ton œil de place, et observe ce qui est, sans considérer ni passé, ni futur. Notre monde est celui de la nécessité. C'est dans l'intelligence de l'Instant présent qu'une telle vérité peut se comprendre...

Je ne saurais vous décrire l'état dans lequel j'étais au soir même de nos épousailles lorsque je me suis retrouvée seule avec Lui. Jeshua était officiellement mon époux et, pour moi surtout, mon bien aimé... Mais en vérité, au-delà de la loi des hommes et de celle du cœur, *Qui* était-Il exactement ? J'étais si petite, si ignorante, si orgueilleuse, me semblait-il ! Alors pourquoi moi ? Pourquoi m'avait-Il choisie ?

Tout en étant émerveillée et subjuguée par l'homme que je découvrais de plus en plus, j'ai senti une forme de crainte et même de peur monter en mon ventre.

Comment se faisait-il que, moi qui avais presque désappris à prier durant des années, je me retrouvais là avec, en quelque sorte, une prière vivante ? Où était mon mérite ?

Ces pensées étaient si présentes que, dès que la porte de notre pièce fut refermée derrière nous, je m'en suis ouverte à mon époux. Celui-ci s'est mis à rire.

– « Ton mérite ? Myriam... ce n'est pas ainsi qu'il faut regarder les choses en ce monde. Bien des mérites n'y sont pas récompensés avant longtemps et bien des fautes n'y sont pas sanctionnées avant longtemps non plus ! Change donc ton œil de place et observe ce qui *est*, sans considérer ni passé ni futur. Notre monde est celui de la Nécessité. C'est dans l'Intelligence de l'Instant présent qu'une telle vérité peut se comprendre... »

– « Une nécessité ? Ce que tu dis là me semble terrible, Rabouni... Si la nécessité est le motif qui a présidé à notre rencontre jusqu'à nous conduire aujourd'hui à nos noces, où est l'amour ? Le tien ne serait-il fait que d'une obligation sacrée. Tu me fais peur... »

Jeshua a alors posé sur moi un regard d'une tendresse que je n'oublierai jamais, mes sœurs. Jamais !

– « Myriam... l'Amour est la seule nécessité qui soit. Son intelligence ordonne tout. Toute rencontre qui est vé-

267

Toute rencontre qui est véritablement rencontre, est écrite par nos âmes, au-delà du temps. C'est pour cela qu'elle est nécessaire, inévitable et porte le sceau de l'amour, sans qu'il soit besoin d'en rechercher les mérites ou les raisons ainsi nous unissons-nous...

ritablement rencontre est écrite par nos âmes au-delà du Temps. C'est pour cela qu'elle est nécessaire, inévitable et porte le sceau de l'Amour sans qu'il soit besoin d'en rechercher les mérites ou les raisons. Ainsi nous unissons-nous...

Je te le demande, ne fais pas tourner ces mots dans ta tête ; seule la confiance en la justesse du Vivant au cœur de toute chose te fera en intégrer la Vérité jusque dans ta chair.

Regarde de quelle façon ce monde vit... Il rit ou il pleure en fonction de ce qu'il estime qui doit être ou ne pas être. Il se soucie peu de ce que l'équité divine place sur son chemin ; il n'a que faire de la Sagesse qui préside à son destin. Il choisit de se battre à chaque instant pour son propre ordre des choses. C'est ainsi qu'il souffre, en se coupant de l'aimante nécessité de s'en remettre infiniment à la Source.

S'en remettre à la Volonté du Père de toute vie, voilà ultimement le vrai défi de ce monde, Myriam !

Vois-tu, la seule rébellion qui mérite le nom de révolution est celle contre la Cassure car ce qui fait courber l'échine aux hommes, c'est leur Séparation d'avec mon Père.

Par la nécessité qui pousse l'Amour à prendre chair c'est *le* vrai défi et *la* révolution que je suis venu chercher en toi. Me comprends-tu ? »

Je comprenais... mais je m'en sentais toujours si peu digne ! À Migdel, le Maître m'avait annoncé que c'était l'*Affranchie* qu'Il venait chercher en moi.

Mais l'affranchie de quoi ? Certes, j'avais vécu à la façon d'une insoumise depuis ma fuite de la demeure de Saül, toutefois cette pulsion de révolte ne s'était orientée que contre les lois des hommes. Moi... j'avais toujours mes peurs, mes préjugés, mes colères, mes vieux réflexes de survie. Tout cela était bien ordinairement humain...

Ce soir-là, cette nuit-là, je n'ai pas parlé, bien sûr, à mon époux de cette indignité que je sentais toujours mienne.

À sa demande, nous nous sommes assis l'un face à l'autre dans la petite pièce couleur de terre où nous allions passer nos premières heures d'union. De gros tapis de laine rouge avaient été disposés en nombre sur le sol et une grande étoile à huit branches, celle qui a toujours accompagné notre peuple, avait été peinte à la chaux sur l'un de ses murs. Elle semblait danser à la lueur chaude des lampes à huile qui avaient été disposées un peu partout.

Dehors, les chants en l'honneur de nos noces se poursuivirent longtemps. Ils se prolongèrent tard dans la nuit, bien après que l'obscurité fut descendue sur le partage de notre amour.

Au petit matin, le Maître était déjà levé lorsque mes paupières sont parvenues à s'ouvrir. Un beau rayon de soleil se faufilait dans l'embrasure de la porte. Par son ventail entr'ouvert, j'ai aperçu sa silhouette à genoux sur le sol de la terrasse qui prolongeait notre pièce. Il priait et dessinait dans la lumière de petits gestes dont j'ignorais tout. »

Myriam vient soudainement d'interrompre son récit. On dirait qu'elle cherche sa respiration. Je lui prends la main et Jacobée, de son côté, se met à serrer la mienne. Il me vient à l'idée que nous formons ainsi une chaîne ouverte, une chaîne formée de trois anneaux.

Pourquoi ceux-ci ont-ils donc réussi à se retrouver si naturellement sans que rien de ce qui les a forgés paraisse ne s'être affaibli dans le temps ? Et qu'est-il donc advenu de tous les autres ? Éliazar, Jude, Simon, Thomas, Bethsabée... Cette pensée ne me quitte jamais.

– « Allons ! s'écrie Myriam en respirant tout à coup bruyamment et à pleins poumons. Allons... nous n'allons

269

pas tomber dans la nostalgie ! Encore un peu et je me serais moi-même fait piéger !

Regardez et écoutez mes amies... Vous voyez et vous sentez bien qu'Il est là parmi nous...

Si nos mémoires sont miraculeusement aussi vives c'est parce qu'Il souffle sur leur feu. »

— « Ma sœur... vient à murmurer Jacobée, tout en redressant son dos qui accuse la fatigue. Ma sœur... tu dis toujours facilement "le Maître" en parlant de Jeshua. Tu es pourtant devenue son épouse à compter de cette nuit-là. »

— « Je l'ai été à partir de cette date, oui... mais je l'ai été d'une étrange façon. Je l'ai été comme une prêtresse qui s'offrirait au Divin. Je veux dire... sans sentiment d'appropriation, sans désir ni réflexe de possession. Le contraire aurait été impossible avec Jeshua, comprends-tu, comprenez-vous ? Comment faire don de sa personne au soleil et dire en même temps "Il est à moi !" ? »

Il me l'a dit et répété : c'était toutes les femmes qu'Il épousait à travers moi. Cela vous paraît peut-être inconcevable mais Il y a réussi, parce que c'est l'Essence ou le Principe de la Femme qu'Il a touché en moi.

Au début, je n'ai pu que faire confiance ainsi qu'Il me le demandait et puis, peu à peu, j'ai appris à boire à la même coupe que Lui. Mon époux est devenu *le* prêtre qui officiait dans *le* temple qu'Il faisait de moi à travers la nature et l'espace de son Amour.

Vous le savez bien, Il ne m'a pas seulement aimée dans son âme et dans son esprit mais aussi dans sa chair parce que le corps était justement, à ses yeux, l'Outil nécessaire de la Réparation, l'Outil de la Réconciliation... contrairement à ce qu'on a toujours voulu nous inculquer.

Un jour, j'ai dit au Maître :

— « Je ne suis qu'une femme et je regarde la puissance du Souffle que tu veux m'offrir par chacun des gestes que tu poses sur moi et par l'enseignement si secret dont tu les accompagnes.

Oui, je ne suis qu'une femme ; je regarde mes mains, mes bras, mes jambes, mon ventre, ma peau tout entière et je me dis que tout cela est bien fragile et si peu à l'image de ce que tu souhaiterais... »

Alors, Il m'a répondu :

– « Croirais-tu encore en la souillure de la chair ? Croirais-tu toujours qu'elle soit la dernière marche de la Création de mon Père ? Je te le dis, il n'y a pas d'impureté liée à la chair hormis celle dont l'homme et la femme, dans leur liberté et leur ignorance, veulent la marquer.

Celui ou celle qui demeure sur le parvis d'un temple ou qui ne fait que se promener entre ses colonnades ne soupçonne pas la fonction et le Mystère de son Naos. Il tourne le dos au Saint des saints qui est la raison même du temple.

Ce que je t'enseigne de la circulation du Souffle en toi a pour but de te révéler ton propre autel, là où la femme devient Femme, ni possédée ni possédante, ni propriété ni propriétaire. L'idée de la présence de Shatan dans le corps a la vie tenace ; tant qu'elle perdurera, il n'y aura pas de Réconciliation possible. »

Alors oui, j'ai nécessairement vu le Maître en Jeshua avant d'y voir mon époux. Il m'a tout de suite appris à ne pas rester sur le parvis du temple mais à officier dans son Naos. Devenir toutes les femmes à la fois, tout comme devenir tous les hommes en même temps, c'était et c'est cela pour Lui, se retrouver dans le Saint des saints du temple, la clef de tous les espaces de notre être. C'est ainsi que j'ai appris à devenir multiple, à accepter mes racines et mon tronc comme étant indispensables à mon feuillage... puis à mes fruits à venir.

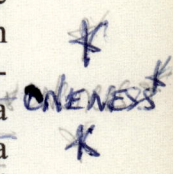

Je dois vous confier, mes sœurs, que cela n'a pas été facile. Mon poing était plus crispé que je ne le croyais, mon sens du contrôle et de la possessivité plus vivant que je ne l'avais imaginé... Et mes réactions parfois plus vives que je ne l'aurais voulu !

Souvent, vous le savez très bien, les femmes plus que les hommes, usaient de ruse afin de demeurer longtemps en la présence du Maître...

C'était au début de notre vie commune à travers le pays alors que sa Parole se répandait à la vitesse d'un cheval au galop. Un jour, je Lui ai reproché de se laisser, me semblait-il, trop entourer par elles. Avec fermeté, Il m'a seulement répondu : « Ne juge pas la Force qui jaillit de mon corps et qui se projette vers cent directions à la fois car elle est pureté. Ne juge rien de moi car le feu ne contient pas ses flammes. Le mien brûle ce qui doit être brûlé et réchauffe ce qui est pris dans la glace. Tu es ma Bien aimée alors laisse mes pas se poser là où ils le doivent... »

J'ai eu honte de ma réaction. Je ne pouvais pas Le rétrécir dans ce qu'Il était et, quand bien même Il y aurait consenti pour se conformer aux regards simplement humains, je n'aurais pas tardé à me rétrécir moi-même.

J'ai compris que lorsqu'un être nous force à nous dilater il est assurément un Envoyé du Divin.

Souvent, quand je suis seule, je prie pour cultiver le don de savoir, moi aussi, comment agrandir le cœur de l'autre. Peut-être est-ce prétention ? Peut-être... mais il me semble qu'il n'est pas interdit d'y voir aussi un noble défi. S'appliquer à être une différence sur le chemin de l'autre... N'est-ce pas ce que Jeshua nous enseigne à chaque instant par *ce qu'Il a laissé de Lui en nous* ? »

– « Ma sœur Myriam, fais-je, toi qui as vécu si proche de Lui, comment peux-tu justement définir, toi, *ce* qu'Il a laissé de Lui en nous ?

Lorsque je parcours les villages alentours avec Jacobée, je me sens toujours malhabile à transmettre *ce* qu'Il nous a communiqué. On me dit : « Raconte-nous encore une de

272

> Que faisait le Maître ? Il essayait précisément de tisser des espaces libres en nous.

ses histoires... Comment était-Il ? Qu'est-ce qui vous a poussées à voyager si loin ? »

Ces questions m'embarrassent. Je cherche des mots pour essayer de traduire ce que j'ai reçu mais je vois bien que lorsque je crois en avoir trouvé, ils ne sont pas perçus comme je les ai pensés. En fait, c'est le mystère du Maître que je ne parviens pas à exprimer... »

— « Et tu n'y parviendras sans doute jamais, me répond Myriam, parce que les réalités les plus sacrées ne sont pas faites pour être dites. On peut seulement les semer au vent, c'est-à-dire les suggérer. Chacun en attrape une graine comme il le peut – ou pas du tout – et la plante à sa façon là où il y a de la place en lui...

Alors notre tâche, vois-tu, c'est d'abord d'essayer de faire un peu de place dans le cœur de tous ceux que nous rencontrons. Très humblement. Quand un homme vient à découvrir qu'il y a beaucoup d'espace dans sa poitrine et en arrière de son regard, alors tout devient possible.

Que faisait le Maître ? Il essayait précisément de tisser des espaces libres en nous. C'est d'abord cette capacité-là qu'Il nous a laissée de Lui... Celle d'appeler en chacun la révélation d'une vraie place pour le Divin. *Faire intimement sentir à l'autre que l'Éternel n'est pas extérieur à lui mais qu'Il est un germe dans son cœur... Voilà notre mission, voilà la Certitude et la Puissance que Jeshua a laissées de Lui en nous*. N'est-ce pas merveilleux ?

C'est le bonheur de pouvoir dire : « Ne croyez pas cela... mais *soyez* cela ! Éprouvez la joie d'apprendre à toucher la Présence de la Lumière en vous, laissez-la monter, vivez-la... »

Moi aussi je me suis longtemps et souvent demandé *comment* dire le secret de ce que nous avons reçu. Je n'ai jamais trouvé de réponse à cette question autrement que par l'art de faire naître des images. Le simple assemblage des mots reste stérile. Ainsi, voyez-vous mes sœurs, faites en sorte que les mots qui vous viennent malgré tout soient des sculpteurs d'images ; avec eux faites-vous couleurs et parfums, c'est-à-dire Parole. Votre vérité leur donnera vie... Ce n'est jamais ce que vous avez compris du Maître – chacune à votre façon – qui agit.

Ne soyez pas surprises... car aucune de nous trois n'a certainement reçu et perçu de Lui la même chose. C'est ce qu'Il a voulu car on n'emprisonne pas le Divin entre deux ou trois définitions. On L'éprouve puis on tente de Le faire éprouver.

Le Maître avait autant de visages qu'il y avait, qu'il y a et qu'il y aura d'êtres humains...

C'est pour cela qu'Il était et qu'Il demeure le Maître. »

Chapitre X

Les sept démons

Bientôt le jour sera là. Déjà... Au-dessus de la petite dune qui sert de protection à notre abri de fortune, le ciel s'éclaire. Est-ce possible ? Le temps qui passe ne signifie décidément plus rien depuis que Myriam nous a rejointes. Nous nous imaginons jouer avec lui en rassemblant nos souvenirs mais, en vérité, c'est tout aussi bien lui qui joue avec nous.

Myriam également regarde le ciel qui s'illumine sur la ligne ondoyante du sable. C'est ce qui l'a fait interrompre son récit, je crois. Souhaitera-t-elle attendre la prochaine nuit pour le reprendre ?

– « Mes sœurs, fait-elle en rajustant le voile qui la protège du petit vent montant, je dois vous avouer que je ne suis pas vraiment une nocturne. Si vous m'y autorisez, je briserai un peu notre entente qui était de n'ouvrir nos mémoires que sous le manteau de la nuit. J'aime sentir le soleil se lever ; ce matin plus qu'un autre certainement il me donne des forces pour me souvenir et parler. Me suivrez-vous ?

Nos trois regards se rencontrent... Ils partagent leur accord. Comment Jacobée et moi voudrions-nous retarder encore l'écoute de ce qui nous nourrit ? En me laissant à la fois bercer et secouer par les paroles de Myriam il y a quelques instants encore, j'avais presque la sensation que c'était Jeshua Lui-même qui s'adressait à nous.

Quand notre sœur raconte, tout se passe plus loin et plus haut que les mots que nous recevons. On dirait qu'avec les années qui se sont écoulées une part de la Force du Maître s'est ancrée dans sa chair.

Je redécouvre Myriam... Alors, je guette l'éclair de son regard et les mouvements de ses lèvres qui s'apprêtent à libérer des images vivantes...

– « Je me souviens que, jusqu'au lendemain de nos noces, je ne m'étais jamais vraiment posé de questions sur ce qu'allait devenir ma vie au côté du Maître. Bien sûr, je savais qu'Il se déplaçait beaucoup afin d'enseigner ce qu'Il appelait facilement "le secret du Cœur". Il m'avait dit aussi avoir pour intention de parcourir autant qu'Il le pourrait les rives du lac parce qu'Il y aimait la couleur du ciel et les hommes qui y vivaient.

C'était une belle perspective pour moi, rien que de très naturel également car c'était les seuls endroits au monde que je connaissais vraiment. Les rives du lac signifiaient d'abord ma maison de Migdel ; j'allais désormais pouvoir y vivre la tête haute avec pour époux un rabbi... Une petite revanche sur ceux qui m'avaient montrée du doigt telle une lépreuse de l'âme. Un rabbi, même suspect parce que trop libre aux yeux de certains, c'était toujours un rabbi...

Et puis... si Jeshua acceptait que je marche auprès de Lui, ce ne serait pas difficile et je n'en serais que plus heureuse.

L'exigence de son Soleil avait tout de suite bouleversé mon âme ; j'étais prête à tout offrir à une telle exigence afin qu'elle poursuive son œuvre mais, ainsi que je vous l'ai dit, cela s'était fait si rapidement et si facilement que je n'imaginais pas les proportions de la Montagne qu'il me faudrait gravir.

Je ne pouvais entrevoir autre chose qu'une certaine douceur, comprenez-vous ? Les rives du lac ne me suggéraient que cela, même si j'allais y user mes talons. Boire à la Source qui redonnait un sens à ma vie, c'était... plus que je n'aurais jamais pu l'espérer.

Alors, je le reconnais mes amies, pendant près de trois lunes j'ai connu l'orgueil de me regarder avec une certaine satisfaction. Certes, j'avais toujours conscience d'être bien petite et ignorante à côté de mon époux mais Celui-ci ne m'avait-Il pas assuré que c'était l'Éternel qui avait décidé de notre union et que pour Lui, Jeshua, je serais toutes les femmes à la fois ?

Ainsi avais-je compris les choses à ma façon, comme je le pouvais. L'intensité de ce que je recevais ne venait d'ailleurs pas démentir les certitudes que je me forgeais. On appelle cela... de la vanité, je crois.

Évidemment, vous vous en doutez, je n'ai pas tardé à me rendre compte que tout n'allait pas se passer comme je m'étais plue à le bâtir dans ma tête. Le Maître a tout de suite dérangé les consciences au-delà de ce que j'avais pu éventuellement entrevoir.

J'avais été subjuguée par un homme dont je m'étais dit qu'il était plus qu'homme. J'avais épousé un rabbi dont j'avais vu qu'il était plus qu'un rabbi et puis... j'avais un peu oublié tout cela... Quand on partage l'existence quotidienne de qui que ce soit, on est justement rattrapé par ce quotidien. C'est ce qui s'est passé quand j'ai vu que l'océan de Sagesse qui m'avait prise pour épouse pouvait tacher sa robe ou briser ses sandales comme n'importe quel homme. Ainsi qu'il se devait, j'ai donc lavé les robes de Jeshua et aussi réparé ses sandales avec mon savoir-faire.

Les premières semaines, j'ai vu une grâce en cela, celle d'être au service du Divin qui vivait en Lui et puis, peu à peu, par manque de lucidité, je me suis lassée de mon "privilège", pour reprendre l'expression que j'entendais parfois sortir de la bouche d'autres femmes.

Mon privilège est donc devenu un travail, un labeur dont je me serais passée parce qu'il me semblait que je méritais autre chose que lui. Mon orgueil me masquait l'essentiel et m'envoyait l'aveuglement...

Le Maître n'a pas tardé à s'en apercevoir. Un matin, alors que je m'apprêtais justement à laver sa robe sur la grande pierre plate que j'utilisais à cet effet au bord de l'eau, sa main est venue arrêter fermement le mouvement de la mienne.

– « Donne-moi cela, ma femme, a-t-Il fait calmement. Dorénavant, c'est moi qui laverai mes vêtements souillés. Ma robe est de l'ordre de mon corps. Il m'appartient d'en prendre soin moi-même. »

J'ai voulu protester, bien sûr, confuse qu'Il ait à ce point lu en moi mais Il est demeuré inflexible dans sa décision. Vous savez comment Il était... Il était inutile de chercher à Lui résister.

Jeshua est donc reparti avec sa robe à la main ; je me suis dit qu'Il la laverait sans doute à un autre moment puis j'ai eu honte des pensées par lesquelles je m'étais laissée envahir.

Je me souviens particulièrement de cette histoire en apparence anodine parce qu'au fil des années où j'ai eu la grâce de vivre quotidiennement auprès du Maître, je n'ai jamais vu Celui-ci laver une seule de ses robes, tandis qu'elles étaient toujours d'un lin parfaitement immaculé.

Évidemment vexée, j'ai d'abord cru qu'une autre femme, plus simple que moi, avait hérité de la besogne. J'ai questionné partout où je le pouvais pour enfin m'apercevoir que je me trompais.

Un jour où, à la sortie de Caphernaüm, nous marchions tous derrière Lui après une forte pluie, un Romain à cheval est venu à nous dépasser rapidement. Dans son galop, l'animal nous a aspergés de boue. J'ai tout de suite vu que la robe et le manteau de mon époux n'avaient pas été épargnés. Ainsi que la plupart de nos compagnons, j'ai maudit par réflexe le centurion qui était déjà bien loin.

Jeshua, qui marchait juste devant moi, s'est alors retourné et s'est mis à rire tout en me regardant.

— « Pourquoi ris-tu ? Il faudra tout laver... Cette fois, c'est moi qui le ferai. » lui ai-je dit, un peu irritée.

— « Ce ne sera pas nécessaire, Myriam. Il y a des choses bien plus importantes dont tu dois t'occuper. »

Je n'ai pu faire autrement que de chercher une seconde fois du regard les taches de boue qui maculaient en nombre ses vêtements. Où étaient-elles ? Je ne les voyais plus... J'ai demandé à Jeshua de s'arrêter et je les ai cherchées entre les plis du tissu... J'ai dû me rendre à l'évidence : elles avaient totalement disparu.

Sur le moment, je n'ai rien commenté mais mon cœur s'est mis à palpiter avec force dans ma poitrine. C'était comme s'il m'intimait l'ordre de me réveiller ou de m'ouvrir plus grand les yeux.

— « Je te l'ai dit, ma femme, m'a alors murmuré le Maître à l'oreille... Ma robe est de l'ordre de mon corps. Elle et lui servent mon Père, ils en deviennent l'outil au gré de Sa Volonté. »

Il n'a pas eu besoin de s'expliquer davantage. J'ai compris le sens de la leçon qu'Il avait cherché à me donner. Il était évident que toute matière Lui obéissait et qu'Il se servait d'elle pour enseigner au gré de ses intentions. Jeshua n'avait pas voulu, dès le départ, me dispenser du lavage de ses robes pour que, d'une manière ou d'une autre, la tache de mon orgueil finisse par me sauter aux yeux.

Il a fallu attendre le dernier mois avant son arrestation pour qu'Il me demande de bien vouloir à nouveau nettoyer ses vêtements. J'en ai éprouvé un bonheur inexprimable.

Sans oser rien vraiment en déduire, je me suis dit que j'avais peut-être malgré tout bougé au-dedans de moi et que c'était sa façon de me l'annoncer.

Au début, avant votre arrivée – vous l'avez certainement entendu dire – je n'étais pas de toutes les marches à travers le pays. J'avais parfois la sensation que l'exigence de son constant enseignement mangeait trop la liberté qui était mienne et que j'avais conquise pas à pas, durant de si nombreuses années. Je prenais donc mes plantes pour prétexte et je me réfugiais à Migdel.

Quant à Marcus, je n'ai pas pu m'en servir longtemps comme argument. Il avait soudainement grandi en autonomie et en lucidité alors, autant qu'il l'a pu, il a commencé à ne plus quitter l'entourage du Maître. Là aussi mon orgueil a été mis à l'épreuve. Qu'est-ce qui résistait en moi ?

Je voyais bien que j'avais épousé un homme dont certains affirmaient déjà qu'il était un prophète, j'en étais émerveillée et reconnaissante au Très-Haut... mais quelque chose en mon être continuait régulièrement de se tendre et échappait à mon contrôle. Vivre en groupe et m'abandonner entièrement à ce que Jeshua décidait parfois d'une heure à l'autre m'était difficile... Je me cabrais donc pour ensuite très vite me le reprocher puis essayer finalement de prier à ses côtés afin de me laver de mes raideurs.

Une nuit que nous dormions sous une tente avec des bergers aux alentours de Bethsaïda, une angoisse m'a prise. J'ai réveillé mon époux. Il a compris que j'avais besoin de Lui parler et m'a aussitôt invitée à faire quelques pas sous la lune. Je Lui ai ouvert mon âme autant que j'y parvenais.

Il y avait déjà tout lu depuis longtemps, bien sûr ! Il connaissait mon Feu et ses contradictions. Nous avons fini par nous asseoir sur le tronc d'un vieil arbre abattu et, là, Il m'a demandé de L'écouter, très attentivement.

– « Ma petite sœur, Myriam... Le Père m'a montré tous les tiroirs de ton âme dès le premier jour. Je t'ai épousée pour tout ce que tu es capable d'offrir à la Vie, tu le sais... Mais ce que tu sais sans doute moins c'est ce que cela sous-entend.

Comme tout être humain, tu es un univers ; tu as tes soleils, tes lunes, tes étoiles et leurs constellations. Chacun des astres dont tu es faite a son histoire qui se perd dans la Nuit des Temps. C'est ainsi que tu renfermes mille et mille secrets dans un océan de mémoires dont tu ignores même qu'il existe. Tes richesses proviennent de lui... et tes souffrances également.

Celles-ci, vois-tu, se sont accumulées et ont fini par créer des récifs sur tes plages intérieures. Ce sont des aspérités dont tu ne soupçonnes, la plupart du temps, ni le visage ni l'origine.

Pour être toutes les femmes à la fois, je te ferai les percevoir, les regarder en face puis les dissoudre... Toutefois, je ne le ferai qu'avec l'assentiment de ton cœur car la limpidité ne peut s'imposer à quiconque. Elle s'invite de notre centre lorsqu'on est prêt à se donner et à se reconnaître sans réserve...

En vérité, ne me dis pas oui sur un simple élan de ton cœur en cet instant... car avant que d'être élevé à la couleur du rubis, tout ce qui est se doit de passer par le noir de la calcination. Pour que l'âme reconnaisse l'Esprit en elle, elle doit pouvoir d'abord envisager sa propre désagrégation. »

– « Oh, Rabouni... Tu m'annonces donc la destruction de mon âme ? Je suis au plus profond de ma faiblesse cette nuit. Pourquoi me montrer une telle porte à franchir ? Ne puis-je pas simplement avancer en sagesse en pénétrant chaque jour un peu plus tes paroles ? Suis-je si sale pour que tu me parles d'annihiler mon âme ? »

Croyez-le, mes sœurs, je me suis sentie détruite. Plus rien, me semblait-il, n'avait de sens. J'avais tout pour être la plus bénie et la plus heureuse des femmes... et voilà que je me trouvais au bord d'un gouffre. Sans que je puisse en identifier la raison, la Lumière promise ne faisait que me renvoyer à un mystérieux espace d'ombre en moi dans lequel je me voyais déjà me noyer. En réalité, le travail avait déjà commencé...

Nul ne se construit sur de la vase... Jamais ! Voilà pourquoi nombre de ceux dont le Divin attend le meilleur sont éprouvés souvent jusqu'à la limite de leur résistance.

Voilà pourquoi aussi ceux-ci en viennent parfois à renier l'Éternel. Ils doivent désapprendre non seulement leurs certitudes mais avant tout ce que eux s'imaginaient être.

Ainsi en fut-il de moi en ces heures de vertige après que le Maître m'eût parlé de la désagrégation de mon âme. J'ai vécu dans cet état de dislocation aussi longtemps qu'Il est demeuré en silence.

Cela m'a paru terriblement cruel, car j'étais très loin de comprendre ce qui pour moi est une évidence maintenant... à savoir qu'*il y a des heures dans une vie où il faut parfois connaître la sensation de la noyade et du désespoir pour faire enfin surgir de soi un nouveau souffle à prendre*.

À un moment donné, face au mur de ce que je ne parvenais ni à accepter ni même à comprendre, un lâcher-prise total a fini par s'installer. J'ai eu l'impression qu'une sorte de coquille se cassait tout autour de moi.

Jeshua a dû le percevoir instantanément. C'était bien sûr le signe de mon âme qu'Il attendait car Il a aussitôt pris ma main dans la sienne.

– « Vois-tu, ma Bien aimée, tout être humain retient en lui des "mémoires gelées". Celles-ci sont semblables à des pensées inconscientes qui tournent en rond dans l'Invisible. Ce sont des sortes de déchets qui survivent sournoisement en chacun depuis sa propre origine. Imagine un peu de saleté qui s'accumulerait jour après jour sous tes ongles et que tu ne pourrais même pas apercevoir faute d'avoir le bon regard pour cela.

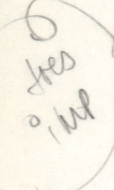

Je ne parle pas de ces erreurs qui proviennent de temps anciens, d'autres corps et dont chacun travaille inévitablement à alléger le fardeau en lui. Je parle du germe qui a fait commettre ces erreurs. C'est un germe qui a sept visages. Il les porte tel sept masques, ce sont ces derniers qui entretiennent la Séparation. Ils sont aussi les sept mondes que visite toute âme pendant de fort longues périodes.

Ne sois pas effrayée... car si je te tiens ainsi la main, c'est pour te faire traverser ce qui reste d'eux en toi ; c'est pour en dissoudre les ultimes résidus, ceux qui t'imposent, sans que tu les voies s'approcher, d'inutiles peurs et d'épuisants réflexes de lutte. »

— « Rabouni... m'entends-je encore Lui murmurer en laissant aller ma tête contre son épaule, Rabouni... vas-tu me guérir ? »

— « Je vais te rendre à toi-même... et tu décideras de la force que tu veux donner à ta nouvelle liberté. Tu demanderas à rassembler la Femme en toi.

En vérité, dès demain je chasserai sept démons hors de toi... »

J'ai bondi, vous l'imaginez, mes sœurs...

— « Il y a sept démons en moi, Maître ? »

— « Comme en tout être humain, Myriam... mais pas au sens où tu l'imagines. Les sept démons dont je te parle sont les résidus de sept sortes de souffrances ; ce sont les vestiges des sept mondes intérieurs que ta conscience a traversés au fil de ses vies. Sept "mémoires gelées" qui empêchent ton âme de se dissoudre pour laisser place à ton Esprit. »

Comme vous, mes amies, je savais à peine à quoi ressemblait de l'eau gelée. J'en avais si rarement touché du bout des doigts... Cependant, l'image de la "mémoire gelée" me parlait malgré tout. Oui... je m'en sentais des "mémoires gelées" au-dedans de ma tête, de mon cœur et même de mon corps ! Elles surgissaient parfois tels de vieux réflexes de survie et de tension venus du fond des Âges... souvenirs incontrôlables des territoires ancestraux jadis traversés.

– « Veux-tu connaître les noms de ces sept démons ? »

J'ai dit oui sans hésiter et avec la conviction que ma poitrine allait à nouveau pouvoir se remplir d'air.

– « Le premier se nomme Ténèbres, le second Convoitise. Ensuite vient Ignorance aussitôt suivi par Poison du Pouvoir. Le cinquième s'appelle, quant à lui, Prison de Chair, le sixième Sagesse ivre et enfin le septième, Courroux de Sagesse[1].

Seul le premier parle d'un état de sommeil. C'est le plus sournois et le plus long à parcourir. C'est une plaine sans fin. Tu revisiteras celle-ci avec moi... jusqu'au passage du deuxième portail de l'âme car, avec l'apparition du démon Convoitise, l'ascension commencera et tu en comprendras le sens... »

– « N'as-tu pas eu peur Myriam ? fait tout à coup Jacobée, la mine ébahie par une telle succession de noms inquiétants. Je n'ai jamais entendu le Maître enseigner ces choses... »

– « Oui, j'ai eu peur... Cependant, c'était une peur... rassurante ! Je veux dire que je voyais une issue inespérée à mes luttes intérieures et aux contradictions qui avaient été mises en lumière au fond de moi depuis mon union avec Jeshua.

Ce n'est rien d'avoir peur quand on sait que tout peut changer. Ce qui est terrible, c'est d'avoir peur que rien ne bouge ou – pire encore – c'est d'être effrayé par l'idée que quelque chose pourrait bouger... et qui nous pousserait à changer.

---

[1] Se référer à "L'Évangile de Marie-Madeleine", feuillets 14 à 17, du même auteur. Éd. Le Passe-Monde.

Affronter sept démons aux côtés de Jeshua, c'est une peur que j'ai tout de suite pu envisager... comme si j'allais traverser le désert avec l'accès constant à une oasis dessinée dans mon cœur. »

Je contemple Myriam... Elle est heureuse sous les premiers rayons du soleil levant qui lui caressent maintenant le visage. Je vois qu'elle aime pouvoir ainsi libérer son âme de tous ses secrets.

La journée promet d'être belle... Un vol de goélands passe dans le ciel et nous invite à lever la tête...

– « Le lendemain, à la tombée du jour, nous avons laissé le petit campement des bergers ainsi que le groupe de tous ceux qui suivaient le Maître pas à pas. J'entends encore Thomas, Simon, Lévi et les autres exprimer leur désappointement !

Toute la journée, ils avaient écouté Jeshua enseigner les pêcheurs et la foule de plus en plus nombreuse qui s'était agglutinée sur le bord du lac... mais ce n'était pas encore assez, aurait-on dit. Je pouvais les comprendre ! Pour moi non plus, ce n'était pas suffisant même si, à plusieurs reprises, j'avais eu l'impression d'un "trop-plein".

Peut-être, d'ailleurs, m'aurait-il fallu une journée de silence plutôt qu'exposée au plein soleil de l'Esprit car, lorsque le Maître m'a emmenée à part de tous, tant de paroles résonnaient encore en moi que je me suis demandé si j'allais être capable de rencontrer les sept démons qu'Il avait énumérés. Alors, je me suis mise à trembler d'un froid qui venait du dedans...

Sous une lune hésitante, le Maître m'a conduite jusqu'à une grande pierre plate qu'Il semblait connaître. Elle était perdue dans un vallon, hors des sentiers, parmi les lauriers. Les Anciens de notre peuple y avaient officié, m'a-t-Il expliqué sitôt qu'elle m'apparut, presque enfouie sous les herbes.

— « Il faut maintenant que tu t'y étendes, Myriam. Tu n'as rien à craindre... »

Ainsi que Jeshua le demandait, je me suis allongée sur la pierre sans poser de questions. Celle-ci était à peine rugueuse, comme si elle avait été polie, et étrangement chaude aussi. Je ne voulus pas réfléchir... J'ai aussitôt fermé les paupières et je me suis abandonnée.

En entendant le bruit de son pas dans les broussailles et le souffle de sa respiration, j'ai compris que le Maître se plaçait à ma tête.

Sans tarder et à voix basse, Il s'est alors mis à réciter des paroles que je n'ai pas comprises car elles n'étaient pas de notre langue. Enfin, sa main s'est doucement posée sur mon front et je me suis instantanément sentie tomber dans un précipice. J'ai dû pousser un cri, j'imagine... mais la sensation de chute s'est aussitôt arrêtée et je me suis retrouvée comme debout dans un espace indéfinissable avec, devant moi, un grand cercle de feu qui se présentait à la façon d'une porte.

— « Avance... Franchis les flammes ! »

La voix de Jeshua était entrée en moi. Sans la moindre peur, je l'ai écoutée et j'ai franchi en un instant le portail de flammes.

— « Regarde, continua-t-elle... C'est toi, c'est ton âme il y a bien bien longtemps, lorsqu'elle marchait dans une plaine sans horizon ni âge. »

Devant moi, une silhouette féminine me tournait le dos. Nul doute pourtant que c'était effectivement la mienne. Une partie de mon regard et de ma pensée était en elle. Je ne saurais comment exprimer cela autrement.

— « Regarde mieux et encore... a repris la voix. Tu vois toutes ces prairies, tous ces champs, tous ces labours à perte de vue autour de toi ? Il y en a de toutes les couleurs. Chacune de ces couleurs est le reflet dans ton âme d'un état de séduction au sein duquel tu t'es laissée emprisonner.

"L'attachement aux barreaux que l'on s'invente libère un grand enseignement. Celui de l'orgueil."

Ainsi que tous les êtres en marche vers l'humain, tu as voulu goûter à tant de choses ! C'est si bon la liberté de l'âme qui prend conscience des rôles qu'elle peut jouer, des sentiments qu'elle peut éprouver ! Faire fleurir des appétits multiples, vivre derrière des masques différents pendant des vies et des vies puis des vies encore, indéfiniment... C'est fascinant...

Bien sûr, il y en a qui font mal mais... on s'attache à tout, même au cercle à l'intérieur duquel on tourne... Surtout à lui ! Parce que c'est *notre* cercle, parce qu'on ne veut pas qu'il y ait quoi que ce soit d'autre en dehors de lui.

Âme de Myriam... Tu as aimé cette prison... *Tu as aimé la succession de tes vies sans signification parce que le sommeil est "simple à exister", parce que l'ignorance qui ignore qu'elle est ignorance est confortable. L'absence d'horizon peut devenir un horizon en soi.*

Comme tes semblables, Âme de Myriam, tu t'es attachée à la seule pesanteur des choses et des êtres. Tu t'y es attachée jusqu'à te nier toi-même en tant qu'âme durant des âges infinis, plats comme cette plaine et traversant toutes les couleurs de l'attachement à Rien... à Rien sauf à ta pensée coupée du Tout.

En vérité, il te fallait la liberté de parcourir et d'aimer cette prison du Rien car l'attachement aux barreaux que l'on s'invente libère un grand enseignement.

C'est celui de l'Orgueil qui apprend à l'Être à ne regarder que son ombre portée sur le sol. Cette ombre, c'est la Séparation, fruit de la Liberté. Le Vivant en chacun doit absolument la découvrir et en presser le jus jusqu'à épuisement.

Tu t'en es rassasiée, je te le dis, même jusqu'à l'absurde ainsi qu'il le fallait, jusqu'à découvrir un horizon, l'horizon d'un vrai Désir, loin de la ronde animale des appétits répétitifs, celui de posséder... et de faire grossir ton ombre portée.

Alors, souviens-toi, tu as enfin dessiné un chemin au-dedans de ta conscience et, la besace pleine de poussières de sommeil et de paresse, tu as écarté les barreaux de ta prison. Il te fallait être initiée au Désir... C'est de cette façon que tu as découvert un second portail de Feu. »

La voix du Maître s'est tue en moi. J'ai souvenir de ne plus avoir su qui j'étais... Peut-être simplement "moi", égarée dans l'Infini, une âme en pèlerinage à travers cent mille vies ou encore l'humanité tout entière aux débuts de son errance.

Une chose était pourtant éclatante : j'avais respiré les Ténèbres, je savais ce qu'elles étaient : pas de souffrance parce que pas de désir... juste cette sorte d'engourdissement qui naît de la Coupure d'avec le Tout... Une force rampante ! Je comprenais et vivais ce qui m'en restait.

Soudain, le second portail de flammes est apparu devant moi ou ce qui me paraissait être moi.

– « Franchis-le ! »

Je l'ai franchi aisément. Je vivais le désir et non la peur. Comment parler de ce que j'ai alors découvert ? Pas de décor, personne, rien... Rien sauf une terrible sensation de manque. Singulièrement, j'ai eu l'impression qu'il fallait que je grimpe, que je monte vers "quelque part". Très vite la force du manque est devenue une véritable pression au-dedans de ce que je comprenais comme étant "le ventre de mon âme".

La voix du Maître s'est une nouvelle fois glissée en mon centre.

– « Regarde mieux... Ne vois-tu pas tous ces visages ? Il en vient de partout. Ce sont les masques de tes Convoitises passées... »

Je n'ai pas tardé à les apercevoir, ces masques. Il y en avait de beaux, d'anodins, puis de hideux, de très hideux ! C'était des visages d'hommes et de femmes, jeunes ou vieux. Je les ai reconnus, instantanément, massivement comme les miens. Je les avais tous habités. J'en avais joué, c'était certain !

– « Écoute-moi, Myriam. Quel que soit son sourire, la Convoitise est laide... Toutefois il te faut reconnaître qu'un maître peut se cacher derrière une laideur. Désirer, ce n'est plus dormir ; c'est déjà désigner une marche même si celle-ci semble peu glorieuse. Les mondes et les masques de la Convoitise sont ceux du Désir de posséder plus. Que cela ne te fasse pas frémir car, je te l'annonce, l'apprentissage de la volonté de possession est nécessaire. La formulation du Désir d'accumuler est inévitable avant celle du Désir d'être.

Âme de Myriam... ainsi que toute âme, tu as donc convoité et tu t'es longuement rassasiée de possessions... Tu as possédé des biens de toutes sortes, des terres, des trésors et des êtres humains. Tu as convoité des consciences aussi et tu les as domestiquées. Tout cela pour te sentir exister un peu plus, dans l'espoir de te croire moins séparée et moins vide, dans la volonté aussi de faire grandir quelque chose de toi.

Et tu l'as fait grandir, en vérité, ce quelque chose. Tu as fait un pas en toi. Tu as exploré l'impasse du réflexe de prendre et de "t'augmenter". Ainsi le monde de la Convoitise est-il aussi celui d'un immense mouvement vers le Haut. Il faut que chaque âme apprenne à remercier ce monde car avant d'*être* en toute Lumière, il lui a fallu *avoir* en toute Matière.

Âme de Myriam, peux-tu reconnaître l'ultime souvenir de ce démon en toi et des griffes dont il t'a maintes fois pourvue ? Accepte la vertu du désir d'ascension qu'il a semé en toi ! »

Je n'étais plus dans mon corps, mes sœurs, mais je savais néanmoins que je tremblais de tous mes membres. Quelque chose me paraissait accroché à mon âme et me faisait penser à un boulet. Y avait-il encore un relent de convoitise qui traînait encore quelque part ? La réponse

289

m'est venue avec fulgurance : je convoitais l'amour absolu, non seulement celui d'un homme mais celui de tous les êtres... Une sorte de besoin maladif de reconnaissance... C'était tellement clair ! Si évident que la voix m'a dit :

– « Convoite-toi toi-même et avance ! »

Je me suis sondée... J'ai vu le vide de ma séparation d'avec moi, je l'ai démasqué et j'ai avancé. Déjà j'étais en train de franchir une troisième porte de Feu. J'ai senti ses flammes ; elles m'ont apaisée... et je me suis retrouvée dans un espace tout bleu. J'étais sur une mer et je flottais sur ses vagues.

– « Âme de Myriam, contemple le monde d'Ignorance. Ignorance n'est pas une mer mais un océan à cause de sa vastitude. Cet océan accueille généreusement tous ceux qui veulent y flotter. Oui... tu as bien compris, on n'y navigue pas, on y flotte ! Ignorance n'est pas un océan de non-savoir mais de non-volonté de savoir. Son véritable nom est Ignorance entretenue. Lui aussi est le fruit d'un désir, celui de ne plus désirer savoir.

Pourquoi ne plus vouloir continuer à "s'augmenter" ? Mais... par peur, petite âme... Par peur ! Celle de découvrir la hauteur de la chute entamée depuis la Séparation. La peur de découvrir l'ampleur de l'errance !

Regarde bien aux creux et sur les crêtes des vagues de cet océan... Ne distingues-tu pas des morceaux de bois ou de végétaux de toutes sortes ? Il y en a une infinité, ils sont aussi nombreux que les étoiles au firmament. Ils sont les humanités successives dont les pièces éparpillées n'ont pas encore perçu le navire qu'elles préfiguraient.

Un résidu de toi, je te le dis, flotte encore parmi eux. C'est de sa trace végétale que tu dois guérir, une trace d'immobilisme. Le désir de flotter au gré des courants... voilà la maladie du monde d'Ignorance entretenue.

Ignorance désirée et entretenue se veut refuge ; elle vit de la quête du moindre effort. Elle l'a décidé ainsi car elle

> "En ne craignant plus de découvrir la hauteur de la Chute, tu déploieras tes ailes. Je te le dis, celui qui accepte de visiter la Séparation, se place tout entier sur le chemin du Retour. Il appelle au Rassemblement car son orgueil s'épuise."

sait au moins une chose : l'effort est le mouvement volontaire, de lui naît l'étincelle de la souffrance.

Âme de Myriam, contemple ce qui flotte encore de toi à la surface des eaux d'Ignorance entretenue et dénonce-le. Qu'il n'y ait ainsi plus jamais de peur à l'approche du continent de Vérité.

C'est la Vérité qui fait peur aux végétaux à face d'hommes et de femmes. En ne craignant plus de découvrir la hauteur de la Chute, tu déploieras tes ailes. Je te le dis, celui qui accepte de visiter la Séparation se place tout entier sur le chemin du Retour. Il appelle au Rassemblement car son orgueil s'épuise. Ainsi ne veut-il plus savoir ce qu'il disait savoir afin de se consacrer à connaître.

Âme de Myriam, petite sœur, oublie la carapace de tes peurs, ne recule plus devant l'aveu de tes lâchetés et de tes orgueils car la pire des ignorances se manifeste par une succession de savoirs prétentieux et de manques de courage. C'est la maladie de ton humanité... Guéris-la en toi, abandonne ton bouclier et franchis ton quatrième portail de feu ! Ainsi, le démon d'Ignorance entretenue sera-t-il calciné... »

Je vous l'assure, mes amies, les eaux sur lesquelles je m'étais sentie ballotter durant tout ce temps sont alors entrées dans une sorte d'ébullition. De leur couleur bleue séductrice est montée une vapeur si dense que je n'ai plus rien perçu. Rien ! Sauf, là-bas, droit devant les yeux de ma conscience, les flammes ardentes d'un nouveau seuil de feu. J'ai souvenir d'avoir glissé jusqu'à lui puis de l'avoir franchi d'un coup en poussant un grand cri.

Je me suis retrouvée... sur les flancs escarpés d'une montagne. Tout y était rouge vif et coupant comme le corail. Un décor sanguin dans lequel j'ai aussitôt été prise par une incroyable pulsion qui me disait : Monte, monte ! Alors j'ai entamé une ascension, sans mains, sans bras, sans pieds ni jambes, sans corps même... J'étais juste "quelque chose" qui devait absolument grimper et tout escalader de façon intrépide pour prouver la supériorité de sa force. C'était incroyable ! D'où venait-il, ce si vieux et impérieux besoin de... dominer ?

Intérieurement et de toutes mes forces, j'ai appelé le Maître à mon secours car je ne contrôlais rien de ma volonté de monter, comprenez-vous ? Bien sûr, Il ne m'avait pas quittée un instant. Sa voix était là, "au-dedans"...

– « Myriam, petite âme... Te voici au monde du démon Poison-jalousie. Ce démon-là grignote le cœur et assèche les vies des "non-encore humains". Il s'infiltre partout tel un venin et c'est pour cette raison qu'il est si redoutable. On ne le déloge que lorsqu'on a identifié les méthodes de sa ruse.

Peux-tu sentir les derniers relents de sa présence en toi ? Ils sont subtils... On les croirait frères de ceux de Convoitise car ils incitent à bouger, à avancer, à vouloir plus... Pourtant, je te le dis, Poison-jalousie n'est pas Convoitise.

Convoitise rampait, accumulait... Lui ne rêve que de s'envoler. Il ne veut pas grossir pour prouver son existence, mais au contraire s'étirer vers le haut pour dominer. C'est le pouvoir qui l'intéresse. Il est le rapace qui attend son heure en tout être.

Reconnais les restes de ses fientes en toi, Âme de Myriam... Ne crains pas de les avouer car leurs émanations ponctuent la route de toute conscience qui veut retrouver la Mémoire... mais qui n'a toujours pas compris que le pouvoir n'est pas la puissance. Le pouvoir est une ivresse qui vient d'une secrète détresse... la détresse qui naît d'un souvenir confus, celui de la "Divine Étincelle". Chacun s'ennuie de cette Divine Étincelle depuis la Nuit des Temps...

Le besoin de pouvoir perdure tant qu'existe le souvenir trop confus d'un "infiniment plus Grand et plus Haut" à atteindre. La puissance naît dès que ce souvenir accepte d'accoucher de la Mémoire... parce que la Mémoire seule exprime la Présence de l'Éternité en soi.

Brûle donc les dernières plumes de l'antique rapace en toi, Âme de Myriam. Ne jalouse plus les dieux, prends simplement ta part de l'héritage de l'Éternel là où il se trouve... dans ton cœur !

La montagne que tu escalades est celle qui te sépare de l'humilité. Certains disent l'humilité rampante mais, en vérité, c'est elle qui élève l'être au zénith de l'Être. Il faut avoir bu la coupe de Poison-jalousie jusqu'à la dernière goutte pour en comprendre la toxique vanité.

Tu l'as bu, ce poison, petite âme... Ton être a fini par le rejeter, je l'ai vu. Reconnais seulement qu'il l'a intoxiqué en son temps et alors, toute vapeur en sera à jamais éliminée... »

Comme le Maître achevait d'égrener ces paroles, je me suis tout à coup vue au sommet de la montagne rouge. Cependant, écoutez-moi, ce n'était pas du tout le spectacle d'un sommet de montagne qui m'attendait.

La cinquième porte de feu se dressait à un pas de moi, plus brûlante que toutes les autres. Je ne sais pourquoi, je l'ai franchie sans même attendre la voix du Maître. Il le fallait ! J'ai senti les langues de ses flammes ; elles étaient presque brûlure. C'est alors que le cinquième démon s'est rué sur mon "absence de forme".

– « Sais-tu de quoi sont faits en vérité ton ennui et ta détresse ? C'est de n'avoir pas su pleinement jouir de la vie qui t'a été donnée ! Pourquoi ce monde sous tes pieds si ce n'est pour l'habiter ? »

La voix était agressante mais, en même temps, il y avait en son timbre je ne sais quoi de réconfortant parce que tout simple et cohérent.

Par bonheur, celle de Jeshua est venue me secouer et m'arracher à ses accents si persuasifs.

– « Te voici dans l'univers de Prison charnelle, Âme de Myriam. Visite ses détours et ses pièges, promène-toi dans ses impasses ! »

J'ai avancé... et une image est venue à moi. C'était celle de mon corps dénudé qui se reflétait comme dans un immense miroir. Je me suis rapprochée d'elle ou elle s'est rapprochée de moi, je ne sais. En un instant, mon visage s'est retrouvé plaqué contre le sien. Je ne voyais plus que son regard, je ne sentais plus que la soie de sa chair et le goût de ses lèvres contre les miennes. Ça m'a semblé bon, je l'avoue, car il me semblait que je m'aimais moi-même.

C'était une découverte fascinante... S'aimer soi-même ! Je me souviens m'être dit que j'ignorais que cela pouvait exister ainsi. J'étais tellement subjuguée par mon reflet que je me suis totalement enfoncée en lui comme on pénètrerait doucement dans un plan d'eau parfaitement lisse. Sensation d'épanouissement, montée d'un parfum lourd... Il n'y avait là aucun démon... c'était juste moi avec moi, moi avec mon corps que je percevais maintenant si pleinement ! Il était... moi ! Il avait faim, il avait soif, il avait... envie de tout ce qu'un corps peut réclamer. Il était moi et tenait les rênes du vague souvenir de mon âme. Mon âme ? Qu'est-ce que c'était, au juste ?

Mes amies... je me suis abandonnée à cette sensation comme si rien d'autre ne pouvait exister, comme s'il y avait une magnifique coupe de fruits dont je n'avais pas encore épuisé tous les délices. Je suis certaine avoir bu, mangé, aimé...

– « Aimé ? » La voix du Maître est venue me rattraper dans ma "descente ascensionnelle"... « Âme de Myriam... tu as prononcé le nom de l'Amour mais aimes-tu réellement en cet instant ? Tu te remplis de toi ! Qu'est-ce que l'Amour, dis-moi ? »

Je ne savais que répondre. Tout était mêlé dans ma conscience.

Ce n'est pas le corps qui est la prison, c'est l'idée que tu continues à te faire de la chair.

– « Aimer... c'est se vider de ce qu'on pense être soi afin de laisser toute la place à la Vie toute pure qui nous a mis au monde, libre et joyeux. Es-tu libre et joyeuse, Âme de Myriam ? Je te le demande. Tu es en prison... Tu appelles Amour ce qui n'est qu'asservissement. Regarde, ouvre les yeux ! »

Ils étaient ouverts, me semblait-il, mais je ne voyais rien. Je ne pouvais que me deviner par chacun de mes sens. Je me pensais déployée par eux, totalement dilatée.

– « La plus réussie des prisons, petite sœur, est celle que l'on réclame, celle dont on ne s'aperçoit même pas qu'on en est dépendant tant on se confond avec elle. La dépendance... tout est là ! Te souviens-tu de ce temps où, toi comme tant et tant d'autres, dans votre appel à l'existence, vous avez eu besoin de vous confondre avec votre image ?

Ce n'est jamais l'image qui est à blâmer ; un reflet est un masque, une forme par laquelle il nous est permis d'apprendre à jouer pour grandir. Rien d'ailleurs n'est à blâmer. Tout existe pour semer les patientes graines de l'Intelligence... Et l'Intelligence est Liberté, vois-tu... Une Liberté tellement libre qu'elle choisit de passer par la prison de la Dépendance afin de mieux se connaître.

Ainsi, Âme de Myriam, Prison charnelle te fait-elle épuiser tous les appétits du corps, ces maîtres enseignants dans l'art de dessiner de subtiles geôles. Leur talent va jusqu'à te faire te confondre toi-même avec les barreaux de ta prison. Apprends que ce n'est pas le corps qui est la prison quand bien même tu croirais l'avoir compris. C'est l'idée que tu continues à te faire de la chair. Ta vraie prison, c'est le principe de l'asservissement qui, à travers lui, survit malgré tout en toi.

Aime ton reflet pour ce qu'il est, respecte-le mais ne lui tourne pas le dos car il se prend facilement pour toi et cherche à jouer à ta place le jeu de la Vie.

<u>C'est en l'honorant avec mesure et sagesse telle l'une des facettes de l'Éternel que les barreaux de sa prison s'écarteront en toi.</u>

Alors, avance maintenant et remercie le souvenir de l'asservissement charnel pour t'avoir enseigné le sens de la confusion. Avance sur ton chemin de discernement et passe la sixième porte de feu ! »

Le Maître agissait, mes sœurs car, croyez-moi, je n'ai pas eu l'impression d'avoir fait un pas par moi-même. Je me souviens seulement de la sensation d'avoir été débarrassée de quelque chose de pesant.

Le sixième portail se dressait déjà là, droit devant, plus flamboyant encore que les précédents. Cette fois, j'ai hésité à le franchir car je voyais que j'allais devoir passer à "autre chose" et faire définitivement le deuil des vestiges de mes enfermements d'autrefois. Même nos fers et nos boulets, nous finissons par nourrir une tendresse envers eux ! Même les souvenirs de nos maladies nous tiennent à cœur ! Ils sont rassurants telles des pierres milliaires[1] sur le bord du chemin.

Dès que j'eus finalement passé le seuil du feu, la Présence de Jeshua a refait irruption en moi. Elle m'a aussitôt communiqué une sorte de vent de fraîcheur et je me suis découverte presque joyeuse. Il y avait si longtemps...

– « Te voici au cœur de Sagesse ivre, petite âme. Marche en elle... Qu'y vois-tu ? »

Dans ma nouvelle "absence de forme", j'ai fait trois pas, juste assez pour distinguer un immense sourire suspendu dans la lumière. Il prenait tout l'espace du monde. Je l'ai contemplé... Hélas je n'ai pu saisir ce qu'il tentait de me dire. Était-il bonheur, douceur, tendresse, sérénité... ou alors, hypocrisie, prétention et suffisance ? Peu importait,

---

[1] Pierre milliaire : Borne de mesure romaine qui s'était imposée sur le pourtour méditerranéen.

je me sentais toujours aussi inexplicablement joyeuse. « Comment un démon pourrait-il se nommer Sagesse ? » me suis-je écriée au-dedans de moi.

— « Que fais-tu de l'ivresse, Âme de Myriam ? demanda le Maître. Ne serait-ce pas "ce" qui s'agite dans l'étrange joie que tu visites ? Tu es surprise ? Ne le sois pas car, en toute vérité, c'est bien toi qui visites un état d'ivresse joyeuse et non pas lui qui vient te parcourir.

Écoute-moi encore... Sur le chemin de soi à Soi, il existe des démons souriants ; ils n'en sont pas moins redoutables.

Lorsque l'être s'imagine avoir suffisamment tout compris de la Vie, lorsqu'il contemple l'apparence vénérable de ses rides et de sa chevelure, il se plaît à inventer un singulier sourire. C'est le sourire de celui qui se dit avoir maintenant le droit de s'asseoir et de contempler sa propre sagesse. Et certes, il en a le droit...

Mais le problème n'est pas dans le droit, il est dans ce qui est contemplé... car une sagesse qui se drape de satisfaction et de sérieux porte mal son nom. En vérité, elle se nomme Ivresse de prétention.

Je te l'affirme, petite âme, son démon s'infiltre partout... Il atteint chaque homme et chaque femme à une heure précise de leur chemin d'ascension. Alors, en cet instant, dépose un baume sur les dernières cicatrices que son passage a laissées en toi.

Le sage qui en vient à se fasciner lui-même ignore encore tout de la sagesse ; il ne sait qu'en singer le sourire. Le masque qu'il s'attribue alors peut lui coller à la peau bien longtemps parce que sa transparence est telle qu'elle donne aisément l'illusion de la limpidité.

Sagesse ivre est semblable à une potion somnifère, Âme de Myriam. Dès que l'on commence à en porter la coupe aux lèvres, une sensation de détente s'installe. Elle monte avec la force d'une bouffée d'orgueil, un orgueil solide sur lequel on sait déjà que l'on pourra se reposer encore et encore.

La part de cet orgueil qui se loge dans la tête n'est pas si terrible à combattre... mais celle qui est parvenue à se dissimuler au fond du cœur y a de très profondes racines. C'est d'elle surtout dont je te parle parce qu'elle invoque le Divin pour se justifier.

Sagesse ivre est tellement piégée dans ses propres arènes que le mensonge devient peu à peu la loi de son ordre du monde.

Si tu veux servir *la* Femme, élimine jusqu'au souvenir des derniers relents de Parodie de Sagesse en toi. Ris de l'orgueil spirituel ! Souffle dessus ! »

Je ne sais pas si j'ai ri ou soufflé mais j'ai essayé parce que je comprenais trop bien ce dont il s'agissait. Le jeu de fascination de la sagesse, je l'avais déjà observé maintes fois sur les parvis des synagogues. J'ignorais si j'y avais moi-même joué en cette vie mais c'était probable. Peut-être d'ailleurs était-ce celui auquel j'étais précisément en train de m'adonner depuis Cana. J'étais... l'épouse du grand rabbi blanc dont chacun parlait... j'étais donc un peu comme Lui puisqu'Il m'avait choisie !

Est-ce que je souriais discrètement de cet air qu'ont parfois les âmes repues au sommet de la colline qu'elles viennent de gravir ? J'ai pensé que oui...

Je le reconnais humblement devant vous, Salomé, Jacobée... La joie m'a alors abandonnée et mon cœur s'est laissé aller à pleurer.

Par bonheur, une autre porte de feu s'est mise à crépiter dans tout l'espace qui s'ouvrait. Je me suis jetée entre ses bras sans même attendre le secours de la voix du Maître.

En franchir les flammes ne me fut cependant pas aisé cette fois-ci. Leur traversée m'a paru s'étirer comme si leur intelligence voulait prendre tout son temps afin que pas une de mes écailles n'échappe à la calcination.

Enfin, je suis sortie de leur portail de purification ou, plutôt, devrais-je dire, ses langues de feu se sont éteintes autour de mon "absence de forme".

– « Rabouni... Rabouni ! » ai-je crié au-dedans.

– « Ma Bien aimée... Où crois-tu donc être maintenant ? »

– « Je ne sais pas mais je suis lasse et en colère car j'ai assisté au spectacle de ma stupidité et de celle du monde. Il me semble comprendre soudainement tant de choses ! Je commence à si bien percevoir toutes les fenêtres par lesquelles la Paix demande à entrer en mon être et en celui de tous mes frères humains ! Je vois tout cela et j'en deviens fâchée car tout me paraît être si simple que je ne comprends pas pourquoi la Claire Lumière ne se manifeste toujours pas. »

– « Elle ne se manifeste pas à cause de ta rage sacrée. Je te l'annonce, Âme de Myriam, tu viens de pénétrer le monde du Courroux de Sagesse. Le Démon du Courroux de Sagesse, crois-moi, est un démon à part entière. Il est plus inattendu que les autres car il apparaît en même temps que les premiers rayons de la véritable Lumière.

Lorsque la Conscience a enfin reconnu le tracé du Chemin de Réunification, il advient qu'une colère la prenne. Tandis que ses ailes sont prêtes à se déployer, elle est bouleversée par les nœuds savants que l'Ombre a inventés afin de brouiller les pistes de ce qui était si simple...

Ainsi explores-tu Courroux sacré... C'est un courroux qui a tous les attributs de la justesse. Il se visite avec la certitude de tenir le sceptre de la Connaissance et l'épée de Vérité, celle qui tranche et rectifie.

Écoute-moi bien maintenant, Âme de Myriam. Il est vrai que Courroux de Sagesse résulte de la pénétration d'innombrables mystères. Il fait s'écrouler d'innombrables murailles... mais il n'a pas compris que c'est son existence justicière qui dresse un ultime rempart.

299

En vérité, la sagesse qui invite le courroux nourrit encore la Séparation.

La sagesse n'est pas l'Unité mais une porte humaine vers l'Unité. Il faut savoir parfois en brandir l'épée car elle enseigne à ceux qui ne sont pas encore pleinement humains... Cependant, il faut surtout savoir que le Courroux qui oublie qu'il est, lui aussi, un jeu dans un décor se sépare inévitablement de la sagesse qui l'a enfanté. Il n'est plus que colère. Il n'est plus que fractionnement... Quitte donc ce monde, petite âme, quitte-le et trouve l'issue du décor ! »

Au plus profond de moi, je me suis sentie démunie face à ce qui me paraissait être une bien terrible constatation. Le Maître m'avait menée apparemment au bout du chemin de purification annoncé mais je n'y voyais qu'une impasse puisqu'une colère, même si elle était sacrée, me tenaillait.

Humblement, ne palpant plus qu'une brume obscure autour de moi comme en moi, j'ai demandé de l'aide. Tout simplement de l'aide à *la* Toute Puissance qui voudrait bien m'entendre, qu'Elle porte ou non le nom de Jeshua.

C'est alors qu'un Son a résonné au sein de mon "absence de forme". Il n'était pas fait de mots mais ondoyait tel un courant de certitude qui chantait :

« Ton Appel est la seule Réponse. Il est dit que Celui qui veut devenir pleinement humain lâchera un jour tous les contrôles de ce qu'il croit être sa raison et son cœur. Il est dit que c'est ainsi qu'il franchira un huitième portail de feu, celui qui révèle la Vie derrière le Décor. C'est ainsi qu'il quittera son chemin d'ascension à travers les sept mondes de la Colère.

Maintenant que tu as traversé les écorces, demande à voir la Sève... »

Mes amies... j'ai donc appelé une nouvelle fois ma Libération dans un abandon plus total encore. La réponse fut l'apparition d'un huitième seuil de feu.

Sans la moindre pensée, ce qui restait de ma "présence suspendue" s'y est engouffré. Il y eut un éclair et je suis tombée avec violence au fond de mon corps. J'ai attendu sans rien pouvoir formuler, ni images, ni mots. J'ai attendu jusqu'à percevoir enfin une légère pression au sommet de ma tête retrouvée, celle des mains enveloppantes du Maître.

Lentement, j'ai rassemblé mes forces et j'ai ouvert les yeux. Au-dessus de moi, il n'y avait que la voûte céleste de la nuit, totalement et merveilleusement dégagée.

Quelque part sur son manteau, une étoile, plus vivante que les autres, ne cessait de palpiter. Je l'ai reconnue... c'était l'étoile des Anciens de notre peuple, Lune-Soleil, celle qu'on appelait l'Initiatrice[1].

Le Maître m'a dit deux ou trois mots, je ne sais plus lesquels, si ce n'est qu'ils parlaient d'Amour et de bienvenue, de mort et de naissance.

Oui, j'émergeais d'un bien long voyage... Épuisée, je me suis relevée avec peine de la grande pierre plate qui m'avait reçue. Lorsque je l'ai contemplée une dernière fois en tenant la main de Jeshua, j'étais certaine d'y laisser un cadavre, celui de mes "mémoires gelées".

Plus jamais je n'ai été la même... Malgré les blessures de la vie et mes pas parfois encore interrogateurs, la force de la Joie ne m'a plus jamais abandonnée. C'est celle-là que j'offrirai jusqu'à mon dernier souffle... car elle est la véritable Sève dont ce monde s'ennuie. »

---

[1] La planète Vénus ou encore Ishtar.

Chapitre XI

Les exigences de l'Éveil

Il fait pleinement jour... Le récit de Myriam nous a tellement enveloppées que nous n'avons pas vu le soleil accomplir son œuvre.

D'un commun accord, nous nous levons afin de faire quelques pas dans le sable. Il ne s'est pas encore réchauffé et cela fait du bien de sentir sa fraîcheur revigorante sous la plante de nos pieds. C'est un rappel à nos racines de l'instant.

Songeuse tandis que nous l'observons, Myriam fait quelques enjambées vers le sommet de la petite dune qui nous sépare de la plage. Elle hume l'air venant du large et soulève sa toujours abondante chevelure.

– « Venez-vous me rejoindre ? »

J'attrape Jacobée par la main et nous voilà toutes trois en train de poser nos yeux sur les reflets bleus et argent de la mer.

À vrai dire, je me demande ce qu'il y a à ajouter à ce que nous venons d'entendre. Les confidences de notre sœur me laissent un rare sentiment de plénitude.

Le voyage de son âme à travers les mondes de la Conscience qui cherche inlassablement son Éveil éclaire pour moi bien des choses. Une interrogation énorme se précipite pourtant sur mes lèvres en cet instant :

– « Mais... Qui est le Seigneur derrière tout cela ? Qui est l'Éternel ? Peux-tu nous le dire, Myriam ? Qui est le Père ? Je sais seulement qu'Il a parlé à travers le Maître... »

Myriam se tourne vers moi et attrape mon regard dans le sien.

– « Pas même Jeshua ne nous l'a dit car personne ne peut le dire. On ne peut que Le ressentir. C'est pour cela qu'Il est le Père... parce que Son visage correspond à la multitude de nos visages. Alors, souvenons-nous de *Lui en nous* jusqu'à nous en remettre à Sa présence à chaque pas posé devant l'autre. C'est tout ce qui nous est demandé. »

– « Alors, tout est dit... »

– « Tout et rien. Regarde le ciel et essaie de le définir. Tu peux t'y enfoncer à l'infini, essayer de l'englober dans tes pensées, ce sera en vain. Tu peux dresser un ordre du monde qui satisfasse la façon dont tu as besoin de classer les choses au centre de ta tête... cela ne sera jamais que ton ordre du monde, celui qui arrange la surface de ton être en cet instant.

Il faut dépasser la Colère pour comprendre réellement cela ; je parle de notre Colère Initiale. C'est cette vérité que j'ai approchée sans pour cela l'atteindre pleinement »

– « Comment sais-tu que tu ne l'as pas atteinte ? Il nous semble à toutes deux que la grâce du Maître fait maintenant corps avec toi. »

– « Sans doute plus qu'au retour de ce si pénétrant voyage dont je viens de vous faire le récit... Mais, souvent, j'ai dû reconnaître que le monde du Courroux n'avait pas encore été totalement traversé et dépassé par mon âme. »

– « Tu as pourtant réussi à en franchir le portail sous la protection du Maître... »

– « Jeshua m'a tenu la main... mais Il n'a pas déversé en moi ce que je n'étais pas encore capable d'absorber. Il a lavé tout ce qui pouvait l'être cependant, vous le savez, la plus belle des Lumières ne peut s'imposer à qui que ce soit même simplement par amour.

« Mon Père, ai-je souvent demandé à une époque de ma vie, fais-moi don de la compassion. » Je n'ai jamais reçu ainsi la compassion, je vous le dis, parce que sa place n'était pas prête en moi. Je ne l'ai découverte dans toute son ampleur que lorsque je ne l'attendais plus, étrangement au plus profond des heures où Jeshua fut porté au gibet.

Après ma mémorable initiation sur la pierre plate, j'ai vécu tout un mois dans un état de joie inexprimable ; j'étais convaincue d'avoir définitivement franchi toutes les étapes de ma transformation. Je m'attendais presque, je l'avoue honteusement, à parvenir un jour à accomplir, moi aussi, quelques prodiges. Ce n'était pas un orgueil facile à démasquer, croyez-moi, car mon cœur était sincère dans sa volonté de servir.

Il a fallu un événement important pour me rappeler à ma juste mesure...

Mais voulez-vous que nous avancions un peu vers l'eau ? Regardez... Il y a une barque là-bas. Les pêcheurs ont dû la tirer vers la rive lorsque que je vous parlais. Allons nous y asseoir tandis qu'ils ne s'en servent pas... »

Une course enthousiaste sur la plage encore humide... Un peu de sable dans les yeux... Mes lèvres ont déjà pris le goût du sel venant du large...

La barque est là, parmi de petits amoncellements d'algues échouées et des crabes qui trottinent tant bien que mal. Nous enjambons son bastingage et chacune de nous trouve sans mal un rebord de bois ou les restes d'un filet pour s'en faire un siège. Nous nous croirions presque sur le lac, comme autrefois...

– « Voulez-vous que je continue à vous raconter, mes sœurs ? Il me semble que je traverse le monde de... l'Ivresse de la mémoire ! »

Myriam vient d'éclater de rire en prononçant ces derniers mots. Tout de suite, cependant, elle se reprend et son ton change car son regard, déjà, s'est tourné vers l'intérieur...

– « Oui, c'était environ une lune après ma traversée des Mystères. J'avais suivi mon époux partout où Il avait jugé bon d'aller autour du lac et j'avais, je crois, commencé à trouver vraiment ma place parmi tous ceux qui avaient reconnu le Maître en Lui. Ce n'était pas toujours facile mais... je sentais *le* Souffle de la Vie dans tout mon être. C'était peu de temps aussi avant ton arrivée dans notre "famille", Salomé... et peut-être six mois avant la tienne, Jacobée.

Jeshua avait manifesté son souhait de retourner dans le petit village où Il avait vécu un moment durant sa prime jeunesse. Il pensait cela important car Il voulait, disait-Il, y retrouver les visages de son enfance ainsi que, dans le décor de terre de ses ruelles, ce qu'Il appelait le "parfum de la Fraternité".

D'un ton particulièrement grave, Il m'avait confié qu'Il n'y était jamais retourné depuis plus de dix-huit au dix-neuf années.

– « Comment continuer à parler de mon Père au monde si je ne me suis pas présenté tel que je suis à ceux qui m'ont vu courir sur leurs sentiers ? »

C'était juste... Cela aurait été également ma logique.

Je m'en souviens tellement bien ! Nous avons été une dizaine, ce jour-là, à grimper le petit raidillon menant à ce qu'Il appelait "le village des Frères". La plupart d'entre nous étaient restés à Bethsaïda, à leur grande déception je dois dire. Je m'étais dit que Jeshua voulait légitimement accomplir une sorte de pèlerinage personnel. Je Le connaissais encore si mal ! J'aurais déjà dû comprendre qu'Il n'entreprenait jamais quoi que ce soit dans un but personnel. Il y avait toujours une intention supérieure derrière chacun de ses actes ou chacune de ses paroles. <u>Souvent, nous mettions du temps à le comprendre. Même moi, voyez-vous</u> !

Lorsque l'arrivée de notre groupe fut annoncée sur la minuscule place du village, des visages se tendirent sur les terrasses des maisons et dans l'entrebâillement des portes. Au milieu de la cour de la plus grande des bâtisses, quelqu'un a arrêté le mouvement d'un âne en train de faire tourner sa meule. Il y eut des cris d'enfants puis des hommes et des femmes s'approchèrent de nous, l'allure un peu méfiante.

Après les avoir considérés, les uns et les autres, le Maître s'est tout de suite dirigé vers un vieillard qui était resté un peu en retrait à l'ombre d'un grenadier aussi noueux que lui. Il faisait terriblement chaud... J'ai entendu le Maître appeler l'homme par son nom : Isaac.

Sans attendre, Il s'est alors incliné devant lui jusqu'à poser son front sur ses pieds. Il lui adressa ensuite quelques mots, le vieillard a souri d'une façon un peu distante ou crispée... enfin tout le monde s'est rapproché d'eux, les enfants en tête, tandis que l'âne se mettait à braire.

Quelques mots de bienvenue surgirent de-ci de-là, quelques paroles rituelliques aussi, propres à notre Communauté, puis une femme apporta une cruche d'eau et, sur l'ordre du vieil Isaac, elle s'est mise à laver les pieds du Maître selon la coutume.

Moi, j'étais restée en retrait, comme il se devait, mais Jeshua a tout de suite voulu que je Le rejoigne auprès du vieil homme. Celui-ci avait été un proche compagnon de son père. Jeshua se souvenait avoir appris à couper le lin à ses côtés lorsqu'Il était enfant.

La conversation s'est finalement un peu animée à l'évocation du temps passé... Puis vinrent les inévitables questions : « Où est donc ta mère, Meryem ? Et toi, est-ce vrai que tu as voyagé au point où on le dit ? Quelle est ta vie, maintenant ? »

Et alors... et alors, le Maître a commencé à répondre. Il a satisfait à toutes les curiosités... jusqu'à la dernière question qui lui fut posée. Celle-ci est sortie de la bouche d'un petit enfant qui, bien sûr, n'avait jamais pu Le connaître autrefois.

– « Pourquoi es-tu revenu nous voir, Rabbi ? »

C'était, vous imaginez, la question à poser ou, au contraire, à ne pas poser.

– « Je suis revenu pour vous parler de mon Père... »

– « Tu veux nous parler de Joseph ? a marmonné Isaac.

– « Je n'ai pas d'autre Père que Celui qui est aussi le vôtre. C'est Lui qui a guidé mes pas jusqu'à vous aujourd'hui et qui place en cet instant les mots dans ma bouche. »

Le vieil Isaac, qui s'était assis sur une grosse pierre, a levé un bras en l'air et toute l'assistance s'est tue.

– « Qui es-tu Rabbi, pour t'exprimer de cette façon ? Tu sais que dans ce village notre cœur est large et que nous avons toujours appris à regarder loin à l'horizon. Tu sais aussi que nous avons toujours prié pour connaître le jour où un Envoyé de l'Éternel nous serait donné... Prétendrais-tu être Celui-là ? »

– « Je Le suis... »

J'ai senti une tension monter en moi en entendant Jeshua répondre aussi catégoriquement. Je savais comment ce genre de discussion avait déjà tourné sur le parvis d'une synagogue. Nous étions partis sous une pluie d'insultes...

Je revois encore le vieillard soulever exagérément ses sourcils broussailleux et faire la moue tandis que des exclamations et quelques rires contenus parcouraient notre petite assemblée.

– « Ne vous y trompez pas, mes amis, a alors fait le Maître en posant sa main sur l'épaule du tout jeune garçon qui avait soulevé la si délicate question. Ne vous y trompez pas... car c'est bien mon Père également qui a placé ces mots sur les lèvres de cet enfant. C'est ainsi qu'a été posée la seule question qui importait aujourd'hui. »

– « Voilà peut-être vingt années que nous ne t'avons pas vu ici... Tu arrives soudainement et tu voudrais que nous reconnaissions le Massiah en toi ? Me reconnais-tu seulement, moi ? »

L'homme qui s'était exprimé devait être potier et nous avions dû interrompre son ouvrage à en juger par l'état de ses mains.

– « Comment t'aurais-je oublié, Zacharie ? Nous jouions souvent à grimper sur ce rocher qui se trouve en bas du sentier, en venant ici. Tu n'aimais pas les travaux des champs...

Alors oui, Zacharie, je te l'annonce et je vous le répète à tous : Je suis bien Celui que tu as dis. Je suis Celui que je dis être et je viens vers vous au nom de mon Père... pour vous parler de vous... »

– « Tu veux nous parler de nous ? s'est écrié quelqu'un quelque part. Tu as vécu trop longtemps trop loin d'ici, Rabbi. Tu as sans doute bonne mémoire mais tu ne nous connais plus. Tu ne sais plus qui nous sommes ni qui nous attendons. Alors comment pourrais-tu nous dire quoi que ce soit de nous ? Qu'es-tu venu chercher, au juste ? »

Avant que le Maître ne réponde, j'ai vu le vieil Isaac acquiescer d'un geste du menton.

– « C'est vous tous que je suis venu chercher... car celui qui a pris pour habitude l'attente au point d'en faire le centre de sa vie est semblable à un aveugle qui se laisse prendre par le sommeil...

Oui, je vous le dis mes amis, voilà des générations et des générations que vous vous transmettez l'Attente comme un bien dont on hérite mais qui jamais n'offre joie ou bonheur. Le Massiah est toujours pour demain, mais voilà que demain est toujours à l'image d'aujourd'hui parce qu'il est plus simple de réciter les mêmes prières que de laisser son cœur appeler vraiment l'Éternel... »

— « Veux-tu réécrire notre foi, Rabbi ? »

— « Je suis venu réveiller ceux qui dorment. Je suis venu leur dire : "Regardez, il n'y a plus à attendre. Vous êtes comme ce paysan qui se plaint toujours du temps pour retarder ses semailles et qui épuise sa terre à y planter finalement et sans cesse les mêmes graines."

Je suis venu vous l'annoncer : Aujourd'hui mon Père, votre Père, vous veut plus proches de Lui. Cessez de Le chercher loin de vous tandis qu'Il est là... »

— « Eh, Rabbi ! s'est mis à hurler quelqu'un derrière moi. Bientôt tu nous diras que c'est toi, l'Éternel ! »

Il y eut des rires, des rires qui m'ont fait très mal.

Tranquillement, Jeshua s'est levé et s'est déplacé afin de faire face à tous.

— « Écoutez-moi... D'où vient le vent ? Le sait-on jamais ? Parfois, lorsqu'on ne s'y attend pas, il monte pour chanter dans les arbres et inviter le nomade à revoir les assises de sa tente. Nul ne peut arrêter sa course ni le saisir moindrement.

Mon Père, voyez-vous, est comme le vent... Pareil à un Souffle, Il vient déranger notre chevelure sans qu'on L'ait vu venir. Il Lui arrive même de vouloir nous rappeler que nous sommes tous des nomades et que le plus beau des pâturages peut devenir un désert si on s'y attarde trop... C'est cette vérité que je suis venu vous rappeler. Cherchez d'où vient le Souffle, remontez son courant et repensez votre demeure.

Je vous le demande, maintenant : Pourquoi se fait-il que ce soit un enfant qui ait semé cette discussion ? Parce que les vraies questions, celles qui labourent à l'heure juste ne viennent jamais de la tête. Elles jaillissent du cœur. Voilà pourquoi j'y ai répondu en vérité, sans dissimulation et par le Souffle de mon Père à travers ce que vous voyez de moi. »

– « Et moi, ce que je vois... c'est que le blasphème a franchi l'enceinte de ce village et qu'il doit s'en retourner d'où il vient ! »

C'était le vieil Isaac qui avait crié cela en se levant avec peine et en suffoquant presque à chaque mot prononcé.

– « Oui, retourne-t-en d'où tu viens, Jeshua, si c'est toi qui prétends faire tourner le vent maintenant. Ton voyage t'a rendu vaniteux comme nul autre. Prends les tiens et passe ton chemin. »

– « Je vais passer mon chemin, Isaac. Ton choix sera respecté car il ne sera pas dit que j'enfoncerai une porte fermée... mais regarde ces maisons et ces jardins qui peu à peu s'endorment... Je te l'annonce, hélas il n'en restera bientôt plus rien tandis que les Paroles que l'Éternel souffle à travers moi vogueront assurément sur toutes les mers de ce monde... »[1]

Ces mots ont déchaîné la colère du vieillard. Il les a interprétés comme une menace et a ramassé rageusement un caillou qu'il a aussitôt lancé sur le Maître. Pour le reste... vous avez nécessairement entendu dire comment cela s'est passé...

La petite foule qui s'était rassemblée là s'est mise à nous insulter et à imiter Isaac dans son geste. Nous avons donc été contraints de partir sous une volée de pierres. Jeshua, Lui, n'a rien voulu dire de plus pour calmer la vindicte de ceux qui avaient été jadis "les siens".

À un moment donné, il s'est même trouvé un homme jeune pour vouloir Le pousser sur le bord du sentier et tenter ainsi de Le faire tomber. Par bonheur, Jeshua s'est

---

[1] Ce village de la Fraternité esséninne a en effet disparu. Il ne s'agissait pas de Nazareth, ainsi qu'on pourrait le croire. Le village de Nazareth a été créé pour les besoins des pèlerins quelques siècles plus tard. Des archéologues ont également établi ce fait.

retourné à temps. Il a esquivé le geste et l'autre, déséquilibré, a roulé en bas du talus.

C'était si pénible, je vous l'assure ! Nous avons hâté le pas... Il nous tardait tant de rejoindre la petite route qui serpentait au fond du vallon. Nous qui avions osé espérer dormir au village, nous étions meurtris. Il me semble que je n'ai pu contenir quelques larmes. »

– « Et le Maître ? » ne puis-je m'empêcher de demander en interrompant Myriam.

– « Le Maître ? Une part de Lui en a souffert, j'en suis certaine... mais c'était une part de surface car, au plus intime de Lui, Il avait pressenti ce qui allait se passer. Il me l'a fait comprendre le soir même sous les oliviers où nous avions dû improviser notre campement.

Ce n'est que beaucoup plus tard, cependant, après avoir posé le pied sur ce rivage, que j'ai saisi toute la portée de ce qu'Il avait alors annoncé. C'est tellement présent dans ma mémoire !

Nous n'avions pas fait de feu car il faisait encore très chaud. Seules des dattes et quelques restants de fromage de brebis avaient constitué notre repas. À la faible clarté de la lune, nous ne distinguions de nous que nos silhouettes découragées. Il me semble que c'est Thomas – il avait lui aussi autrefois vécu au village – qui a lancé la discussion.

– « Comment fais-tu pour demeurer aussi... inébranlable ? Tu t'es fait insulter, nous avons dû fuir comme des misérables mais, même à cette heure tardive et à cette obscurité, je devine le sourire sur tes lèvres. N'y a-t-il donc rien qui puisse t'atteindre ? »

– « J'éprouve de la peine, mon frère... bien sûr. Mais, vois-tu... qu'est-ce qui, en moi, ressent cette peine ? C'est juste la carcasse de Jeshua, celle qui aime être aimée pour se sentir rassurée. En vérité... si je regarde avec un peu de distance tout cela, ce n'est pas cette carcasse qui dirige ma vie. Elle joue le rôle d'un bon cheval sur lequel je m'appuie mais elle n'est pas moi... Si ce cheval a un peu de peine, je le contemple et je le console avec mes véritables yeux et la vraie force qui est mienne.

La Justesse qui guide mes pas a voulu que je retourne là où j'ai vécu quelques belles heures de mon enfance ; il fallait satisfaire ainsi l'ordre de ce monde. Il est toujours nécessaire et bon de proposer aux siens le meilleur de ce qu'on a su faire fleurir. On appelle cela... l'équilibre ; c'est la loi du partage et du don telle que mon Père l'a inscrite en chacun. Cependant, au-delà de cette nécessité, il est une réalité que celui qui s'éveille doit connaître : une semence de Vérité n'est presque jamais reçue là où elle a jailli. Il faut toujours que le vent la porte plus loin pour qu'elle puisse germer et prendre sa dimension. Ainsi, « parle chez toi et tu ne seras pas entendu. » Cette leçon contient en elle une plus grande sagesse que cela ne paraît.

Mes amis... ce que je viens de vivre vous le vivrez à votre tour... et, je l'affirme très haut cette nuit, il en sera de même de ma Parole et de ma Présence en cette contrée de notre monde. L'une et l'autre n'y seront pas reçues au point d'y planter leurs racines, seule la distance et le temps les feront survivre, croître puis porter des fruits.

Ne me regarde pas ainsi, Thomas... Éloigne-toi de ta peine. Un dattier savoure-t-il ses propres dattes ? Et dis-moi aussi : Manges-tu souvent les dattes en haut du dattier ? Le destin de la plupart des fruits est d'être cueillis puis mangés loin du tronc et des branches qui leur ont donné vie. »

Je ne crois pas, mes sœurs, que cette nuit-là nous ayons tous compris où Jeshua voulait en venir. Il fallait monter trop haut dans le dattier et les fruits n'étaient pas encore mûrs... Maintenant, tout me paraît si clair ! Regardez comme nous nous sommes éparpillés, toutes et tous.

Ce n'est pourtant pas cette vérité seule que je capte aujourd'hui. Il en existe une autre, plus profonde. C'est l'enseignement de l'abnégation. Cet enseignement nous dit d'offrir le bien pour le Bien, c'est-à-dire pour ce qu'il est et ce qu'il va nourrir dans l'Infini... non pas pour ce qu'il rapportera dans l'instant ou encore dans cette vie.

Celui qui ne se soucie que de son existence présente et se laisse ainsi piéger dans l'illusion de la course aux récompenses immédiates se comporte comme un très jeune adolescent sur le bord de la route. Il est le jouet des caprices du masque qu'il porte.

Je me souviens aussi d'une chose dite par Jeshua cette nuit-là. Elle peut sembler anodine ou simplement amusante mais, si je vous en fais part, c'est parce qu'elle parle à sa façon de cette Intelligence du Divin qu'Il a toujours voulu nous faire approcher :

– « Vous rappelez-vous cet enfant qui m'a demandé, en apparence si naïvement : « Pourquoi es-tu revenu nous voir, Rabbi ? » Il a été le seul à ne pas nous lancer de pierres et aucune insulte n'est sortie de lui.

Je vous le dis, il a été le clair messager de mon Père parmi les hommes et les femmes de son village. Sans lui, vous n'auriez pas reçu l'enseignement qui vous était dû aujourd'hui et moi, sans le regard qu'il m'a tendu, je n'aurais pas retrouvé le vieillard qui a accompagné mon enfance durant quelques mois.

Il se nommait alors Zérah et il a instruit quelques-uns des nôtres au contact de son humble sagesse[1]. Seul l'Éternel sait pourquoi il est aussi vite revenu parmi nous... et dans le même village.

Heureux est celui qui, à son image, ne tarde jamais à reprendre son pèlerinage parmi les hommes... Heureux

---

[1] Voir "De Mémoire d'Essénien" du même auteur. Éditions Le Passe-Monde.

aussi est celui qui, comme vous en cet instant, peut s'émerveiller de l'Intelligence de la Vie qui sait si bien tout ordonner. Ce qu'elle distribue n'est qu'Amour en gestation... »

Parfois, quand je songe à ces paroles et que je vois mon âge avancer, je me demande si, lorsque je serai passée sur l'autre versant de la vie, j'aurai le même courage que celui de cet homme qui se nommait Zérah et qui est revenu si vite en ce monde. »

Un goéland vient de se poser à l'extrémité de la barque où nous avons élu domicile. L'œil vif, il regarde fixement Myriam qui vient de se taire. Son monde à lui ne connaît pas les frontières du nôtre. En haut, en bas... c'est la même chose, le même souffle qui l'anime. Peut-être est-ce cela qu'il est venu nous dire ? Peut-être que la vue dont il jouit lorsqu'il a les ailes déployées – sa vue d'en haut – ne le satisfait pas totalement.

Jeshua disait toujours que les deux côtés de la vie s'attirent l'un l'autre à l'image de l'homme et de la femme... Et lorsqu'on Lui demandait lequel de l'homme ou de la femme jouait, selon Lui, le rôle du jour, Il répondait que la question était très mauvaise. Il déclarait alors que ce que nous appelons la mort est aussi plein de lumière que ce que nous nommons la vie et que ce que nous prenons pour notre état de veille est plus souvent sous l'emprise de la lune qu'influencé par le soleil. Ensuite, Il continuait en assurant que seul l'Amour permet de comprendre les différentes facettes de Ce qui Est.

La vie et la mort, disait-Il, ne forment qu'une seule et unique vérité. Elles sont liées comme l'homme et la femme dont le destin est de s'épouser pour donner naissance en eux à un être unifié...

Un battement d'ailes bien sonore me tire de mes pensées... Notre ami le goéland vient de reprendre son vol. Il m'a délivré son message... Je me redresse au fond de la barque où peu à peu je m'étais laissée glisser et je capte les regards de Myriam et Jacobée. Ils sont rieurs... Mes amies ont compris que je m'étais perdue dans mes pensées.

– « Tu reviens parmi nous, ma sœur ? » me lance Jacobée en poussant ma jambe d'un geste taquin de son pied.

– « Eh bien, Myriam... veux-tu poursuivre ? » fais-je en retour comme pour me défendre d'avoir laissé voguer mes pensées.

À son tour, la voilà qui me donne un petit coup de pied, juste assez pour me faire rire derrière le voile que je viens de tirer sur mon visage...

– « Alors oui, mes sœurs... c'est ainsi que ça s'est passé les premiers temps. Chaque jour qui se levait sur nous, je me demandais ce que j'allais découvrir de mon époux. Il y avait toujours un aspect de Lui que j'ignorais et que les circonstances de l'existence que nous menions révélaient de façon inattendue.

Bientôt, l'une après l'autre vous êtes apparues dans ma vie et nous avons usé ensemble nos talons sur les chemins du pays. À cette époque-là, j'ai parfois senti en vous une crainte par rapport à moi, celle de ne pas être assez aimées, pas assez reconnues pour le pas que vous aviez osé et qui avait fait basculer toute votre existence.

Je la connaissais bien cette crainte car elle m'a longtemps affaiblie, moi aussi. Je l'ai éprouvée dès le départ par rapport à Jeshua Lui-même et puis aussi face à tous ces hommes, souvent un peu rudes et peu habitués à la présence des femmes, qui cherchaient à prendre des responsabilités autour de Lui.

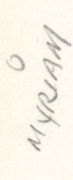

C'était au temps où tout allait encore assez bien... La renommée du Maître s'était répandue à travers le pays et, même si elle en faisait grogner plus d'un, il était devenu plutôt glorifiant de se voir confier telle ou telle charge par Lui.

Vous souvenez-vous ? Lévi et Simon-Pierre étaient fréquemment de ceux qui jouaient des coudes pour avoir le privilège de s'occuper de certaines tâches... ou pour être tout simplement assis au premier rang, droit devant Jeshua lorsque Celui-ci enseignait.

Cette course aux privilèges n'était finalement qu'une course à l'amour. Elle traduisait puérilement la présence de cet énorme gouffre que nous avons tous dans notre cœur, celui du besoin maladif de reconnaissance. Tu nous en as parlé avec tes mots, toi également Jacobée.

Être reconnu... c'est pouvoir se dire qu'on est aimé. Nous le savons tous en ce monde. Il faut avoir parcouru de si longues routes pour dépasser la tyrannie de ce besoin viscéral !

Il y a de cela trois ou quatre nuits, ma sœur, tu nous as confié comment tu avais vécu cette incroyable journée où le Maître avait fait jaillir à volonté les pains et les poissons au fond de leurs paniers. Ce que tu n'as sans doute pas su et ce que je voudrais vous conter, c'est ce qui s'est passé avant que ceux-ci ne soient présentés à la foule.

Dès la veille, le Maître avait annoncé à quelques-uns qu'Il aurait besoin de poissons pour partager avec ceux qu'Il entendait rassembler sur le bord du lac. J'étais présente et j'ai observé ce qui est alors survenu...

Nathanaël[1], Simon-Pierre et plusieurs autres se sont précipités vers Lui. Chacun a annoncé avec tant de véhémence son intention de s'en charger qu'une dispute a finalement éclaté entre eux. C'était à celui qui aurait *le privilège de pêcher pour le Maître*.

À la vue de cela, Jeshua n'a pas tardé à les rejoindre pour leur déclarer qu'ils n'étaient décidément que des en-

---

[1] Nathanaël, appelé plus tard Barthélémy.

fants et que, de toute façon, les poissons de tout le monde seraient les bienvenus puisque nous serions certainement nombreux.

Le lendemain à l'aube, les trois ou quatre pêcheurs rivaux ont donc mis leurs barques à l'eau tandis que nous, de notre côté, nous entamions une longue méditation sous la direction du Maître.

Personne ou presque ne l'a su... lorsque les embarcations sont revenues, leurs filets étaient pratiquement vides. Il a fallu avoir recours à d'autres pêcheurs pour pouvoir réunir les quelques poissons demandés et à partir desquels – nous ne le soupçonnions pas – le prodige que vous connaissez a été ensuite accompli.

Pour Simon-Pierre, Nathanaël et les autres qui avaient tenté en vain de pêcher, la situation ne s'est dénouée que le jour suivant car, durant la journée même où les poissons et les pains se multiplièrent à volonté, ils sont restés un peu en retrait, enfermés dans une sorte de bouderie. Ce qui s'était passé était si extraordinaire que personne n'a remarqué leur attitude. Il y avait tellement mieux à faire, vous en conviendrez !

Le lendemain dans la matinée, j'ai vu les pêcheurs malchanceux approcher le Maître d'un air pitoyable. Comme j'étais juste à côté de mon époux, j'ai tout de suite lu l'amertume dans leurs regards et j'ai tout entendu de la conversation qui s'est alors engagée.

– « Rabbi... a fait l'un d'eux, pourquoi as-tu voulu nous humilier ainsi ? Nous te respectons et te servons chaque jour car nous avons compris à quel point l'Éternel parle à travers toi et de quelle façon les choses de ce monde t'obéissent.

Pourquoi donc avoir fait en sorte que les poissons évitent nos filets ? Pourquoi avoir honoré d'autres hommes en achetant le fruit de leur pêche tandis que nous espérions pouvoir tout t'offrir ? Nous sommes blessés... »

Le Maître les a fait asseoir tout en me priant de demeurer là puis Il s'est mis à leur parler. Cela a été, je crois, l'un des plus beaux enseignements que j'ai entendus...

– « Mes amis, êtes-vous des hommes ou des enfants ? »

– « Regarde nos mains et nos visages, nous travaillons dur... Ne te moque pas de nous, Rabbi... »

– « En vérité, dites-moi, qui se moque de qui ? Ne serait-ce pas plutôt vous qui riez de l'Éternel ? Trop souvent encore, ainsi que la multitude des hommes de ce monde, vous croyez pouvoir Le tromper. Ignorez-vous donc que nul ne peut L'acheter ? »

– « Mais nous ne voulons pas acheter le Très-Haut, Maître ! » s'est écrié avec force Simon-Pierre.

– « Le crois-tu réellement ? Qu'avez-vous fait ? Sondez votre cœur... En vous précipitant vers vos barques et vos filets, vous êtes-vous souciés de ma demande pour elle-même, c'est-à-dire pour le don que nous allions faire d'un peu de nourriture à ceux qui s'apprêtaient à venir écouter la Parole de mon Père ?

Non... si vos yeux savent tant soit peu s'ouvrir en vous, vous conviendrez que chacun de vous, seul, importait dans tout cela. Ce n'était pas servir la force d'Amour de l'Éternel qui vous souciait, mais... essentiellement acheter mes faveurs, ma reconnaissance...

N'avez-vous à ce point rien compris, mes amis ? Il y a des choses qui ne s'achètent ni se marchandent. Avez-vous faim de Ce qui est juste ou êtes-vous plutôt affamés de reconnaissance ? Tout homme et toute femme ont, bien sûr, besoin d'être appréciés pour ce qu'ils font ou tentent de faire. Cela est juste car, dans le cœur du monde tel que mon Père l'a conçu, l'échange est la loi de l'équilibre. Comme les vagues de la mer avancent puis reculent, les enfants de la Vie offrent puis reçoivent.

Cependant, la vraie reconnaissance – celle après laquelle vous courrez – est un cadeau que l'on reçoit quand l'Intelligence que mon Père a placée dans le cœur du monde sait que le temps en est venu.

Celui qui est affamé au point de vouloir en faire la récolte immédiate ne ressent que le goût de l'amertume. Je vous le dis, un fruit qui n'est pas mûr est toujours amer car, en vérité, il n'est pas cueilli mais volé à la loi d'équilibre de la Vie.

Ainsi, vous n'obtiendrez ni véritable respect, ni sincère considération et encore moins amour tant qu'en vous survivra le réflexe de la récolte forcée ou de l'achat.

Hier, en lançant vos filets dans le lac, vous n'avez pensé qu'à occuper un peu plus de place dans mon cœur. Ce sont les enfants qui font cela, ne croyez-vous pas ? Ce sont les enfants aussi qui se querellent pour obtenir les compliments de celui qui leur apprend comment lire et écrire.

Regardez-moi et écoutez-moi... Je suis celui qui est venu vous enseigner l'art suprême qui consiste à savoir comment lire et écrire la Vie. Si l'exigence de votre maître en cet art vous rend chagrins et envieux... demandez-vous pourquoi ! Peut-être est-ce simplement parce que vous n'avez pas encore assez suivi ses cours ?

J'ignore ce qu'est punir et blesser, mes amis... Mon seul souci est de vous cultiver. Je ne suis pas intéressé par le fruit de votre pêche mais par la façon dont vous pêchez et la raison qui vous pousse à le faire.

Je ne suis pas et ne serai jamais celui qui demande à être servi et que vous devez servir. Ce qui appelle votre offrande, c'est la racine de mon Amour en vous, c'est la Flamme de la Présence de l'Éternel en vous. Vous ne pouvez mentir à cette Flamme. Hier, comme trop souvent, vous avez œuvré pour votre masque d'homme, pas pour l'Amour...

La patience, voyez-vous, est le terreau que vous devez rechercher cependant que l'humilité est la pluie bienfaisante qu'il vous faut appeler. Ne l'oubliez jamais... »

Je me souviens des larmes qu'a versées Simon-Pierre. Elles m'ont bouleversée car elles me semblaient exprimer ce que je ressentais, moi aussi...

Quand on vit à côté d'une Source pure, il advient souvent qu'une certaine ivresse nous prenne, qu'on veuille en boire les meilleures gorgées avant les autres, qu'on essaie d'en détourner le cours et même de se l'approprier. Il arrive aussi qu'on aime à se faire envier pour le privilège qu'on a d'y boire et qui nous donne l'impression d'exister plus que les autres, d'être plus important...

Lorsque les hommes furent partis, confus, apaisés mais un peu plus grands dans leur âme, je me suis retrouvée seule avec le Maître.

J'ai fondu en sanglots dans ses bras. Je voyais trop bien pourquoi Il avait tenu à ce que je ne manque aucune de ses paroles.

L'attitude de ces pêcheurs, c'était aussi la mienne, secrètement cachée au fond de moi. Mon plus profond souhait avait été que chacun se dise que, puisque j'étais l'épouse de Jeshua, cela faisait nécessairement de moi sa première disciple. Était-ce un épouvantable orgueil, mes amies ?

Ce n'est pourtant pas si simple que cela. Je crois avant tout que j'étais encore trop semblable à la multitude de ces personnes qui ont la sensation de ne jamais être suffisamment aimées et qui réclament sans cesse des marques d'affection, de respect, d'admiration. L'insatiable appétit de reconnaissance qu'avait si bien décrit Jeshua, l'irrépressible besoin d'attirer à soi... comme le soleil... mais un soleil qu'on est encore si loin d'être !

Mon époux a dû lire dans mes pensées tandis que je pleurais car Il a fini par me dire :

— « Tu sais, Myriam... Ce n'est pas parce qu'il attire à lui que le soleil est le soleil. C'est parce qu'il donne sans avoir moindrement le dessein d'attirer. »

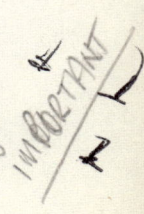

Alors, un peu perdue au milieu de tout ce qui me traversait, je Lui ai répondu :

– « Que dois-je faire ? Es-tu certain de ne pas t'être trompé en me prenant pour épouse et en voulant m'enseigner à être tout ce que tu m'as dit ?

Je ne sais plus... Regarde, Rabouni, regarde les Mystères auxquels tu m'as introduite, regarde les mondes intérieurs dont tu as écarté les voiles pour moi. Tu m'as initiée à tant de secrets ! Tous ceux qui sont près de nous ici et qui te suivent pas à pas n'ont sans doute jamais reçu de tels cadeaux de ta part. Tu m'as tout offert, me semble-t-il, mais vois où j'en suis...

Tu l'as bien perçu, je suis encore comme ces hommes... Je demeure à l'affût du moindre de tes regards, je guette tes mains tendues, je veux connaître inlassablement la certitude d'occuper la première place. Je me persuade servir l'Éternel et le monde mais, en réalité, je ne pense qu'à me servir moi-même. C'est ce que tu viens de me faire comprendre... Quelle cruelle leçon, Rabouni ! Qu'y a-t-il à faire avec moi ? Tu dois me trouver bien stupide ! »

Le Maître a alors pris mon visage entre ses mains et a soufflé sur mes paupières.

– « Ma Bien aimée... Crois-tu t'être trompée, toi aussi, en croisant un jour la route de Saül ? Les rendez-vous de la vie sont semblables aux jours qui se succèdent tout en s'engendrant les uns les autres. S'il en manquait un seul, tout se déséquilibrerait. Tout a sa raison d'être, ce n'est pas tant la nature de ce que tu vis qui compte que ton attitude en son sein.

Ainsi, ce n'est jamais l'initiation en elle-même qui fait l'initié... mais la qualité de la sève que l'homme ou la femme qui la reçoit parvient à en recueillir petit à petit. Saisis-tu ce que je cherche à te dire ?

Je t'ai proposé des clefs, ton âme a eu la force de les saisir et de les fondre toutes ensemble pour n'en faire qu'une... C'est la vie elle-même qui te présentera maintenant la serrure.

Vois-tu, Myriam, il n'y aura pas un jour en cette vie où cette serrure ne te sera proposée dans l'espoir que tu y tourneras un peu plus la clef.

La libération du cœur est une œuvre de patience, de volonté et de simplicité. Celui qui se glorifie en s'imaginant que les quelques palmes reçues lui ceindront éternellement le front sera, tôt ou tard, rappelé à la réalité de ce qui lui fait encore défaut.

Je te le dis, ce qui enseigne et forge par-dessus tout une âme, ce sont les cailloux du chemin qu'elle rencontre.

Nul ne doit se désespérer face à la mise en évidence de ses petitesses. Au contraire... que chacun se dise alors que c'est l'Amour de son Père céleste qui lui offre l'opportunité de grandir en s'améliorant. Le véritable aveugle est celui qui a l'âme suffisamment close pour nier ses limites et ses fissures... »

– « Est-ce pour cela que tu viens de souffler sur mes paupières ? Je suis encore trop aveugle ? Trop pleine de moi ? »

– « Je l'ai fait pour dissoudre la carapace des habitudes de ton regard[1]. L'âme de tout être, tu dois le savoir, se concentre dans son regard. Elle y dépose ses lumières et ses ombres, c'est-à-dire ses éclats de beauté et ses croûtes emprisonnantes. De telles croûtes forment une cuirasse ; ce sont elles qui disent la souffrance de l'être. Elles sont toujours faites de jugements... elles prolongent la Séparation. Seul l'amour sans condition peut en venir à bout. C'est Lui que mon souffle t'a offert. »

---

[1] Certains chercheurs ont, à ce propos, récemment mis en évidence le fait qu'une grande partie de l'énergie d'un individu est utilisée par le sens de la vue. Par ailleurs, la lecture d'aura permet souvent de détecter à la surface des yeux et sur le pourtour des globes oculaires des scories éthériques tenaces qui témoignent d'une accumulation de tensions.

— « C'est encore toi qui as agi, Maître... »

— « Il faut une coupe pour recevoir ce qui est offert. À tout être, il est proposé selon sa capacité d'accueillir. Qu'il soit ainsi dit que désormais tu ne te jugeras plus ni ne jugeras autrui. C'est parce que tu peux accueillir que la Vie t'est proposée. Rassemble les cailloux du chemin sous la plante de tes pieds, regarde leurs couleurs et leurs formes, ils t'enseigneront toujours ce que tu dois comprendre ainsi que le sens de l'exigence. »

Oh, mes amies... je me suis sentie tout à coup si légère ! Il me semblait qu'en vérité mes yeux avaient été nettoyés des mille résidus de ma tristesse. Toute crispation s'en était envolée...

Avez-vous jamais remarqué à quel point le regard d'un être humain ressemble souvent à un poing serré ? Même chez celui qui n'aspire qu'à la douceur et à la bonté, on devine aisément la tension d'une peur, la pression d'un combat à livrer, la présence d'une frontière douloureuse.

C'est à partir de cet événement-là, voyez-vous, que mon poing à moi a vraiment commencé à se décrisper. Ainsi, l'ordre du plus et du moins, du plus grand et du plus petit s'est-il progressivement éteint dans ma tête et mon cœur.

Et puis, il y a eu aussi l'ordre de ce qui, dans ma chair, avait, malgré tout, continué à vouloir posséder et contrôler... Ne serait-ce qu'un peu. Cet ordre pernicieux s'est essoufflé, inévitablement. Je dois dire que cette phase de détachement s'est opérée presque à mon insu. Vous avez dû vous en apercevoir vous-mêmes : il y a parfois dans notre vie des barrières intérieures auxquelles on se heurte régulièrement et dont on se dit qu'on ne parviendra jamais à les franchir. Elles sont comme des réflexes, des tabous, elles prennent l'allure de problèmes insolubles pour notre tête, notre cœur ou les deux à la fois. Ces problèmes, on ne cherche d'ailleurs pas toujours à les résoudre car ils font partie depuis longtemps de notre paysage à nous...

Alors, on avance et puis... un beau jour, lors d'une circonstance particulière, on s'aperçoit soudain qu'ils ont disparu, qu'ils se sont dissous sans que l'on comprenne pourquoi, quand et où. Tant et si bien qu'on en vient même à se demander pour quelle raison on s'est si longtemps fait mal avec eux. On réalise qu'ils n'étaient qu'une illusion, une ombre à laquelle on avait stupidement prêté une consistance.

Ainsi mes amies, un matin, je ne sais plus lequel, je me suis réveillée différente. Comme souvent nous avions dormi dehors à la clarté des étoiles... En ouvrant les yeux à la naissance du petit jour, une étrange joie m'a fait comprendre que je ne serais plus jamais la Myriam d'autrefois. Tout était devenu soudainement simple... Je pouvais considérer l'ancien paysage de mon âme et celui qui avait mystérieusement poussé à sa place.

J'ai contemplé ma vieille arrogance, mes habitudes de contrôle, mes jalousies bien cachées, mes orgueils se parant d'une humilité de surface, mes peurs dissimulées sous des fanfaronnades, mes frustrations étouffées, enfin mon impulsivité déguisée en sage et légitime courroux. Tout cela s'était évaporé... La légèreté que j'en ai ressentie était indescriptible.

Ce matin-là, lorsque je me suis relevée afin de rajuster mes vêtements, j'ai aperçu Jeshua à cent pas devant moi. Il était assis sur l'herbe et parlait à un groupe de femmes dont, d'ailleurs, vous faisiez partie toutes deux.

Autrefois, j'aurais eu un petit pincement au cœur, blessée de ne pas avoir mon époux près de moi à mon réveil. Mais là... c'était différent. C'était même totalement l'inverse qui se passait. Je me suis sentie parfaitement heureuse. J'étais bénie d'être la compagne d'un être qui pouvait tant donner, la femme d'un homme qui était marié au Sacré avant que d'être uni à moi, l'épouse d'un Maître qui portait l'homme au rang du Divin...

J'ai deviné le regard que toutes ces femmes posaient sur ce Maître. Il n'y avait que de l'amour, toutes sortes d'amours, sans doute... mais c'était de l'amour... Puis, j'ai regardé les quelques hommes qui ont fini par s'approcher de leur petit groupe. Je les ai vus s'incliner jusqu'au sol devant mon époux, toucher ses pieds de leurs mains et ne savoir que faire pour exister devant Lui. Cela aussi, c'était de l'amour... un respect qui imposait le respect.

Alors... en voyant avec tant de bonheur ce qui se passait là et qui n'était finalement que la répétition de ce qui se déroulait chaque matin, je me suis dit que j'étais peut-être enfin devenue la Femme que Jeshua avait convoquée en moi. Peut-être... et si ce n'était pas encore tout à fait cela, ce n'était pas grave puisque mes yeux, mon cœur, ma tête et même mon corps tout entier ne recevaient plus la vie de la même façon. Mes propres imperfections ne pouvaient plus constituer le moindre nœud et il n'y avait en cela aucun mystère à élucider car je me sentais simplement vraie, sans fard, ni raideur, ni calcul.

Jeshua n'était plus mon époux au sens où ce monde l'entend. Il était devenu celui du monde entier. Il était là pour épouser le genre humain, de ses racines jusqu'à son feuillage.

La "vapeur d'eau humaine" dont Il parlait toujours tant s'était enfin dégagée de moi !

Je ne pourrai jamais oublier cette petite promenade que j'ai alors faite vers le troupeau de moutons qui paissait non loin de notre campement. Je l'ai vécue dans une réelle extase. Rien de spectaculaire, rien d'affectif ni d'émotionnel... Tout était dans la fusion avec Tout.

J'ai beaucoup pleuré après cela... Le Maître ne m'a rien demandé ; Il a simplement déposé un baiser au sommet de mon crâne. J'ai alors su qu'Il m'avait permis de connaître le goût de la Source et le bonheur de peut-être, un jour, me fondre dans son jaillissement.

Vous imaginez ma force lorsque nos marches ont repris de plus belle, de village en village, de la Galilée à la Judée et à la Samarie.

Comme vous, j'ai assisté à des choses merveilleuses mais aussi à des salissages, à des reniements, des découragements, des lâchetés et, bien sûr, des trahisons. Cela n'a pas toujours été facile car la chair a un poids, vous le savez... mais plus jamais je n'ai été affectée ainsi que je l'aurais été auparavant. On aurait dit que je parvenais à me faufiler dans ce couloir de lumière que le Maître traçait dans l'Invisible, derrière Lui.

J'ai trouvé mes véritables racines à force d'accepter d'être déracinée de mes vieux points de confort...

Jeshua me répétait toujours : « Ose, pour n'avoir plus peur de la peur ! »

Alors, de semaine en semaine et de mois en mois, j'ai de plus en plus osé discuter des Écritures[1], osé parler de Ce en quoi je croyais, osé regarder un Docteur de la Loi dans les yeux, osé enfin parler de Jeshua comme du Massiah. On m'a ri au nez, on m'a même parfois frappée dans les ruelles de Jérusalem lorsque j'y marchais seule, les derniers temps. Cela ne m'atteignait plus.

Le Maître le savait... Il lisait tout en moi. Parfois, Il commentait simplement mon regard en disant : « Souviens-toi, ce n'est pas pour nous que nous vivons. » J'avais fini par apprendre ce que ces mots signifiaient dans sa bouche. Cela ne voulait pas dire qu'il nous fallait supporter les agressions comme un sacrifice mais regarder celles-ci comme des expressions de l'ignorance et de l'irresponsabilité.

Ne pas rendre leurs coups à nos agresseurs, ne pas même les maudire c'était alors être simplement cohérents avec la volonté d'inviter le Divin en soi. Pour le Maître,

---

[1] Ce droit n'était pas reconnu aux femmes.

maudire l'ignorant c'était manifester soi-même l'ignorance en oubliant la finalité de toutes les formes de vie.

Je me souviens qu'un jour Jude Lui a rapporté qu'il venait de se fâcher contre un Sadducéen qui refusait d'envisager que l'homme ait le droit et la capacité d'inviter l'Éternel en lui.

— « Pourquoi t'être fâché ? lui a-t-Il répondu. Vas-tu te mettre en colère contre une chèvre qui prend le chemin de droite plutôt que celui de gauche que tu souhaitais qu'elle emprunte ? Tu auras beau lui dire : « À gauche, à gauche ! » Elle ne comprendra pas tes mots et ne les comprendra jamais car il n'y a pas de place en elle pour cela.

De la même façon, tu ne peux faire comprendre à un homme que le Très-Haut peut vivre en lui s'il prend lui-même toute la place dans sa propre demeure. Ce qu'il faut dans le cœur et la conscience de chacun, c'est de l'espace.

Au lieu de te fâcher inutilement, aide-moi à en créer chez ceux que tu rencontres. Plutôt que de provoquer de nouvelles barrières en eux, accepte qu'ils te présentent des portes fermées. Nul ne peut ouvrir en soi ce qu'il ne voit même pas comme étant clos... »

Vous souvenez-vous, mes sœurs, comme nous avons été nombreux à éprouver de la difficulté à mettre en pratique cette vérité : Accepter que l'autre n'ait pas la capacité de placer en lui ce qui nous semble, à nous, si évident ?

Comment faire venir le soleil là où c'est encore l'heure de la lune ? Le seul fait de se révolter contre cette impossibilité nous prouve qu'en nous non plus, il n'y a pas encore assez de place.

Nous parlions d'âmes, de cœurs et on nous répondait par des Écritures figées et des lois... Nous parlions d'Amour et on réclamait de plus en plus souvent notre engagement dans une révolte armée.

Lorsque je me remémore tout cela aujourd'hui, je me dis qu'ils étaient peu nombreux ceux qui se montraient capables d'entendre notre langage... Et plus je voyage dans mes souvenirs comme en cet instant, plus je me dis que, même parmi notre famille d'âmes, rares aussi étaient certainement celles qui pouvaient mesurer la réelle étendue et la profondeur de ce qui nous était enseigné.

C'est sans doute pour cela que les événements ne pouvaient se dérouler que de la façon dont nous les avons vus se dérouler. On rejette ce qu'on ne comprend pas et qui vient nous troubler. *On préfère souvent l'ordre de la guerre à un espoir de paix parce qu'on connaît la guerre et qu'on ne saurait pas quoi faire de la paix.*

C'est pour enfanter d'une autre façon d'être au monde que Jeshua est venu nous réveiller... jusqu'à nous faire venir ici afin de semer sa Mémoire vivante... »

Je contemple fixement Myriam. Cela fait longtemps que ses yeux se sont fermés et qu'elle raconte en souriant, le visage tourné vers le large.

Le plein soleil est là au-dessus de nos têtes, maintenant.

J'ai soif... soif d'être comme l'un de ces goélands qui planent là-haut dans l'azur et peuvent tout englober d'un seul regard.

À côté de moi, au fond de la barque, j'entends la respiration de Jacobée prendre un autre rythme. Ma sœur racle doucement sa gorge puis, dans une émotion, elle laisse glisser de ses lèvres une question :

– « Myriam, dis-moi... Crois-tu qu'il y ait assez de place dans mon âme ? »

Chapitre XII

L'Ange de l'Éternel

Jacobée n'aura pas directement eu la réponse à sa question. Sitôt qu'elle l'eut posée, tout à l'heure, deux pêcheurs sont apparus sur la plage. Ils nous ont rejointes d'un bon pas. Nous les connaissions bien, ma sœur et moi. En nous apercevant là, assises dans la barque, ils avaient cru que nous souhaitions la mettre à l'eau sans toutefois y parvenir.

– « La mettre à l'eau ? Pourquoi pas ? » s'est aussitôt écriée Myriam.

Cela s'est fait aussi simplement que cela... Les pêcheurs nous ont aidées à descendre de la petite embarcation, ils ont poussé et tiré celle-ci jusqu'à ce qu'elle soit prise par les vagues puis, bravant la fraîcheur de l'eau, nous avons à nouveau enjambé son bastingage.

Jacobée et moi avons aussitôt hissé, comme nous avions appris à le faire, la petite voile carrée de notre esquif et nous avons pris un peu le large afin de contempler le rivage, les cheveux au vent.

La sensation que nous éprouvons maintenant est étrange... Elle nous émeut. La dernière fois que nous nous sommes ainsi retrouvées toutes les trois sur l'eau, c'était sur le lac, face au rivage de Bethsaïda. Nous venions de comprendre qu'il nous fallait partir au loin...

D'un horizon à l'autre de notre pays, l'atmosphère était devenue trop tendue. Certains s'étaient imaginés qu'une fois que Jeshua aurait disparu, les esprits s'apaiseraient peu à peu. Ils s'étaient lourdement trompés... <u>Ce que le Maître avait soufflé sur notre monde n'avait rien d'une petite brise printanière.</u>

Certains l'affirmaient mort, d'autres Le disaient ressuscité et en retrait quelque part cependant que d'autres encore l'affirmaient en fuite. Nous, nous savions ce qu'il en était, et nous ne pouvions de toute évidence pas aller contre les événements ni contre les pensées qui circulaient.

La mise à mort du Maître avait tout secoué. Autant elle avait semblé ardemment désirée par une foule inconsciente, autant elle avait provoqué des soulèvements de protestation ici et là et embrasé des cœurs. Lorsque, de sa retraite du Krmel, Jeshua nous avait annoncé que l'heure était venue pour nous de partir afin de pouvoir survivre et d'aller semer en terre fertile, nous n'avions rien trouvé de mieux qu'une barque sur le lac pour nous regrouper et dire adieu à notre terre.

– « Vous souvenez-vous de la dernière fois, mes sœurs ? » nous lance Myriam en s'agrippant à l'un des cordages qui tendent notre voile.

– « Comment ne pas nous en souvenir ? »

Jacobée cache difficilement son émotion en répondant cela. Quant à moi, je me trouve une contenance en tenant fermement l'aviron de notre modeste embarcation.

– « Nous conteras-tu la suite ici, Myriam ? »

– « En vérité, je n'aurais pu espérer de meilleur endroit. Le soleil brille, le vent est notre allié... Il emportera peut-être au loin les échos de ce que j'ai encore à vous confier. Il répercute tout à sa façon, vous savez... <u>La mer aussi a une</u>

mémoire. Nous n'y prenons pas garde mais... elle recueille nos paroles. »

Je ne vois plus de Myriam que sa silhouette à contre-jour... Quelque chose en moi, pourtant, sait que son visage vient de changer à l'instant. Son regard a plongé dans les flots de son âme...

– « Que de choses se pressent encore dans ma mémoire, mes amies ! Les derniers mois que j'ai vécus auprès du Maître, savez-vous, furent bien différents de tous les autres...

Autant l'univers dont Il suscitait la présence en nous s'élargissait et nous entraînait vers des altitudes insoupçonnées, autant le monde auquel nous étions confrontés chaque jour me paraissait se rétrécir et se peupler de dangers de plus en plus réels.

Jeshua était constamment sollicité par des hommes fortement armés, loué et flatté par les uns, agressé par les autres et parfois contraint, vous vous en souvenez, de voyager de nuit afin d'éviter certaines confrontations.

Son influence était grandissante, on voulait se servir de Lui et les Romains resserraient leurs contrôles dès que notre petit groupe – qui finissait par grossir étonnamment – était annoncé quelque part.

Je peux vous le dire... pendant toute cette période, Il s'est souvent et longuement interrogé. Un jour, Il m'a prise à part...

– « Vois-tu, Myriam, c'est un peu comme si mon Père écrivait des morceaux de phrases en moi et qu'Il me laissait compléter leurs parties manquantes. Je peux faire de ma liberté une arme terrible ou un baiser envoyé à l'âme de ce monde pour les Temps à venir. Il faut que je me rende jusqu'au pied du mur pour savoir si je serai digne d'une telle liberté. »

Les choses se sont compliquées le jour où Il n'a pu faire autrement que d'intervenir énergiquement auprès des marchands du grand Temple, à Jérusalem.

Certains ont vu dans sa fougue le signe qu'Il était prêt à engager des actions d'éclat pour libérer notre pays. C'est à partir de ce moment-là, d'ailleurs, que Judas s'est imaginé qu'une solution pouvait être envisagée en faisant se rencontrer le Maître, ceux du Sanhédrin et même ceux de Rome. Il croyait que le Maître pourrait impressionner ces derniers par le nombre de cœurs et de bras qui se mettaient à son service.

C'est là où il se trompait... Vous savez comme moi que Jeshua ne voulait au contraire personne à son service. Parfois, quand on est trop savant – ainsi que Judas l'était par rapport à nous – on ne voit plus la vraie réalité qui s'écrit à chaque lever du jour. Non... le Maître ne voulait surtout personne à son service ! Il cherchait juste à se rendre jusqu'à son ultime point de rencontre avec... ce que je comprends aujourd'hui comme étant à la fois notre inconscience à tous et aussi... notre conscience supérieure. Entendez-vous ces mots ainsi que je les pense en moi ?

Plus je fouille mes souvenirs, plus je suis persuadée qu'Il a provoqué Lui-même l'intensité et l'enchaînement des événements qui ont conduit à sa condamnation...

Les dernières semaines notamment, j'ai eu l'impression qu'Il cherchait à être partout à la fois à Jérusalem et dans les villages alentours. Il intensifiait autour de Lui le rythme des guérisons et ses paroles étaient de plus en plus enflammées. S'Il avait voulu éviter une confrontation, il Lui suffisait de quitter la ville pour rejoindre les rives du lac que nous aimions tant. Il avait la claire vision de ce qui se nouait, c'est évident. Non, mes amies, je puis vous dire qu'Il a librement choisi ce qui est arrivé.

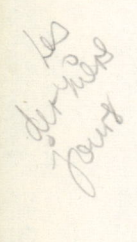

J'ai entendu certains affirmer qu'Il avait été comme un cavalier sur une monture emballée. Il n'y a rien de plus faux... Tout était prévu, dans les moindres détails. Seul, ou presque, Joseph, mon père, était au courant... »

Une question se presse sur mes lèvres. Il faut que je la pose...
– « Qu'est-ce qui te fait dire cela, Myriam : "Tout était prévu..." Y a-t-il un secret que tu as toujours gardé pour toi ? »

Myriam se rapproche de nous et, cette fois, je peux capter vraiment son regard. Il s'illumine singulièrement...

– « Oui... et il est temps que je vous en fasse part. J'y ai été introduite aux heures les plus difficiles... C'était juste après l'annonce de la condamnation du Maître. Je m'étais attendue à son arrestation ; peu importe d'ailleurs comment celle-ci est arrivée... Je m'étais attendue aussi à la sentence qui allait s'abattre sur Lui et, d'une certaine façon, sur nous également.

Je ne dirai pas ne pas avoir ressenti ces deux événements tels deux coups de couteau mais... une partie de moi était "ailleurs", comme si elle avait bu je ne sais quelle potion qui macérait depuis longtemps. Cependant, je ne m'étais pas attendue à ce qui allait aussitôt suivre et dont Joseph semblait bizarrement maîtriser certains éléments... comme s'il était acteur de ce que j'appellerais maintenant un énorme complot sacré et lumineux.

– « Sois solide, ma fille... L'Éternel et Ses anges sont plus que jamais aux côtés du Maître. Si l'ordre de ce qui doit être est respecté, tout se mettra en place pour que le supplice soit abrégé et que ton époux demeure encore en vie lorsque nous le dépendrons du poteau... Il nous faudra alors faire vite... Garde cela pour toi. »

– « Comment le sais-tu, père ? » ai-je bredouillé.

Là, Joseph a hésité un moment puis il a repris :

– « C'est ce qu'Ils m'ont dit... »

335

– « Qui, Ils ? »

– « Les Élohim, ma fille... Ceux dont parlent les Écritures... Ils sont là... »

– « Ils t'ont parlé, à toi ? »

– « Plus que cela. Ils sont venus me voir et m'ont instruit. Que puis-je te dire de plus ? La nuit qui suivra le supplice, tu feras tout ce qu'il t'est possible de faire pour approcher le tombeau que tu connais et où j'aurai fait déposer le Maître. Tu comprendras sans doute... »

Je n'ai pu en apprendre davantage. Cela faisait quelques jours que mon père n'était plus tout à fait tel que je l'avais toujours connu. Il se montrait... évidemment grave mais, en même temps, en charge de quelque chose de très très lourd. Malgré cela, derrière les profonds sillons de son front dégarni, il me semblait deviner chez lui une stupéfiante sérénité.

Avant de partir vers je ne savais où, il avait simplement ajouté :

– « Prends garde à toi et aux autres... Cela pourrait être dangereux. »

Mes amies... je ne vous parlerai pas des heures abominables où j'ai suivi tant bien que mal le Maître jusqu'au lieu des condamnés. Nous sommes là pour évoquer le plus beau, pas le plus horrible... même si au sein de l'horreur de grandes choses se sont malgré tout accomplies.

J'ai seulement envie de vous dire qu'accrochée à Meryem, je me suis efforcée d'être totalement présente à chaque instant. Il n'y avait pas un soldat dont je ne voulais affronter le regard, pas un regard de Jeshua dont je voulais perdre la moindre signification, pas le plus petit souffle sortant de sa poitrine que je ne voulais soutenir par le mien.

Meryem, dans sa force incroyable, m'a parlé à plusieurs reprises mais je n'ai rien compris de ce qu'elle me disait. Quant à vous... je vous savais bien sûr là, juste à côté de moi. Hélas, je ne parvenais à vous deviner que dans une sorte de brume.

Quand tout fut fini et que les hommes ont vite emporté le corps de Jeshua sous la pluie battante, Joseph, qui les suivait, m'a seulement rappelé fermement à l'oreille :

– « Souviens-toi, cette nuit... »

Simon, du village du Maître, m'a alors proposé de me raccompagner jusqu'au bethsaïd mais j'ai décliné son offre. Il fallait que je sois seule... ou avec Meryem si elle le souhaitait. En fait, Joseph l'avait déjà confiée à quelqu'un.

Alors, j'ai plus ou moins erré entre vous deux, quelques autres du bethsaïd, la demeure de mon père et le tombeau où on avait porté mon époux mais dont des soldats m'interdisaient évidemment l'accès. Je ne paniquais pas... J'espérais surtout pouvoir comprendre.

Finalement, comme beaucoup, je n'ai fait que patauger dans la boue, sous la pluie, jusqu'à ce que la nuit s'en vienne et que je vous rejoigne afin que nous priions ensemble. Vous étiez presque les seules à être là entre nos quatre murs de terre et de pierre. Quant à Jean, Lévi, Thomas, Jacob, Nathanaël, Simon-Pierre et les autres, ils avaient disparu. Je me souviens seulement de Jude qui priait, le visage contre le sol.

Nous avons donc prié, nous aussi, avec la vieille Marthe qui s'était réfugiée là et qui ne cessait pas de pleurer. Enfin, la lampe à huile s'est éteinte et vous vous êtes endormies.

Moi, évidemment, mes sœurs, je me l'interdisais. Il fallait que je prenne discrètement le chemin du tombeau et surtout ne pas rencontrer de gardes, s'il y en avait encore.

Je ne sais pas ce qui m'a donné la certitude que l'heure en était venue. J'ai trouvé les forces physiques pour rejoindre d'un bon pas le sentier qui se faufilait sous les oliviers et je me suis rapprochée de cette sorte de jardin vers lequel mon père m'avait dit d'aller. La pluie s'était un peu calmée et je me sentais inexplicablement lucide...

Je faisais une courte pause afin de reprendre mon souffle lorsque, tout à coup, j'ai vu une lueur verte monter entre deux bouquets d'arbres.

Depuis des heures, je n'avais qu'un seul mot dans la tête : "Élohim"... Je connaissais cependant si peu les détails des Écritures et j'avais si rarement évoqué leurs présences dans ma vie ! Comment leur nom prononcé une seule fois mystérieusement par Joseph pouvait-il m'apparaître maintenant telle une clef pour rejoindre Jeshua, mon époux, le Maître ? Forte des paroles de Joseph, je me suis avancée vers la lueur verte sans la moindre méfiance.

Un homme se tenait en son centre. Il marchait vers moi...

Lorsque nous fûmes à une dizaine de pas l'un de l'autre, il s'est arrêté. La lueur verte était restée en arrière de lui cependant il faisait suffisamment clair pour que je le voie distinctement. Il était presque de la même stature que Jeshua et portait lui aussi une longue robe blanche. Sa chevelure était abondante et longue également, mais son visage se montrait par contre imberbe et sans la plus petite ride. Il m'a tout de suite souri comme pour me rassurer.

– « Est-ce toi, Myriam ? » a-t-il fait d'une voix un peu étrange.

– « C'est mon nom, oui... mais il y en a beaucoup d'autres qui le portent... »

– « Alors, c'est bien toi que je cherche. »

– « Es-tu... un Ange de l'Éternel ? » ai-je alors bredouillé.

– « C'est le nom que tu peux me donner... mais beaucoup d'autres le portent également. »

Sa réponse m'a envoyée au sol, le visage contre terre. Malgré cela, j'ai trouvé la force de demander :

– « Est-ce pour mon époux que tu es ici ? »

– « Relève-toi, Myriam... C'est bien sûr pour le Maître Jeshua mais aussi pour les femmes et les hommes de ce monde. »

– « Est-Il en vie ? »

– « Il l'est, sois en paix... Toutefois, si nous t'avons fait venir c'est bien plus que pour rassurer l'épouse en toi. C'est pour t'introduire aux secrets du grand Mystère qui se joue présentement et que tu devras porter telle une Coupe au-dedans de ta chair.

Ton époux a reçu le Béni en Lui... L'état de Béni est un Principe dont l'Amour et la Sagesse ne connaissent pas de limite. Cet état, vois-tu, est la quintessence de tout ce qui a fleuri au sein des mondes depuis l'origine des Temps.

Par la volonté de l'Éternel, tout ce qui Est, tout ce qu'il est possible et impossible d'imaginer connaît des jours et des nuits. Au cœur de ces cycles, naissent des êtres d'exception qui attirent en eux cette Quintessence, ce Suc de Vie et le laissent s'exprimer.

La langue que nous avons semée en ce monde les appelle Avtãra, ce qui signifie Fils réalisés du Sans-Nom. Le Maître Jeshua, tu l'as compris, est l'un de ces Fils. Il peut donner l'illusion de se plier aux lois du Temps et des hommes mais aucune puissance ne peut quoi que ce soit contre Ce qui est inscrit en Lui.

Le Béni a été ton époux car la Vie en Lui a vu qu'Elle pouvait susciter la Coupe en toi. C'est par cette Coupe maintenant qu'il t'appartient de susciter le Béni en chacun. Voilà ce que j'avais à te confier, Myriam. »

Vous l'imaginez, je me suis sentie complètement désemparée. Que devais-je comprendre ? Je ne pouvais reprendre le flambeau du Maître ! Je n'étais qu'une femme et je venais de vivre la journée la plus abominable de toute ma vie. Je ne savais d'ailleurs quel mystère faisait que je me tenais encore debout sans sombrer dans le désespoir...

Je me souviens avoir cherché plus intensément dans la pénombre le regard de l'Envoyé du Seigneur. C'est alors, je vous l'avoue, qu'une question bien petite et bien personnelle est sortie de ma poitrine :

– « Tu viens de dire que "le Béni *a été* mon époux". Ne l'est-Il plus ? Tu m'as assuré qu'Il vit toujours... »

– « Je te l'ai dit parce que le Béni a quitté aujourd'hui le corps de Jeshua. Sa Quintessence est allée rejoindre son Père, notre Père à tous, le Centre de notre Univers. Elle a laissé un peu de son Principe à la surface et au cœur de ce monde.

C'est sur ce Principe qu'il t'appartient maintenant de souffler... comme tu le fais sur une braise afin qu'en jaillisse une flamme. On croit toujours qu'une coupe n'est destinée qu'à accueillir une force liquide... Tu vas cependant apprendre qu'elle peut servir à concentrer le Feu.

La force ignée dont je te parle est celle du sang nouveau qui circule dès à présent dans le corps de l'humanité... »

– « Je ne te comprends pas, ai-je fait. Pourquoi ce qui vient d'être infligé à Jeshua ferait-il circuler un sang nouveau parmi les hommes et les femmes de ce monde ? Et que puis-je au milieu de tout cela ? »

– « Grave ces paroles en toi, Myriam, et laisse-les lever dans ton cœur tel un ferment... En quittant le corps de Jeshua, le Béni a emporté avec Lui toute la mémoire douloureuse du sang collectif de la race qui peuple ce monde[1]. Une mémoire purifiée crée de l'espace dans une conscience.

As-tu déjà vu de quelle façon on compte les cycles du temps en faisant couler le sable d'un récipient vers un autre ? Ce que le Béni vient d'accomplir à travers le corps

---

[1] Voir "Les Enseignements premiers du Christ", p. 198, du même auteur. Éd. Le Passe-Monde.

"C'est le mariage de la puissance et de la tendresse que le Béni a reconnu en ton âme."

du Maître Jeshua est comparable au geste décidé que fait la main de celui qui manie le sablier. Il a créé de la place là où il n'y en avait plus. Il ouvre un temps nouveau. La mémoire sanguine de ce monde ressemblait à une eau saturée de sel. Tout s'y asphyxiait...

Ce que tu y peux, Myriam ? Sois simplement toi-même, vraiment toi-même telle que le Béni te l'as enseigné. Réveille ceux qui dorment, ne crains pas de confondre le mensonge là où il persiste à s'accrocher et, cependant, unifie tout en toi... Dissous les frontières... C'est le mariage de la puissance et de la tendresse que le Béni a reconnu en ton âme ! »

J'ai regardé longuement l'Ange de l'Éternel sans rien dire. Il m'a souri une nouvelle fois et j'ai baissé les yeux. Je me sentais presque honteuse de recevoir de telles paroles. Le poids m'en paraissait démesuré.

– « Mais, mon époux... » ai-je enfin murmuré comme pour tout ramener à une dimension plus humaine et moins écrasante.

– « Ton époux est Avtãra, un Maître qui sait rassembler ses forces. Tu reviendras sur ce chemin-ci aux toutes premières lueurs de l'aube et tu Le retrouveras... »

L'Être m'a alors offert un ultime sourire puis est reparti vers la lueur verte qui irradiait toujours entre les arbres. Il ne m'a rien dit de plus dont je conserve la mémoire, mais c'était déjà énorme car mes pensées se figeaient dans ma tête et il me semblait que mes jambes allaient se dérober sous moi.

La pluie a repris presque aussitôt... alors j'ai rejoint le bethsaïd où, contrairement à ce que je m'étais promis, je me suis endormie, harassée, auprès de vous. Par bonheur, Nicodème est arrivé, il m'a tirée du sommeil et je vous ai rapidement secouées afin que nous allions toutes vers le tombeau.

Lorsque, comme vous, j'ai aperçu la silhouette d'un homme sur un cheval dans les tous premiers rayons de l'aube, je n'ai d'abord pas imaginé que cela pouvait être celle de Jeshua. J'avais perdu l'étrange maîtrise de moi qui m'avait accompagnée la veille et même la nuit durant et je ne faisais que trembler...

Il a fallu que je m'approche très près du cavalier pour que je reconnaisse enfin Jeshua en lui. Sur le moment, j'ai cru que j'allais tomber, mais l'un des deux hommes qui marchaient à côté du cheval m'a rattrapée par l'épaule et je me suis redressée, plaquée contre la jambe de mon époux qui pendait sur le flanc de l'animal. <u>Nos regards ont enfin pu se rencontrer... Le sien était... un inimaginable mariage de maîtrise, d'épuisement et d'Amour. Jeshua m'a alors murmuré quelques mots que je garderai toujours pour moi,</u> Il vous a adressé la parole aussi puis, ainsi que vous vous en souvenez, les hommes qui l'accompagnaient ont pressé son cheval. Il était évident que nul ne devait Le trouver là...

Après... je ne sais plus trop, mes amies... Je crois que nous avons vécu la journée et celles qui ont suivi comme des égarées. La Pâque a battu son plein avec ses processions, ses chants, ses nuages d'encens et le sang des moutons qui coulait dans les ruelles de Jérusalem mais nous n'étions pas concernées.

Contrairement à ce que beaucoup d'entre nous ont pensé, j'ignorais totalement où le Maître avait été conduit. Moi, je ne savais pas si j'étais heureuse ou terriblement découragée. Seuls mon père et quelques hommes étaient au courant du lieu de son refuge mais la prudence leur recommandait de ne rien dire.

De mon côté, j'ai tout de suite compris que désormais notre vie à tous allait s'écrire différemment, à commencer évidemment par ma propre vie.

Devant l'ampleur de ce qui s'était passé, je ne savais même plus si je pouvais encore me considérer comme l'épouse de Jeshua. Cela ne voulait plus rien dire, me semblait-il, depuis que l'Ange de l'Éternel m'avait parlé. Au mieux, je me sentais comme ayant été la compagne du Maître durant tout le temps où le monde L'avait reçu. Quant à l'avenir... il ne pouvait rien montrer de son visage.

Notre petit groupe n'avait plus l'air d'exister vraiment, les uns et les autres étaient plus ou moins éparpillés et les informations contradictoires circulaient.

Comme vous, j'ai tout entendu... qu'on avait volé le corps du Maître, qu'Il s'était régénéré Lui-même et s'était offert en gloire au-dessus des oliviers à Gethsémani, que les Iscarii avaient monté un complot avec Lui depuis longtemps... Je ne sais plus quoi d'autre encore.

Nous n'avons rien dit... C'était la consigne de Joseph. Il nous fallait surtout être discrets afin que les esprits ne s'échauffent pas davantage et que le sang des uns et des autres ne se mette pas à couler.

Ce furent de longues journées de solitude. Le nom "Élohim" est souvent venu me chercher au milieu de mes nuits. Je me répétais alors les paroles entendues près de la lueur verte.

J'ai parfois douté de leur existence ailleurs que dans un rêve et puis... et puis, pour me relever de tout cela, il y avait en moi, par bonheur, ces derniers mots que Jeshua m'avait chuchotés tel un invisible et merveilleux anneau passé au doigt... »

Le vent vient de faire claquer notre voile. Il nous faut la tendre différemment. Je lève les yeux vers Myriam. Elle fixe le bleu de la mer et j'aperçois deux perles qui glissent sur ses joues. Je la contemple avec toute sa force, sa sagesse... et j'admire sa maîtrise mais il n'y a rien à faire... le poids du corps reste le poids du corps et il le demeurera tant qu'il aura un rôle à y jouer. Pourquoi le combattre, d'ailleurs ? Sa fragilité fait sa beauté...

— « Ma sœur, dit Jacobée, serre davantage l'aviron... Regarde comme nous nous sommes vraiment éloignées de la côte... »

Jacobée a raison. Nous ne sommes pas des pêcheurs pour nous aventurer ainsi vers le large.

— « Veux-tu que nous rentrions, Myriam ? »

— « Pas encore... Je sais bien que je ne pourrai jamais épuiser ma mémoire mais je voudrais la laisser se dérouler encore un peu ici, sur ces vagues et avec vous. C'est si bon... »

Pour maintenir sa chevelure au vent, Myriam vient de nouer son voile autour de sa tête à la façon d'un turban. Elle se cale tranquillement dans le fond de la coque puis reprend...

— « Vous vous en doutez peut-être... lorsque le Maître nous a tous fait nous rassembler dans cette petite bergerie au fond d'un vallon non loin de Tibériade afin de confirmer sa présence parmi nous, j'avais déjà eu le privilège de Le revoir. Tout comme Meryem, bien sûr...

Nos retrouvailles eurent lieu dans une minuscule maison en partie en ruines. Quelques membres de notre Fraternité y avaient installé de quoi vivre très sommairement. C'était là, loin de tous les sentiers, que Jeshua avait peu à peu repris des forces et laissé ses plaies se cicatriser.

Lorsque j'en ai franchi la porte, je vous le dis, Il était encore bien faible et certaines de ses blessures suintaient toujours. Je me suis jetée à ses genoux. Tant d'amour inexprimé pendant de si longues journées ! Tant de retenue à afficher face à tous afin qu'aucune force ne se disperse ! J'avais eu le temps de comprendre toute la charge que l'Envoyé du Seigneur m'avait annoncée.

Quand j'ai enfin pu poser la tête sur ses genoux, j'ai eu l'impression d'être une vieille femme à bout de ses émotions.

"Ce n'est pas pour nous que nous vivons."

Comment parler de Jeshua tel que je L'ai retrouvé là ? Même s'Il était bien vivant et capable de marcher sans être soutenu, ses yeux disaient clairement qu'ils avaient connu le portail de la Mort. Ils n'étaient pas moins puissants... Ils étaient différents.

Jeshua tout entier aussi, d'ailleurs, se montrait différent. Je ne sais plus combien de fois de suite je l'ai appelé « Rabouni... » comme j'aimais tant à le faire lorsque j'espérais qu'Il m'enseigne. Mais que pouvais-je imaginer qu'Il m'apprenne là de plus ? Il était un enseignement vivant sans qu'Il ait même besoin d'ouvrir la bouche.

Et pourtant, mes amies, Il m'a encore fait avancer par ses paroles... Il m'a encore instruite ! Il a trouvé la force et la volonté de me placer face au plus gros des défis à affronter : celui d'apprendre à m'éloigner peu à peu de Lui.

– « Ainsi tu ne veux plus de moi, Rabouni... » ai-je d'abord dit, paniquée.

Il m'a souri avec une telle compassion...

– « Au contraire, ma Bien aimée... Je te réclame plus que jamais... mais je te réclame là où tu dois être. Te souviens-tu de ces paroles que je t'ai confiées il n'y a pas si longtemps ? Je te disais : « Ce n'est pas pour nous que nous vivons... »

L'heure est venue d'en comprendre le vrai sens. Nos vies ne nous appartiennent pas... nous les avons offertes à l'Infini avant de venir en ce monde. Au fond de toi, tu n'ignores pas tout ce que cela implique.

Depuis la dernière Pâque, le Soleil du soleil est sorti de mon corps. Il a achevé Son œuvre à travers moi ; ma présence sur cette terre ne peut donc plus se poursuivre de la même façon. Jeshua doit rétrécir pour que le Soleil s'expanse. Ton époux doit se retirer pour que le Souffle qui a parlé à travers lui continue de balayer l'esprit des hommes. C'est une des nécessités dont notre Père à tous a imprimé le

345

sceau dans l'Éternité. Il faut parfois disparaître pour créer l'Appel... »

Je suis restée longtemps en silence après qu'Il eut prononcé ces mots. J'avais l'impression que Jeshua venait de planter un couteau dans mon cœur et je ne me sentais plus la force de chercher son regard. Durant quelques instants, au plus intime de moi, je crois avoir réclamé la mort...

Tant chercher à construire et puis tout à coup tout briser ! Comment imaginer ne plus créer de frontières tout en inventant une si terrible séparation ?

J'étais dans la confusion la plus totale lorsque j'ai senti la main du Maître se poser avec douceur au sommet de ma tête.

Je vous le conte comme je l'ai vécu, mes sœurs... Sa chaleur a tout arrêté en moi, mon incompréhension, ma douleur, ma colère et le délire qui s'apprêtait à se couler partout dans mon être.

Seule une pensée est montée des profondeurs de mon âme. Elle en a émergé, comme moi lorsque, jeune encore, je plongeais dans les eaux du lac rien que pour vivre l'instant magique où, tout à coup, je ressurgirais à leur surface afin de prendre une grande bouffée d'air pur et retrouver la lumière.

Cette pensée naissait d'un enseignement du Maître... Elle disait :

– « Ne suivez pas mes empreintes sur le sable. Posez plutôt vos pas au-dedans car il est écrit que c'est au-dedans que vous vous trouverez, là où rayonne la joie perdue... L'Intérieur mène à l'extérieur qui est le véritable Intérieur... »[1]

Je vous l'affirme... lorsque cette pensée eut fini de se dérouler en moi, je suis entrée dans un état de paix totale.

---

[1] Voir "L'Évangile de Marie-Madeleine", feuillet 2, p. 34, du même auteur. Éd. Le Passe-Monde.

J'étais consolée... consolée de tout et ouverte sans résistance à tous les soleils.

Le Maître était là, Il vivait, Il palpitait en mon centre parce qu'Il était l'époux du monde et que je Le reconnaissais ainsi. J'en ai ressenti une joie infinie...

Depuis cet instant où la chaleur de sa main s'est répandue partout dans ma chair, la porte de mon cœur ne s'est plus jamais refermée. J'ai cessé de tout ramener à moi, tout s'est simplifié, même aux heures les plus difficiles et jamais, je vous l'assure, jamais je ne me suis sentie plus intensément épousée. Le monde entier est devenu ma chambre nuptiale parce que l'Essence du Maître s'était déposée partout.

Vous le savez puisque vous le vivez aussi... C'est pour répandre la plus incroyable des Semences que j'ai accosté sur ces rivages-ci ; c'est par Elle et pour Elle que je suis parvenue à vous y retrouver et c'est encore pour et par Elle que je continuerai ma route...

Lorsqu'il m'a fallu quitter Jeshua, le soir de nos retrouvailles, tout était définitivement limpide dans ma conscience et mon corps. Je savais que nous nous reverrions encore quelques fois puis que tôt ou tard, sous d'autres horizons mais sous le même Ciel, il me faudrait faire découvrir Ses empreintes "ailleurs".

Qu'est-il devenu, Lui ? Il a commencé par se retirer longuement dans ce lieu où, enfant, Il avait étudié, puis Il a laissé les pistes se brouiller...

Depuis, j'ai beaucoup marché sur cette terre-ci dont mon père connaissait déjà un peu l'existence. J'y ai soigné, j'y ai enseigné, j'y ai bâti sans relâche, souvent étonnée que le contenu de la coupe que le Maître avait façonnée en moi soit à ce point reçu et même désiré.

Parfois, Jeshua est venu me visiter dans mes songes. Dans l'un d'eux, Il m'a annoncé qu'Il repartait vers ces hautes cimes de l'Est qu'Il avait autrefois tant aimées. Parfois aussi, Il s'est totalement présenté à moi dans sa forme de lumière afin de déverser son Amour en mon âme et me soutenir.

Il ne faut pas croire que ce furent les jours les plus difficiles qui L'ont alors attiré de cette façon. Au contraire... Jeshua a toujours été clair : celui qui veut réellement poser ses pas dans Ses empreintes ne doit pas s'attendre à trouver des béquilles au bord du chemin. La voie du Maître est une voie de Volonté.

Mieux que jamais, je sais aujourd'hui que sans cette Volonté, l'Amour n'aboutit pas, il s'éparpille.

Dans les villages où j'ai un peu vécu avant de parvenir à retrouver votre trace sur ce rivage, on m'a parfois dit que je ne parlais pas beaucoup d'Amour, que j'en prononçais rarement le nom. C'est vrai... Le nom de l'Amour franchit assez peu le seuil de mes lèvres. C'est, je crois, parce que j'en ai une vision, une compréhension... si peu "humaines" que je suis attentive à ne pas en épuiser la puissance.

C'est cela... certains noms, certains mots peuvent s'épuiser, le savez-vous ? Ce sont en général les plus beaux. Ils ressemblent à ces parfums précieux qu'on laisserait s'évaporer inconsidérément.

Trop de ceux qui se disent prêtres ou qui prétendent être initiés aux mystères de la Vie prononcent hélas sans amour le nom de l'Amour.

C'est cela qui le dévitalise... Je ne veux pas épargner ce que je connais de l'Amour, je veux seulement le concentrer afin de pouvoir en partager l'Essence...

Dans quelques jours, voyez-vous, il me faudra vous quitter. Pour où ? Je l'ignore. J'ai seulement vu en moi que je dois aller plus loin, encore un peu à l'est... Je ne m'arrêterai que lorsque mon âme reconnaîtra les montagnes qui lui ont été montrées. C'est là que j'achèverai mon temps...

Aujourd'hui, avec vous sur ces eaux, mes sœurs, je saisis mieux que jamais cette vérité qui est le fruit partagé de ce que le Maître a écrit en moi. Cette vérité se résume à quelques mots : *Je suis heureuse d'offrir Son bonheur...* »

Un peu moins d'une lune plus tard, comme elle l'avait annoncé, Myriam a repris son vieux sac de toile et rassemblé autour d'elle les sept ou huit personnes qui l'avaient suivie depuis les hauts sommets de l'ouest. Il n'y eut pas de grands discours mais de vrais regards. Chacun s'était dit l'Essentiel, chacun avait prié et avait vécu tout ce qu'il y avait encore à vivre...

Plantées sur le sable humide, Jacobée et Salomé l'ont regardée s'éloigner avec son petit groupe en longeant le rivage. À un moment donné, Myriam s'est retournée vers elles et, d'un geste du bras, elle leur a montré l'étendue de la mer.

À l'horizon, son azur se mariait à celui du ciel sans que l'œil puisse y trouver la moindre ligne de séparation. Ce fut sa dernière façon de tout leur rappeler...

Salomé et Jacobée n'ont pas retenu leurs larmes, bien sûr. C'était de belles et bonnes larmes. En toute paix, celles-ci aussi ont été confiées à la Mémoire du Temps et des lieux.

Ainsi en fut-il...

Épilogue

Après m'avoir parlé pendant plus d'une année, les Annales akashiques se sont repliées sur elles-mêmes un matin de février ; elles m'ont laissé un peu orphelin. C'était inévitable...

Que se passa-t-il de plus il y a deux mille ans ?

Il est seulement dit que Myriam de Magdala a effectivement trouvé la montagne qu'elle cherchait pour y enseigner et y terminer ses jours. Cette montagne est aujourd'hui connue sous le nom du Massif de la Sainte Beaume, dans l'arrière-pays de Marseille.

Quant à Jacobée et Salomé, elles demeurèrent là, dans ce minuscule village de pêcheurs qui allait devenir aujourd'hui celui des Saintes Marie de la Mer, non loin d'Arles. L'Amour du Christ qu'elles propagèrent sur ses rives est resté gravé dans les mémoires humaines et celle des lieux.

L'une comme l'autre y quittèrent leur corps après avoir passé le flambeau du Maître Jeshua à une poignée d'hommes et de femmes simples qui n'ont pas oublié...

La Tradition dit que quelques restes de leurs ossements furent trouvés sur les lieux au XVe siècle. Ceux-ci constituent les reliques encore exposées dans la chapelle haute de l'église fortifiée du village.

Sont-elles authentiques ? Nul ne le sait et peu importe... Quoi qu'il en soit, *Li Santi Mario de la Mar* resteront à jamais un haut lieu de rappel de la plus belle des Paroles...

Quant à moi, je tiens à saluer particulièrement aujourd'hui l'âme de Salomé par l'ouverture et la tendresse de laquelle le Livre du Temps a bien voulu s'exprimer afin que naissent ces pages...

Daniel Meurois

LA PRIÈRE DE SHLOMIT

Seigneur, redresse-moi et chasse de moi l'ivraie par tous les vents de la vie.

Extraie de moi la meilleure semence et aide-moi à la planter, même dans le sol le plus rocailleux.

Seigneur, redresse-moi et donne-moi la force de sourire à la pluie tout autant qu'au soleil.

Conduis-moi là où les sillons de la terre me fortifieront et là où mes pas pourront dire Ta Présence en moi.

Seigneur, redresse-moi et apprends-moi le sourire qui sait parler à ceux qui portent l'orage en eux tout comme à ceux qui pleurent.

Pénètre au creux de mes mains afin qu'en Ton Nom soient guéries les plaies de ceux qui souffrent.

Seigneur, redresse-moi et fais de moi l'oreille qui reçoit Ta Volonté, le regard qui offre Ton Amour et l'écho qui répercute Ta Parole.

Avec tous mes remerciements à Claude Vibert pour la traduction de cette prière en Araméen

Table des matières

- **Prologue :** 7

- **Chapitre I :** *Le livre de Jacobée*
  Les balbutiements du souvenir. 13

- **Chapitre II :** **Quitter** 39

- **Chapitre III :** **Initiations galiléennes** 69

- **Chapitre IV :** **Autour du Golgotha** 97

- **Chapitre V :** *Le livre de Salomé*
  La géométrie de l'Éveil 121

- **Chapitre VI :** **Le commencement du monde.** 151

- **Chapitre VII :** **La chambre nuptiale** 183

- **Chapitre VIII :** **Toucher l'Invisible** 219

- **Chapitre IX :** *Le livre de Myriam*
  Entre Migdel et Cana 247

- **Chapitre X :** **Les sept démons** 275

- **Chapitre XI :** **Les exigences de l'Éveil** 303

- **Chapitre XII :** **L'Ange de l'Éternel** 331

- **Épilogue :** 351

Daniel Meurois-Givaudan

LA MÉTHODE DU MAÎTRE
... Huit exercices pour la purification des chakras

« Au-delà de l'Enseignement que le Maître Jésus a dispensé à ses apôtres et à la foule de ceux qui venaient l'écouter, il en existait un autre, bien plus discret, qu'Il a consacré à un cercle restreint de disciples.

C'est un fragment de l'aspect pratique de cet enseignement-là que je me suis attaché à retranscrire dans les pages de ce livre.

La Méthode du Maître constitue en effet un recueil d'exercices basés sur la respiration et la visualisation. Ceux-ci sont destinés à la purification de nos sept chakras fondamentaux... plus un huitième, véritable pilier de la Révélation christique.

En m'efforçant de replacer ces exercices dans leur contexte de l'époque et en restituant les commentaires qu'en fit le Christ à ses proches, mon intention a été de rédiger un manuel facile d'utilisation, un manuel non seulement destiné à améliorer l'équilibre du corps humain mais aussi à parfaire sa réalisation sur le plan spirituel.

Mon souhait est que les huit stades de la méthode que celui-ci met aujourd'hui en évidence dans leurs détails soit un agréable outil de travail placé sur le chemin de ceux qui recherchent sincèrement la santé de leur corps et l'épanouissement de leur esprit. »

« La méthode du Maître » ... un petit livre tout simple dont l'essence nous vient de loin... et qui pourrait bien être grand en conséquences.

LA MÉTHODE DU MAÎTRE
en CD

La Méthode du Maître est désormais disponible en CD audio... Une façon agréable et facile de la mettre en pratique et d'en tirer les bienfaits.

Vous y trouverez la série des huit méditations-visualisations guidées par Daniel Meurois-Givaudan sur une musique originale de Michel Garnier.

Demandez ce CD à votre libraire ou commandez-le en ligne à cette adresse :
www.meurois-givaudan.com

L'ÉVANGILE DE MARIE-MADELEINE en CD
d'après l'œuvre de Daniel Meurois-Givaudan

Après l'immense succès remporté par son livre "L'Évangile de Marie-Madeleine", Daniel Meurois nous propose de rendre la magie de son texte plus vivante et touchante encore par son adaptation sonore.

Illustrée par les remarquables mélodies de Michel Garnier (auteur-compositeur de "L'Oratorio de Myriam de Magdala"), par la voix envoûtante de Pakoune (interprète principale de cet Oratorio), celle de Daniel Meurois lui-même et par la présence constante de la nature provençale, cette création artistique et initiatique permettra à chacun de pénétrer plus profondément au cœur de la pensée de celle qui fut certainement la première disciple du Christ. Une œuvre émouvante, douce mais puissante qui invite à la méditation.

Musique de Michel Garnier
Textes de Daniel Meurois-Givaudan interprétés par Pakoune, Daniel Meurois-Givaudan et Michel Garnier
Chants : Pakoune
Arrangements sonores de Michel Garnier
Une coproduction Le Passe-Monde et Intus Solaris
(www.intus-solaris.com)

À découvrir également :
L'Oratorio de Marie de Magdala (CD)
Une œuvre magistrale de Michel Garnier
Interprétée par Pakoune, plus de 10 musiciens et 100 choristes (www.mariedemagdala.net)